叢書パルマコン・ミクロス
pharmakon micros
m 04

心理療法の精神史

山竹伸二

創元社

心理療法の精神史

目次

m 04

第2部　現代心理療法の多様な展開

第3部　心理療法はどこへ向かうのか？

はじめに

心理療法（サイコセラピー）の歴史は単なる心の治療方法の変遷ではない。それは、人間が生きる意味を求め続け、それを自由の中に見出そうとするまでの壮大な精神の軌跡を示している。

私たちは自分の存在価値を見出すために、他者の承認を必要とする。それも多くの人にとっては、自分の個性や能力を発揮し、自分が本当にしたいことを実践する中で、その努力と成果を認めてほしい、受け容れてほしい、と願っている。自由に生きる中で自分の存在価値が認められること。そこに生きる意味を見出したいのである。

自由に生きるためには、他者の承認が必要になる。だが、私たちは自由を求めるがゆえに、他者の要求や期待に応えられないことも少なくない。誰かの要求や期待に応えれば、相手は喜び、私を認めてくれるだろう。しかし、同調や忖度《そんたく》を繰り返し、偽りの自分、他人にとって都合のよい自分を演じ続ければ、周囲から認められたとしても、本当の自分を見失ってしまうかもしれない。

現代社会における多くの悩み、心の病は、こうした自由と承認の葛藤に起因する。承認への不安から欲望をあきらめるとき、自由は私たちの手から離れてしまう。自由な社会であるはずなのに、自由を感じられない苦しさ。自由に生きているはずなのに、いつもつきまとう承認の不安。私たちはいつも自由と承認の間で悩み、葛藤する中で生きている。

だが、そのような生き方が広まったのは近代以降のことである。より正確に言えば、民主主義が広まり、生活が豊かになった社会、地域だけの、ほんのここ数十年のことにすぎない。それ以前の自由に生きることができなかった時代においては、自由な生き方は想像さえできなかっただろうし、自由と承認の葛藤も深刻なものではなかったはずなのだ。

無論、そうした時代においても心の病はあったし、治療法も存在していた。それは自由な現代社会とは異なるものであったが、共通する部分も少なくない。

太古の昔より、人は他者の承認を求めていた。それは最初、他者と協力し、居場所を確保し、生き延びるために必要だったのかもしれない。だがその一方で、他者に認められることで自分の存在価値を見出し、生きる意味を感じるようになったのだろう。他者に認められないことは死活問題というだけでなく、自己の存在価値が失われる危険をはらんでいる。とすれば、集団の価値観に沿わない言動や症状が承認不安を生み、心の病を悪化させたであろうことは容易に想像できる。

そこで古代や中世における心の治療においては、社会集団から逸脱した患者の言動や症状に対して、再びその社会で承認されるようにすることが求められる。たとえそれが、シャーマンや呪術師による奇妙な解釈、儀式によるものであったとしても、社会的な承認が重要な鍵になったのである。

現代社会においても、その点は変わらない。社会的な承認がなければ、私たちは居場所を失い、自己の存在価値を見出せず、生きる意味を感じることができなくなる。そのため現代の心理的治療においても、社会復帰への援助、社会適応への訓練が重視されている。だがその一方で、社会への過度な適応によって、個人の自由が抑圧されてしまうことも多いため、「本当の自分」を大事にし、自由を取り戻す、という心理的治療も必要になる。というより、むしろ現代の心理療法においては、こうした自由を重視する治療が主流になりつつあるのだ。

私がこのような心の治療の変化に気づいたのは、ごく最近のことであり、その経緯について、少しだけ触れておきたいと思う。

人間の心がなぜ病んでしまうのか、どうすればその傷を癒《いや》し、治すことができるのか、私は長年にわたって考え続けてきた。私自身、一一歳の頃、母親の死をきっかけに、ひどい抑うつ感と強迫行為に悩まされていたからだ。強迫行為は一年後には消えていたが、なぜそんな状態になったのか、思春期、青年期を通じて考え続け、やがて精神医学や臨床心理学、哲学関係の本を読み漁《あさ》るようになっていた。

しかし、精神分析、ユング派、クライン派、ラカン派、行動療法、認知療法、ロジャーズ派など、多様な心理療法の理論が乱立し、お互いに批判し合っている状況に遭遇し、一体どの理論が正しいのか、それぞれの理論、方法に根拠はあるのか、その答えはなかなか見えてこなかった。そのうち、心理療法の学派間における対立は、人間観の違いによるところが大きいことに気づき、ならば、人間とはどのような存在なのか、それを考えなければ先に進めない、と考えるようになったのである。

人間は誰もが自由と承認を求めるがゆえに、自由と承認の間で葛藤し、不安を感じてしまう存在だ。また、不安が大きくなると合理的な判断が難しくなり、不安を回避するために不合理な防衛的行動を取ってしまう存在でもあり、そのことが自由の喪失をもたらしている。ならば、不安を緩和し、自由と承認の葛藤に気づかせること、自分の本当の気持ちに気づき、納得のいく判断ができるようになることが、心理療法において重要になるのではないだろうか？

実際に代表的な心理療法を調べ直してみると、治療者の承認を介して自分の感情や思考に気づかせる、という内実を持った技法が多いことに驚かされた。このような自分自身に対する気づきは、人間が納得して判断し、行動する上で欠かせないはずだ。要するに、患者の自由を取り戻すという点において、多くの心理療法には共通性があったことになる。

しかし、先に述べたように、近代以前の社会においては、人間は自由に生きる可能性をほとんど持っていなかったし、多くの人々が自由に生きられるようになったのは、第二次世界大戦後に経済的な発展を遂げた国々の、ほんのここ数十年のことであり、一部の比較的裕福な人々でも、近代以降の二百年あまりのことにすぎない。当然、近代以前の社会においては、心理療法は自由を治療目的にしていなかっただろう。

それでも心理療法が心の治癒を目指している以上、精神的な苦しみから解放し、安心をもたらす、という時代を超えた役割はあったはずだ。そこには死や病気、災害への不安、またはそのトラウマによる問題も含まれるが、生命の危機以外で不安の対象となるのは、周囲から認められること、居場所を確保し、自己の役割、存在価値を感じられることであり、それは古代から今日に至るまで変わらない。治療者や周囲の承認を介して、所属集団、社会に適応できることが、古代から続く多様な心理療法に共通しているのはそのためだ。

ところが現代社会では、自由に生きる可能性が生まれたため、私たちは「自由に生きたい」という欲望を強く持つようになった。そのため、ただ周囲に認められて社会に適応するだけでは、十分な満足は得られない。それどころか、認められるために周囲に合わせすぎると、自分の本音を抑圧している窮屈さ、違和感、自己不全感が生じ、強い不安や苦しみが生まれてくる。だからこそ、自由を感じられるような方法が必要になり、現在のような心理療法が生まれることになったのであろう。

そう考えると、心理療法の歴史が示す意味も見えてくる。人間は他者の承認の中に存在価値を求めているのだが、現代では自由に生きることをも求めるようになり、そこに自由と承認の葛藤、不安、苦しみが生じている。心理療法は不安を解消し、その時代や文化に求められている形で、生きる意味を回復させようとしてきた。それはいま、自由の中に求められているのである。

以上のような考えが本当に正しいのか否かを確認するには、多様な心理療法の理論を歴史に沿って検討し、その意味を考えてみる必要があるだろう。そこで本書では、心理療法の歴史をできるだけわかりやすく記述し、その本質を取り出すことを試みている。心の治療に関する歴史的出来事をただ羅列するのではなく、各心理療法の理論と展開を時代に沿って簡潔にまとめ、その意味を掘り下げて熟考すること。それによって、心理療法という営みに通底する人間の精神に光を当てたいと考えている。

構成としては、まず第一部の「心理療法史の全体像」において、古代から現代に至るまでの心の治療の歴史を概観する。古代の呪術的治療、中世の宗教的な治療法の意味を考察し、また心理療法だけでなく、精神医学と臨床心理学の歴史について解説することで、心の治療の歴史全体を俯瞰《ふかん》できるように心がけて記述した。

第二部「現代心理療法の多様な展開」においては、二〇世紀以降に登場した各種の心理療法の理論を、それぞれ歴史に沿って解説している。精神分析を中心とする深層心理学的な方法、認知行動療法を中心とする実証科学的な方法、来談者中心療法を中心とする実存主義的な方法、そして家族療法を中心とする関係論的な方法など、背景にある思想、枠組みから分類し、その意義を探ろうと試みた。

第三部「心理療法はどこへ向かうのか？」では、各心理療法の学派間の対立や統合への動きなど、現代の心理療法の動向を総括し、現象学の視点から心理療法の本質を考察した。そして現代社会における心理療法の役割、意味を考えることで、これからの心理療法のゆくえについて考えている。

■図版提供
山竹伸二／ Aflo ／ AKG ／ Bridgeman Images ／ Getty Images ／
PPS通信社／ Science photo library ／ Science Source ／
Smithsonian Libraries and Archives ／ Timetoast.com ／
Wellcome Collection ／ Wikimedia Commons ／ Wikipedia

第1部

心理療法史の全体像

第1章　古代から近代までの心理療法史

古代の呪術とシャーマニズム

科学的な心理的治療の幕開けは近代以降だが、心の治療の歴史はそれよりも遥かに古く、有史以前にまで遡る。古代社会における呪術、シャーマニズム、宗教的儀礼は、苦しみや悩みを抱えた人間に対して、その解決をもたらす技法でもあったからだ。それは、コミュニケーションを介して心を治すという意味では、原始的な心理療法と呼ぶことができる。

このような治療法に科学的な根拠があったとは言えないが、効き目がなかったわけではない。様々な歴史的資料に基づけば、むしろ驚異的な効果を生み出していたようだ。権威づけのために、後に創作された話ではないか、と訝《いぶか》る人もいるだろう。しかし、現代においても未開社会では同じような方法で心の病を治しているし、実際に治った事例も少なくない。では一体、なぜこうした方法で治るのだろうか？

この点について考える前に、まずこうした呪術やシャーマニズム、宗教的儀礼による治療法がどんなものであったのかを説明しておくことにしよう。

エレンベルガー[1]の『無意識の発見』によれば、古代社会においては、病気にはいくつかの原因とそれに応じた治療法が考えられていた。クレメンツはその主要形態を次の五つに分類している。

第一に、「病気という物体が身体に侵入した」という説では、その病気の原因となった物体を摘出することが治療法となる。

たとえば、治療を頼まれたシャーマンは、儀式化された治療の前にミミズを口の中に入れ、舌を噛むか歯茎をこするかして血を出し、ミミズを血まみれにする。そして治療儀式が始まると、魔法の歌やあやしげな身振りをさんざんしてから、病気がある場所を突きとめたかのように、患者の身体のある場所を吸い始める。しばらくして、苦心してやっと成功したかのような態度で、患者と家族に血まみれのミミズを口から出して見せる。そして、病気の原因を抜き取ったと宣言するのである。

言うまでもなく、この病原物体の摘出は一種のトリックであり、早い話がインチキなのだが、不思議なことに、患者は治ったと言い始め、しばしば治療は成功する。患者と治療者がこの治療の力を信じており、病気と治療法がその社会集団に公

■クレメンツによる治療の主要形態5分類

疾病説	治療法
一、病気とは病気という物体が身体に侵入したためである	病気という物体を摘出する
二、霊魂が行方不明になったためである	魂の所在を突き止め、招魂し、もとにおさめ戻す
三、悪霊が侵入したためである	A　祓魔術をする B　外部から侵入した悪霊を機械的に摘出除去する C　悪霊を他の生物に移す
四、タブーを破ったためである	告解（懺悔）し、神の怒りを鎮める
五、呪術によるものである	対抗呪術を行う

出典：H・エレンベルガー『無意識の発見（上）』木村敏・中井久夫監訳、弘文堂、1980年、4頁

1　精神科医。医学史家。フランス語で「エランベルジェ」と呼ぶ場合もある。

シベリア・ツングース族のシャーマンを描いたとされる版画（1705年）

認のものであれば、治療の成功率は高かったと言える。

第二に「霊魂が行方不明になった」という説では、魂の所在を突き止め、招魂し、元に戻すという治療法が多い。

古代の一部地域、特にシベリアでは、病気は魂が自然か偶発事故によって身体を立ち去るか、亡霊や魔術師に盗まれることで起きる、と考えられていた。そこで治療者であるシャーマンは、消え失せた魂を探し、身体の中に収める必要がある。まず特殊な技術を使って自分を脱魂状態に入るようにするのだが、この状態の間、シャーマンの魂は精霊たちの住む世界を旅しているという。そして患者の魂を探し出し、連れ戻すのである。他の地域では、単に呪文を唱えるなど、呪術的操作だけで済ませる技法もある。

第三に「悪霊が患者の体内に入り込んで体を乗っ取るために起こる」という説（悪霊侵入説）がある。この場合の治療法としては、①機械的に精霊を追放する（棒で叩《たた》く、騒音を聞かせる、嫌な臭いを嗅がせる）、②精霊を他の存在の身に移す憑依《ひょうい》（動物の身体などに移す）、③呪法などの精神手段で精霊を駆逐する祓魔術《ふつまじゅつ》（お祓《はら》い）という三つの方法がある。

祓魔術は憑依の逆過程であり、かなり構造化された心理療法と言える。祓魔師は憑依された人間を励まし、侵入している悪霊に警告を発し、悪霊を脅迫する。その準備は周到で、祈祷や断食を含み、聖別された場所で環境を整え、証人たちの立ち会いの下に行われる。祓魔術は祓魔師と侵入霊の闘いであり、長く、困難な闘争であることが少なくない。勝利するまでには何日間、何か月間はおろか、数年に及ぶ場合もあるのだ。

　このやり方は世界中に無数の変種があり、いずれも治療者には患者を助けたいという強い願望があること、患者は治療者に救い主の姿を投影することが必要になる。日本では「キツネ憑《つ》き」のお祓いが有名で、神が憑依する例（神憑《かみがか》り）も少なくない。悪霊による憑依としては、ヨーロッパや中東で何世紀にもわたってしばしば起きており、祓魔術の儀式も、ユダヤ教徒、キリスト教徒、イスラム教徒に共通する。特に西欧の歴史には悪魔憑きと祓魔術（悪魔祓い）の話が多く、近代以前は一般的であった。

シベリアで撮影されたツングース族のシャーマン（1883年頃）

　第四の説として、「タブーを犯すと病気になり、精神的な原因で死ぬこともある」というものがあり、この治療法は「罪を懺悔《ざんげ》し、告白することで神の怒りを鎮める」というやり方だ（罪の告解による治療法）。

　未開民族における告解は公衆の面前で行われ、身体を洗うとか、嘔吐《おうと》させるなど、何かを除くという手続きが加わることが多い。古代メキシコのアズテク族は祭司に対して頻繁に告解を行っており、主な罪は姦通《かんつう》と酩酊《めいてい》であったし、インカ帝国時代には告解の習慣が帝国の隅々にまで行きわたっていた。古代オリエントのセム族文明でも、病気とは罪に対する罰であるとの考え方が大きな位置を占めている。罪が自由意志による道徳律の侵犯だとはっきり定義されたのは、もっと後のことであり、情緒疾患、精神疾患を含む多くの疾患が罪の結果と思われていた。「罪のせいで病気になる」という俗信は現在でも残っているが、科学的根拠がないため、精神医学では否定されている。ただし、罪悪感によって心理的にふさぎ込み、精神疾患になる可能性は否定できないし、それを告白することで心が軽くなり、苦悩が軽減されるのも事実である。精神分析においても、罪悪感に関わる無意識の欲望を自覚し、分析医に話す（告白する）ことで治るケースは少なくない。そう考えると、この治療法にまったく根拠がないとは言えないだろう。

第五の説は「呪術をかけられたことによって病気になった」というもので、治療法も呪術によって行うやり方がある。たとえば対抗呪術による治療では、悪い呪術によって生じた病気を、悪い呪術師を殺すか、反対の呪術によって打ち消す。あるいは、お守りなどによって予防するのだ。

以上の治療法の他にも、エレンベルガーは「欲求不満の充足による治療」や「儀式による治療」「参籠による治療」「催眠術による治療」などを挙げているが、いずれにせよ、原始的な心理治療はひとつの儀式と化しているのが普通である。

儀式が治療法の付随要素ではなく、主な治療手段であることも多い。そうした儀式による治療では、儀礼、衣装、音楽、舞踊の美しさが治療効果を発揮し、患者は治療師の属する社会集団の中に組み入れられるか、患者の属する社会集団（家族、部族）に再統合される。儀式が心的外傷の再演である場合もあり、それは現代の心理劇という心理療法に近いものだったと言えるだろう。

原始的心理治療の共通性

古代社会、あるいは未開社会における原始的な心理治療の共通の特質について、エレンベルガーは次のようにまとめている。[2]

まず、未開社会の治療者はその地域社会で現代の医者よりも枢要な役割を果たしている。呪医は幅広く住民の福利を図る者であり、近代の医師の祖先、ときには宇宙の起源や部族の歴史を知る吟遊詩人でもあり、しばしば妖術師として畏怖されている。また、治療法よりも治療者その人に希望をつなぎ信頼を寄せる場合が多く、「治療者の人格が治療の主力」となっている。無論、熟練した技量と高度の知識は必要であり、治療者は「高度の学位を持つ人間」と言える。

エレンベルガー

原始的治療者の中には、民間治療者のような骨折治療の達人、薬物知識が豊富な者もいるが、最重要な治療法は心理的性質のものである。それは対象が身体病でも精神病でも同じであり、そもそも未開社会では身体と精神の区別ははっきりしていない。

さらに言えば、原始的治療はほとんどの場合、集団で行われる。普通、

2　H・エレンベルガー『無意識の発見（上）』木村敏・中井久夫監訳、弘文堂、一九八〇年、41-42頁

東シベリア・サハ人のシャーマンと治療儀礼の様子。出典：S.Baud, C. Sombrun. (2020). *Chamanes*. Michel LAFON.

患者は自分一人では治療に行かないし、親戚縁者が連れて行き、治療に立ち会うのが通例だ。治療は祭儀でもあり、祭儀執行の主役は十分に構造化された集団である。この集団は患者の属する部族の場合もあるが、治療者の属する社会集団のこともあり、その場合、患者は治療後にその一員になる。

以上のような共通性が原始的心理治療には見出されるのだが、おそらくそれは、これらの特質が何らかの治療効果を生み出していたからだ。そうでなければ、まったく異なった地域の文化において、これほど似通った治療が行われるはずはない。無論、現代の科学的視点から見れば、存在するはずもない悪霊を追い払う儀式は根拠のない荒唐無稽な仮説であるし、病原物体を取り出すトリックに至っては、確信犯のインチキにすぎない。しかし、それでも原始的治療が多くの人に信じられていた以上、何らかの効果があったことは間違いない。

では、なぜこうした儀式が治療効果を生むことができたのだろうか？

儀式の生み出す象徴効果

文化人類学者のレヴィ＝ストロースは、「原始的な医師たちは、文明社会の同業者と同じく、彼らの扱う病症の少なくとも一部を癒しており、この相対的効果なしには、呪術的方法が時間と空間の中であれほど広い普及を見ることはできなかった[3]」と述べている。

この治療効果についても、レヴィ＝ストロースは大変鋭い指摘をしている。

「治療は、したがって、はじめは感情的な言葉であたえられる状況を思考可能なものにし、肉体が耐えることを拒む苦痛を、精神にとっては受けいれうるものとすることにある。シャーマンの神話が客観的現実に照応しないということは、大したことではない。患者はその神話を信じており、それを信ずる社会の一員である。守護霊と悪霊、超自然的怪物と魔術的怪物は、原住民の宇宙観を基礎づける緊密な体系の一部をなしている。患者はそれらを受けいれる。あるいは、より正確には、彼はそれらを疑ったこともない。患者が受けいれないのは、辻褄《つじつま》の合わない気まぐれな苦痛であり、こうした苦痛は、その体系と無縁な要素を構成するけれども、シャーマンは神話に訴えて、すべてが相互に関連しあう全体の中へ、これを置き戻すであろう[4]」

3　C・レヴィ＝ストロース『構造人類学』荒川幾男・生松敬三・川田順造他訳、みすず書房、一九七二年、198頁
4　同前、218頁

レヴィ＝ストロース

治療者としてのシャーマンは、苦しんでいる状況に対して神話に基づいた言葉を与え、思考可能なものにする。それによって、患者の理解できない苦痛は理解できるものとなり、緩和され、耐えられるものとなるのだ。治療者の語ることが真実かどうかは問題ではない。どんな神話であっても、患者がそれを信じる集団の一員であれば、真実として捉えられる。実際には、患者の苦痛はその神話と無関係であるかもしれないのだが、治療者はその神話の中に問題を位置づけ、意味を与えるのである。

こうして、患者は状況を理解するだけでなく、不安や苦痛が緩和され、実際に快癒する。レヴィ＝ストロースによれば、それは象徴効果によるものだ。理解できない状態に言葉を与えること、原因不明の苦しさに対して原因を指し示すことで、苦しみは大きく改善されることになる。いわば、患者と治療者、同一集団の観覧者が共同で、「原因がわかった」「元凶となるものが取り除かれ、解決された」と信じることによって、治療効果が生じているのである。

レヴィ＝ストロースによる「象徴効果が治癒をもたらす」という主張は、原始的な心理治療の本質を鋭く捉えている。事実、患者が治療者の語る原因を信じることができれば、症状は緩和され、苦痛は軽減される傾向にあったようだ。

そう考えると、原始的心理治療の共通性にも合点《がてん》がいく。治療者が尊敬され、信頼されているという特質は、患者が治療者の言葉を信じる上で不可欠である。治療儀式が集団で行われることが多いのも、その場の全員が信じることでリアリティと強い確信がもたらされる。そもそも患者の苦悩や奇妙な言動は、所属集団からの逸脱を意味しており、そのことが不安と苦痛を増幅させてしまう。だからこそ、所属集団の信じる神話、価値観に基づいた診断（意味づけ）と治療が、患者を所属集団に引き戻す儀式の意味を持ち、不安と苦痛を緩和させるのではないだろうか。

レヴィ＝ストロースは原始的治療と精神分析の類似性も指摘しており、原始治療の本質が精神分析にも共通する可能性を示唆している。儀礼などによる原始的治療であれ、精神分析であれ、象徴効果によって症状が改善される点は変わらない、というわけだ。

精神分析だけでなく、現代における心理療法の多くもまた、神話のような不合理な物語は排しているにせよ、その理論仮説の多くは科学的に証明されていない。そして互いに相容れない仮説ゆえに対立し、批判し合ってきた歴史がある。だが、そこに治療効果が認められなければ、現在でも根強く支持されている理由がわからない。だから、こう考えるのが妥当なのかもしれない。治療仮説がどんな内容であれ、たとえそれが荒唐無稽な神話的内容であったとしても、患者と治療者、関係者がそれを信じることができれば、象徴効果が起こり得るのだと。

しかし、結論を出すのはまだ保留にしておきたい。私たちはまだ心理療法の歴史の始まりを目にしている段階にすぎず、心理療法全体の本質、原理を考察するには早すぎる。そもそも古代と近代では社会的な条件もかなり異なっており、その点も含めて検討する必要がある。まずは近代に至るまでの心理的治療の歴史について、もう少し概略をつかんでおきたいと思う。

寺院の医学と民間医学

原始的な心理治療の歴史は旧石器時代にまで遡るが、その形態は地域と時代によって異なっている。

「疾病物体が体内に侵入した」という説が最も古いとされ、旧石器時代の初期からアジア、アフリカ、ヨーロッパに広く見られる治療法であった。その後、旧石器時代の後期には、「霊魂が行方不明になった」という説がシベリアを中心に広まり、悪霊体内侵入説がアジア西部に広まっている。旧石器時代が終わるのはおよそ一万年前なので、原始治療がいかに古くから存在していたかが理解できる。

原始治療の中でもタブー侵犯説（タブーを犯したことで病気になった）は比較的新しいことがわかっている。農耕社会となり、文化が発達するほどルールが複雑化し、その社会集団の価値基準が厳格なものになるのだから、それも当然と言えるかもしれない。

こうした原始的な心理治療は、科学が発達してきた近代に至るまで、世界中でごく普通に行われていた。しかし、現在のような心理療法に至るまで、原始的治療のみが延々と行われていたわけではなく、文明の発展にともなって、これとは異なる治療法も発展していったことを見逃してはならない。原始的な心理治療の技術は、四大文明が誕生した六千年ほど前から、高度に組織された寺院の医学に受け継がれ、より体系化されていった。これらの心理治療は、寺院の祭司が行うように

■心理療法と医学の系譜

原始的な心理治療（呪医）	→	寺院の医学（祭司）……精神疾患が中心
原始医学（民間医）	→	科学的医学（医師）……身体疾患が中心

なったのだ。

原始的な心理治療を担ったのは呪術を使うシャーマンだが、こうした呪医とは別に、民間医ともいうべき者がいた。呪医が重症の病気に立ち向かうのに対して、民間医は軽症疾患、身体疾患を扱っていた。たとえば、温水浴やサウナ部屋、マッサージを用い、初歩的な手術をしたり、薬物を使うことも少なくなかったのだ。このやり方は儀式や呪術を用いる原始的な心理治療よりも合理的であり、現代の医学に近いものであり、呪医が宗教的な祭司の祖であるなら、民間医こそ近代医学における医師の祖と言えるだろう。[5]

《アスクレピオス神殿への子供の訪問》（J・W・ウォーターハウス画、1877年）

この二つの潮流の分岐が明瞭に見て取れるのは古代ギリシア・ローマ時代である。

当時のギリシアにおいても、宗教的な祭儀中心の治療は行われていた。たとえば初期のディオニュソス的治療では、集団で共に叫喚し、脱魂状態で笛や太鼓に合わせて舞踊（オルギア）しているが、これは一種のカタルシス効果によって、恐怖や不安を治療

5　H・エレンベルガー『無意識の発見（上）』木村敏・中井久夫監訳、弘文堂、一九八〇年、40頁

治療するアスクレピオス（ピレウス出土、前4世紀）

するものだったと考えられ、後のコリュバンテース的治療、ヘカテー的治療など、密儀的治療の先駆となっている。[6] また、アスクレピオス神殿における神官の祭儀的な治療も有名である。

その一方で、紀元前四、五世紀の古代ギリシアでは、呪術や儀式などの神話的要素を排除し、近代医学の礎を築いたヒポクラテスのような存在も登場した。医学の父と呼ばれるヒポクラテスは、精神病に関しても柔軟な見解、鋭い観察眼を有しており、恐怖症をともなった神経症の描写、急性精神錯乱の記載など、優れた臨床観察を残している。精神病に関しても、てんかん、マニー、メランコリー、パラノイアなどを分類しており、これは近代以降の精神医学にも受け継がれている。[7]

このような科学的医学の系譜は、やがて古代ローマに継承され、二世紀にはガレノスが活躍していた。彼はそれまでの医学的知識を集大成し、それを自分の観察でより豊かなものにしている。神経の作用については神々や占いに頼るのではなく、解剖学者のもとへ行くべきだ、とガレノスは言っているのである。[8]

以上のように、古代のギリシアとローマでは、近代以降の精神医学につながる重要な研究が残されている。精神医学史を紐解《ひもと》くとき、そこは必ず触れられている。しかし、心理療法の歴史という観点で見る限り、そこに心理的な治療法としての大きな成果を認めることはできない。治療者と患者の人間関係、神話という共同幻想に基づく物語の共有、患者にとっての意味の世界など、心理療法における重要な要素は、宗教的な祭儀を中心とする寺院の治療の中に受け継がれた、と言えるのかもしれない。

哲学と精神修養技術

一方、儀式を重視する寺院の医学と民間における萌芽《ほうが》期の科学的医学とは別に、哲学的、宗教的な教説に立脚した精神修養技術を発展させたのが、アジアの諸文化である。

特に古代インド発祥のヨーガは、瞑想《めいそう》を主とする宗教的行法であり、バラモン教、ヒンズー教、仏教、ジャイナ教などの修行法として知られている。その歴史は古く、紀元前二千年頃からあったと言われており、四、五世紀頃に編纂《へんさん》された経典『ヨーガ・スートラ』によれば、心の動きをコントロールし、苦しみから解放されることが目的とされている。ヨーガは感覚器官を中心に心身を鍛え、精神を統一させ、悟り（輪廻《りんね》からの解脱）にまで達しようとするものなのだ。

ヨーガ行者のグループ（『ラーマーヤナ』から抜粋された細密画）

6 中井久夫『西欧精神医学背景史』みすず書房、一九九九年、13頁
7 G・ジルボーグ『医学的心理学史』神谷美恵子訳、みすず書房、一九五八年、27頁
8 同前、57頁

坐禅を組む達磨に教えを乞う慧可。
《慧可断臂図》（雪舟画、1496年）

一五、一六世紀頃には、ポーズと呼吸法によって肉体を鍛錬し、自己を超越した境地を目指すハタ・ヨーガが体系化され、様々な流派に分かれていくのだが、現在、心と身体をリラックスさせ、健康的な生活を送るための技法として世界中で用いられているヨーガは、このハタ・ヨーガに基づいている。本来は悟りを目指す修行法だが、心身の健康によい効果をもたらすのだとすれば、古くから心理療法的な役割をも担っていたのかもしれない。

仏教に由来する禅もまた、ヨーガと並ぶ重要な精神修養技術として知られている。禅とは心が動揺しなくなった状態のことであり、雑念を退けて精神を集中し、瞑想を介して悟りに達することを目的とする。また、煩悩に惑わされたり、自我に囚《とら》われた心を解放するための技法でもある。

もともと古代インドのヨーガにも坐禅《ざぜん》のポーズはあったが、六世紀にインドから中国に渡った達磨《だるま》が創始した仏教の禅宗では、座して瞑想する坐禅を、悟りを得るための基本的な修行として実践していた。その後、中国の禅は老荘思想の影響を受けながら、唐から宗の時代にかけて独自の発展を遂げていったが、明の時代には衰退していった。一方、中国から日本に伝わった禅宗は室町時代に発展し、現代において世界で注目されている禅の多くは、日本から伝わったものである。

他に、中国の道教にも、呼吸法によって体内に気をめぐらせ、健康の増進を図ったり、瞑想を行ったりするものがあり、究極的には不老不死の仙人を目指すための多様な修行法まで存在する。

こうした東洋の精神修養技術は身体的および心理的な治療効果を持っていたが、関わっていたのはごく一部の宗教的な修行者に限られていた。しかし、これらの技法は現代社会において再び関心を集めており、特にヨーガと禅は世界中で知られるようになり、今日では一般の人でも実践する人は少なくない。

一九七〇年代のアメリカ西海岸においても、カウンターカルチャーの影響もあって東洋思想が流行《はや》り、禅やヨーガがブームになっていた。当時、ニューエイジ運動と共に多様な心理療法が生み出されていたが、その中で、禅やヨーガの影響を受けた心理療法も開発されていたのだ[9]。このブームは一時的なものに留まったわけではない。二一世紀の現在においても、マインドフルネスという瞑想法が最先端の認知行動療法に取り入れられている[10]。

一方、西洋でも精神修養技術が生まれなかったわけではない。それは哲学の学派と結びついていた[11]。

たとえば古代ギリシアにおいては、ピタゴラスの学派が厳格な修養と師ピタゴラスへの服従を絆とする共同体を作り、厳重な食事制約を守り、自己統御（長時間の無言の行など）を実行していた。古代ローマでは、ストア派は感情統御の術を身につけ、精神集中と瞑想を実行し、それを文章化したり、口頭で語るようにしていた。また、悲しみに沈んでいる人に言葉なり書簡なりで友情に厚い哲学談義をする「慰籍」という行為も実践

9　ニューエイジ運動における心理療法への禅、ヨーガの影響については、6章「実存を問う心理療法」で詳しく論じている。

10　マインドフルネスと認知行動療法の関係については、5章「実証科学からの挑戦」で説明する。

11　H・エレンベルガー『無意識の発見（上）』木村敏・中井久夫監訳、弘文堂、一九八〇年、43-46頁

しており、一種の心理療法、カウンセリングに近いことをしていたのだ。

同じく古代ローマにおいて栄えたのがエピクロス派であり、ギリシア、ローマの大都市のほとんどにエピクロス派の大規模な共同体が存在していた。彼らは瞑想のとき、不快なことへのむき出しの直面を避け、むしろ努めて過去の楽しかったことや将来出会うかもしれない喜びを思い浮かべようとした。これは不安に怯《おび》えた精神を落ち着かせ、快活に導く面があり、その意味で、明らかに心理療法的な作用があったと考えることができる。

このように、当時の哲学者は情念の統御に高い価値を置いていた。後にカントが明確に述べたように、情念に振りまわされている人間は決して自由ではあり得ない。今日の心理療法においても、感情のコントロールは重要な治療目標であり、その意味で、この時代の哲学的な精神修養技術は後の心理療法に深く通じるものだったのである。

中世ヨーロッパの宗教的治療

古代ギリシア、古代ローマで栄えた宗教的な祭儀の治療、および哲学的な精神修養術は、中世ヨーロッパでは没落していく運命にあった。四世紀にローマ帝国がキリスト教を国教として以降、その文化、信仰を受け継いだ西欧社会では、異教の崇拝、儀礼は禁止され、哲学も神学の婢《はしため》とならざるを得なかったからである。

しかしその一方で、カトリック教会は個人が僧侶に告解する行為をきわめて重視していた。「告解」とは、絶対の秘密厳守の義務を負う僧侶に対して、罪を告白し、神からの許しと和解を得るための儀式であり、現在では「ゆるしの秘跡」とも呼ばれている。

宗教改革後、プロテスタントでは告解の義務は廃止されたが、代わりに「救霊」（司牧）という新たな行為が実践されるようになった。

プロテスタントの牧師の一部は自分が特別の霊的天分を授かっており、悩める魂から秘密の告白を聞き出し、その人を救い出す力が自分にあると考えていた[12]。彼らは秘密厳守の伝統を受け継ぎ、告白を聞いて慰めるだけでなく、悩みを解決する上で現実的な対応まで行っていた。たとえば、困難な恋に悩んでうつ状態になっている人に、教会の教えを介して慰め、諭すだけでなく、その恋が成就するように、両親に説明し、相手を説得し、結婚を促したりもしたのである。

キリスト教の「告解」。《告白、1838》（ジュゼッペ・モルテーニ画、1838年）

秘密は心の重荷になる。心の病の原因にさえなり得る。だからこそ秘密を告白することで、病が治る可能性があるのだ。エレンベルガーはこれを「病原性秘密」と呼んでいるが、この秘密の告白という方法の原理は、カトリックの告解と基本的には変わらない。やがて病原性秘密の治療法は、聖職者ではない者が行うようになっていった。それは一八世紀の磁気術師に始まり、一九世紀の催眠術師へと受け継がれていった。催眠状態のときに患者が秘

12　同前、47-48頁

密を話すことで、心の重荷を取り去り、患者を楽にしたのである。

このような考え方は決して突飛なものではなく、ある意味で常識的に思えるかもしれない。なぜなら、日常生活において知り合いの悩みを聞き、相手は秘密の悩みを打ち明けることで楽になる、といった経験は、私たちの誰もが身に覚えのあることだからである。その意味で、ここには心理療法の本質に関わる何かがあるのかもしれない。

ともあれ、病原性秘密の告白による治療は、やがてジャネの治療法やフロイトの精神分析に受け継がれることになる。ただし、それは無意識の秘密であり、患者本人も知らないことなのだ。患者自身も自覚できない秘密、自分自身にさえ隠されなければならない重要なこと、それを明るみに出すことが、精神分析の使命となる。

なるほど、深刻な秘密を打ち明ければ、私たちの心は幾分軽くなる。誰にも話せない苦しみから解放され、不安と抑うつ感は緩和される。その意味では、現代の心理療法にもそうした要素、効果があることは否めない。だが、いま実践されている多くの心理療法が一般的な悩みの相談と違うのは、患者自身が気づいていないことを、治療者が豊富な知識と臨床経験から洞察し、それを気づかせる点にある。

現代の心理療法において「無意識」という概念が重視されているのは、患者自身が気づいていない自分の心に焦点が当てられているからだ。そして、そうした現代的な心理療法の先駆者こそ、無意識を治療に導入したジャネであり、精神分析を開発したフロイトなのである。

こうした「無意識」への関心、精神分析の登場の背景に、科学的な精神医学の発展があるのは確かだろう。しかし、身体医学の歴史に限れば、原始的治療が完全に廃棄されて科学的な治療に変わった、と言えるかもしれないが、精神医学、心理療法の歴史となると、もう少し事情が複雑になる。それは、科学が物質としての身体の性質や働きを実証的に解明し始めたのに対して、精神という対象の解明はなかなか進展しなかったからでもある。

それゆえ近代になっても、心の治療は実証科学的な研究や試行錯誤が続く一方で、科学的根拠が弱く、原始的心理治療と共通点の多い心理療法は登場し続けていたのである。

メスメル

ガスナー

悪魔祓いから催眠術へ

近代は科学的な精神医療が生まれ、心理療法も科学的な観点が取り入れられていった時代だ。その源流は催眠術であり、一九世紀に流行した催眠による心理的治療法が、後の精神分析、力動精神医学を生み出し、その後の心理療法に大きな影響を与えていくことになる。その転回点となったのが、医師メスメルと祓魔師ガスナーの対決である。

一七七五年、当時、神父だったガスナーは、カトリック、プロテスタントの権威者、医者、貴族、富裕市民層といった面々の眼前で祓魔術を行っている。キリスト教における告解や救霊についてはすでに触れたとおりだが、同時に原始的な心理治療と同様の祓魔術も認められていた。ガスナーは患者に悪魔祓いの儀式を行うエクソシストだったのである。

《悪魔祓い》（C.Penoso画、1878年）

患者は痙攣《けいれん》発作の起きる尼僧で、ガスナーがラテン語で正体を現すように呼びかけると、患者はただちに痙攣し始めた。すると、この痙攣こそ悪霊によるものだと指摘し、祓魔術に取りかかる。身体のあちこちに痙攣するように命じると、患者はそのとおりに行動する。これは悪魔がガスナーに調教された証《あかし》であり、悪魔を退散させると、患者に痙攣発作は起きなくなる。

　こうした奇跡に近い治療例の数々で、ガスナーは多くの群衆を惹《ひ》きつけ、熱狂的な支持者を集めたが、批判する声も少なくなかった。当時のヨーロッパでは、封建制を捨てて近代社会へと向かう中で、啓蒙《けいもう》主義の影響が広まりつつあったからだ。人間の理性を信頼し、不合理なものを排除する傾向は、原始的な心理治療に対する疑念を生まざるを得ず、魔女狩り、魔女裁判はまだ完全には無くなっていなかったが、悪魔、悪魔憑き、悪魔祓いに関しては、すべて敬遠されるようになっていた。そのため、ガスナーを擁護する人々と批判する人々の間で、激しい議論が巻き起こったのである。

ちょうど同じ頃、医師のメスメルは公開実験を行い、ただ指で触るだけで患者に痙攣をはじめ様々な症状を出没させ、人々を驚かせていた。つまり、ガスナーと同じことを祓魔術なしでやってみせたのだ。そして、「私は動物磁気によって患者を治すことができる」「ガスナーは決してハッタリ屋ではなく、ただそれと知らずに動物磁気で患者たちを治していただけだ」と公言した。

動物磁気とは、宇宙に満ちている流体で、人体もこの影響下にあり、体内において動物磁気の不均衡が生じると病気になる、とメスメルは考えていた。現代科学から考えれば、何ともうさんくさい理論としか言えないが、一八世紀末という時代背景を考えれば、むしろ画期的な視線変更だったと言える。なぜなら、動物磁気という仮説にはもはや神も悪魔も登場しないし、むしろ科学的な仮説に近いからだ。

メスメル自身、ニュートンの万有引力の理論に影響を受けており、動物磁気説を科学理論として位置づけていた。また、彼は磁気術師と患者の間にある

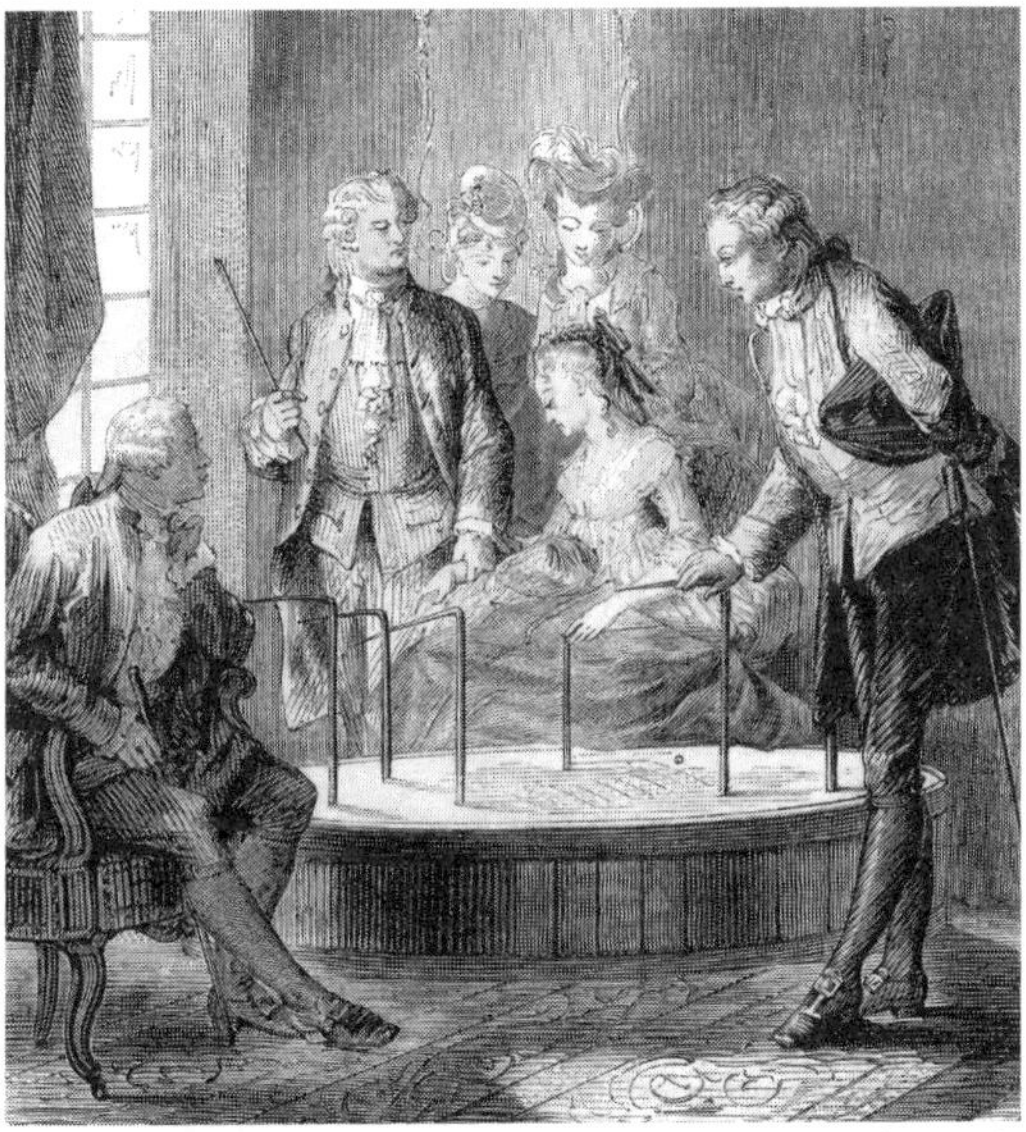

メスメルの動物磁気による治療風景。中央の磁気樽（バケー）から患者に磁気を伝達する

シャルコーの催眠実験。《サルペトリエールにおける臨床講義》（A. ブルイエ画、1887年）

交感（心が感じ合い、通じ合うこと）を重視しており、現代の心理療法に通じるものをすでに見出していたのである。

メスメルとガスナーの対決は、啓蒙主義と古い伝統主義の闘争だった。[13] そしてガスナーの敗北により、宗教と結びつかない科学的な治療法への道が開かれ、心理療法の歴史は大きな転換を迎えることになった。

その後、メスメルの弟子であったピュイゼギュールが磁気術を広め、メスメリズム運動は一九世紀半ばに絶頂期を迎えている。ピュイゼギュールは磁気術の最中に患者が睡眠状態になることを発見し、磁気睡眠と名づけたが、これが後に「催眠」と呼ばれるようになり、一連の催眠術ブームのきっかけとなっている。

だが、メスメリズム運動そのものは次第に狂信的となり、オカルティズムやインチキな治療法と結びつくなど、当初の基準から脱線するようになった。そのため、一九世紀後半には磁気術と催眠術の評判は地に落ちていたのだが、ナンシー学派のリエボーとベルネーム、そしてサルペトリエール学派のシャルコーらが催眠術によって人気を博したため、一九世紀末、一時的に催眠術ブームが再燃した。

ベルネームはナンシー学派の開祖であるリエボーに師事し、催眠とはヒステリー患者のみに見られる病的状態ではなく、暗示の結果だと主張した。これは、シャルコーの見解とは正反対であり、シャルコーに対する公然とした批判でもあった。そして、催眠の効果は覚醒状態における暗示でも得られると主張し、患者の心に特定の考えを信じ込ませるやり方を見出した。催眠時であれ、覚醒時であれ、多くの疾患は催眠術による暗示によって治せる、というのである。ベルネームはこの手続きのことを「精神療法」と呼び、一九〇〇年前後にはヨーロッパ最高の精神療法家とみなされるようになった。

同じ頃、シャルコーはすでに高名な神経学者として尊敬されていたが、催眠術に関する論文により、その名声は頂点に達していた。サルペトリエール病院では、シャルコーの公開診察、講義に医師や学生、その他多くの群衆が詰めかけ、シャルコーの講義、公開診察を見学した。そこで彼は、ヒステリー患者を呼んで催眠術をかけ、指示どおりに患者を動かしてみせたのだ。

シャルコーの講義は批判も少なくなかったが、フロイトがこの公開講義に感銘を受けたことはよく知られている。特に、無意識的な固定観念の存在がある種の神経症の核になる、というシャルコーの指摘は、ジャネとフロイトの理論に大きな影響を与えている。ジャネとフロイトは心の病の精神的現象を「無意識」の動的なメ

13 H・エレンベルガー『無意識の発見（上）』木村敏・中井久夫監訳、弘文堂、一九八〇年、65-66頁

カニズムとして捉え、後の「力動精神医学」の源流となったのである[14]。

無意識の発見

現在、心理学、哲学の世界において、フロイトは「無意識の発見者」と呼ばれている。人間の心に意識できない領域があると指摘し、深層心理学という一大分野を切り開いた心理学者。人間は理性的な存在であるという近代の啓蒙主義に疑問符を投げかけ、現代思想の源流となった思想家。そうした評価が、精神科医であるフロイトに向けられている。

しかし、正確に言えば、フロイトは「無意識の発見者」ではなく、フロイト以前に無意識を研究する者は少なくなかった。無意識への関心は一九世紀前半から次第に高まっていき、フロイトとジャネによって精緻な理論化が試みられるようになった、というのが真実のようである。

たとえば、一九世紀中盤のアメリカでは心霊術が流行し、その影響はイギリスやドイツなど、西欧諸国にも波及していった。霊と交信する霊媒が登場するようになり、彼らの一部は自動書字を行い、トランス状態で話していた。そのため、自動書字やトランス状態のような当人にも理解できない行為、状態が、無意識の現象として科学者の関心を集めるようになったのだ。

また、動物心理学と観相学の研究で有名だったカールスは、著書『プシケー』の中で、魂の本性を知る鍵は無意識の世界にあると述べ、無意識を三層に区別し、その諸特徴を細かく記載している。これは無意識の心理的な生活に関する理論を提示した最初の試みであり、後の無意識論の源泉となっている。そして一八六九年にはハルトマンの『無意識の哲学』が発表され、無意識の役割に関連した数々の事実を提示している。これはフロイトが無意識の論文を発表するより四半世紀も前のことなのだ。

しかし、無意識への関心を急速に高めたのは、やはり磁気術や催眠術の影響が大きかったようである。実際、磁気術師や催眠術師の仕事のかなりの部分が、実は無意識についての一種の臨床研究であった、とエレンベルガーは言う。

「心的生活の一部は人間の意識的知が及ばないものであるという仮説は、何世紀にもわたって立てられてきた。十七世紀から十八世紀にかけて、この仮説は一段と注目された。十九世紀になると最もはげしく議論される問題の一つとなり、ついには現代力動精神医学の基礎となった」[15]

一八世紀末から一九世紀末にかけて活躍した磁気術、催眠術の治療者たちは、無意識の心的エネルギーを探究し、それを治療手段に活用しようと企てていた。彼らは夢遊病や嗜眠《しみん》状態、カタレプシー、多重人格、ヒステリーなどを重視し、意識と無意識という二重性を基礎とする心の新しいモデルを発展させ、催眠を無意識への主たる接近法として考えていた。

14　力動精神医学の開祖はマイヤーと言われており、もともとは精神現象のメカニズムを動的に捉える方法を指していた。しかし現在では、力動精神医学は精神分析的な精神医学とほぼ同義として見られている。

15　H・エレンベルガー『無意識の発見（上）』木村敏・中井久夫監訳、弘文堂、一九八〇年、３６０頁たとえばピュイゼギュールは、患者が夢遊状態における記憶を失っていたことから、記憶には二種類あると考えた。このことは意識的な記憶と無意識の記憶があることを暗に示している。その後も磁気術師たちは一九世紀半ばまで、無意識は意識とは別の状態であること、無意識が意識的知覚に影響を与えること、無意識は意識に作用を及ぼす場合もあることなど、様々な記録を残している。それはリエボー、ベルネーム、シャルコーも同じであった。

こうして、一九世紀末の二、三〇年の間に、無意識という概念は大衆化し、その時代のほとんどの哲学者が無意識の存在を認めていた。そして一九世紀の最後の一〇年間において、無意識の臨床研究は急速に進展し、ジャネが『心理学的自動症』を、続いてブロイアーとフロイトが『ヒステリー研究』を刊行した。では、一体なぜこれほどまでに無意識への関心が高まったのだろうか？

エレンベルガーによれば、近代社会のもたらした啓蒙主義、合理主義への反動として、ロマン主義が広まっていたことと無関係ではない。ロマン主義はドイツに起こり、一九世紀前半、ヨーロッパ諸国に広まった。それは啓蒙主義が合理性と社会の価値を強調していたのに対し、不合理なものや個人的なもの、自然を礼賛したのであり、無意識への関心もロマン主義の広まりから生まれた可能性がある。[16]

こうした啓蒙主義、合理主義への疑念は、二〇世紀に入ってますます高まることになった。なぜなら、二度の世界大戦、ホロコースト、原爆投下、スターリン粛清、文化大革命など、人間の犯した大量殺戮《さつりく》の過ちが、人間の理性に対する信頼を失墜させたからである。このため、現代思想の領域では、真理や理性を重んじる近代哲学を批判し、人間は無意識に規定された存在である、という人間観が広まることになった。フロイトが現代思想において重視されているのはそのためだ。

しかし、無意識への関心をより広い意味で捉えるなら、また別の理由を考えることもできる。まず、無意識の研究対象となった夢や夢遊病、催眠状態、ヒステリー症状などは、そもそも悪霊の仕業と考えられていたものが、啓蒙主義の影響により、無意識という心の問題とされるようになったのであり、啓蒙主義や合理主義への反動というより、むしろ合理的な説明の試みだったと言える。

また、さらに重要なのは、近代において民主主義の国家が生まれ、個人が自由に生きる可能性が広まったために、無意識に関心が向けられるようになったのではないか、と考えることもできる。私たちは自由に生きられる状況に置かれたとき、自分が何をしたいのか、何をすべきなのかを考え、逡巡《しゅんじゅん》する。自分でも気づかない自分自身の欲望を理解し、後悔のない生き方をしたいと考える。だからこそ、自らの無意識を知りたいと思うのだ。

このことは、現代の心理療法がなぜ無意識を重視しているのか、その意味を明確に示しているように思える。それは「自由」ということと無関係ではないだろう。しかし、この点については心理療法の歴史全体を辿《たど》った後で詳しく論じたいと思う。

16　同前、360-366頁

ジャネ

ジャネの治療論

無意識の研究をはじめ、催眠術が後の心理療法に大きな影響を与えたことは間違いないのだが、催眠術はその後、急速に没落していった。誰もが催眠術師になれるわけでもなく、また有能な催眠術師であっても、誰にでも催眠を誘導できるというわけではない。また、患者の多くが実は催眠術にかかっていなかった、という報告も少なくない。そのため一九世紀の終わり頃には、催眠術への強い批判が起きるようになったのである。

この批判に強く抵抗したのが、ジャネとフロイトであった。彼らは催眠術を重視し、無意識的な原因（心的外傷）をつきとめ、感情を解放すること（カタルシス）で心を治そうとした先駆者であり、この考え方は現代の心理療法の土台を築くことになった。もっとも、ジャネが催眠術を治療に使い続けたのに対して、フロイトは後に催眠術を放棄することで精神分析を確立した。フロイトの精神分析については、後で詳しく説明するので、ここではジャネについて触れておくことにしよう。

ピエール・ジャネは、暗示にかかりやすいかどうかは相手の人物による、ということをいち早く理解し、これを利用して患者の症状を軽減させていた。要するに、今日のあらゆる心理療法が重視するラポール（治療者と患者の信頼関係）の重要性を、いち早く見抜いていたのだ。

ラポールという言葉はもともとメスメルが使っており、後の磁気術師や催眠術師たちもこれを受け継いでいる。メスメルはラポールを電気的な交流として捉えていたが、この概念は徐々に磨き上げられ、次第に心理的に通じ合うこと、共感の存在、親密な関係性を意味するようになった。シャルコーとベルネームはラポールをそれほど重視しなかったが、ジャネは患者の治療者に対する感情を分析し、そこに何らかの愛が込められていることを見出し、治療において重要な意味を持つことを理解していた。

現代における心理療法の多くが、治療関係における交流（ラポール）を重視している点を考えると、ジャネの理論がいかに先駆的なものであったかがわかるだろう。

また、外傷的体験などによって意識下に沈められた観念、忘れられた記憶などを「意識下固定観念」と呼び、これが心の病の症状、心的な衰弱を惹き起こすのだと考えていた。この観念、記憶は、夢や催眠状態で現れたり、自動書字法や自動談話（声を出して出まかせに喋《しゃべ》らせる）によっても引き出すことができる。患者がこうした潜在記憶を自力で呼び戻せないのは、心的外傷のせいであり、この固定観念を単に意識するだけでは事態は改善しない。

そこでジャネは、固定観念は解体または変形し、破壊しなければならないと考えた。[17]

たとえば、ジャネの患者であるD婦人は、ある人物から夫の死を告げられたのを契機に、逆行性健忘に陥っていた。彼女はその出来事を忘れていたのだが、頻発する幻覚の中に、夫の死を告げた人物が現れていること

17　ここに、フロイトとの明確な違いを見ることができる。フロイトの場合は無意識の欲望を意識すれば治るという理論だが、ジャネの場合、無意識の内容を暗示によって変えなければならない、と考えていた。これは、ジャネの患者の多くが解離性障害などの深刻なトラウマによるものだったため、悲惨な状況を想起するだけでは治らなかったからかもしれない。

がわかり、健忘の原因は心的外傷だとジャネは考えた。そこで催眠暗示を使い、夫の死に関する固定観念を変化させると、記憶喪失も改善されたのである[18]。

ここには、無意識の記憶の想起や心的外傷など、精神分析と共通するものが少なくない。ただ、フロイトと違って催眠暗示を活用している点は、催眠術師たちの治療法を受け継いでいると言えよう。

ジャネの理論は他にも挙げることができるのだが、ここで触れた点だけでも、彼がいかに先進的な理論を展開していたか、十分にうかがい知ることができる。ユングやアドラーは、その影響を認めていた。フロイトとは多くの点で共通性が見られるが、それゆえに、どちらが先に発見したのか、といった問題を含め、互いに批判し合っている[19]。

ジャネの功績はフロイトの影に隠れ、過小評価されてきた、と主張する専門家は少なくない。事実、フロイトに比べて、その影響力には歴然とした差があり、精神医学、心理的治療の専門家以外の人間は、その存在さえほとんど知らないだろう。ただ、近年は解離性同一性障害（多重人格）への注目度が高まったため、ジャネの再評価が進んでいる。今日、この病の原因は心的外傷による「解離」という防衛機制で説明されるのが一般的だが、これはジャネの主張した理論なのである。

ジャネは今日における無意識の理論、心理療法の考え方を多くの点で先取りしており、その大きな功績を否定することはできない。しかし、一九世紀の心理学者たちは、無意識が広範囲にわたって意識を支配していることは理解していたが、無意識が何によって成り立つのかは研究していない。ジャネでさえ、意識的活動を規制する力動的な無意識という考えは持っていなかったのだ[20]。

これに対して、フロイトは無意識に欲動や幻想、記憶などの内容を盛り込み、その力動的性格を明らかにした。夢や神経症の症状など、無意識の現象と言われる多くのものが、欲望の力と抑圧の力のせめぎあいによって生じること、そうした心的な力の葛藤という具体的な無意識のありようを示したのである。

こうしたフロイトの精神分析理論は、その後の精神医学、心理療法に絶大な影響を及ぼした。心の治療の世界において、二〇世紀前半は精神分析の時代だったと言っても過言ではない。二〇世紀の後半になると、フロイトへの激しい批判が始まるのだが、そうした議論を介して新しい心理療法が続々と開発され、膨大な数の心理療法がひしめく時代が訪れたのである。

---

18 P・ジャネ『解離の病歴』松本雅彦訳、みすず書房、二〇一一年、18-19頁

19 たとえばジャネはこう述べている。「フロイトは私の使った言葉を変えて、私が心理分析と呼んだものを精神分析と名づけ、意識と四肢内臓の運動との総体、つまり外傷性記憶を構成してそれに結びついているものの総体を名づけるために心理系と私が呼んだものにコンプレックスという名を付した。また私が意識の狭窄（きょうさく）と呼んだものを抑圧として考察し、心理学的解離ないし精神的解毒と呼んだものにカタルシスという言葉をあてた」（P・ジャネ『心理学的医学』松本雅彦訳、みすず書房、一九八一年、39頁）

20 シェルトークとソシュールによれば、「心理学者たちは催眠実験に囚われっぱなしになることなく、われわれの心理機制の大部分が無意識的なままだということをちゃんと見抜いてはいたのだが、彼らの考察はそこで止まっていた。そこから出て無意識の法則や、意識と無意識というふたつの心的状態のあいだの関係を支配する諸法則を発見しようという試みまでには至らなかった」（L・シェルトーク、R・ド・ソシュール『精神分析学の誕生』長井真理訳、岩波書店、一九八七年、259頁）。

第2章　精神医学と臨床心理学の歴史

近代精神医学の夜明け

心理療法の歴史には、精神医学と臨床心理学の発展が複雑に絡み合っている。もともと心理療法を担っていたのは、シャーマンや僧侶など、宗教的な権威のある人々であったが、近代以後は、精神科医や臨床心理学の研究者、セラピストたちによって膨大な種類の心理療法が生み出されてきた。そこで本章では、近代以降における心理的治療の展開の大まかな流れを概観するために、まず精神医学の歴史を振り返り、その後、臨床心理学の展開について、ごく簡単に説明しておきたいと思う。

すでに述べたように、心理療法の源流となったのは、祭儀や呪術を中心とした原始的な心理治療、それを受け継いだ寺院の医学だが、一方、民間では呪術や儀式を排除し、より合理的な推論と観察によって精神疾患を治療しようとした人々もいた。それは古代ギリシア、ローマにおけるヒポクラテス、ガレノスのような医師たちであり、彼らは現代医学の源流となり、そうした系譜において、精神医学も誕生することになった。

近代の精神医学の始まりは、ピネルによる精神病院の改革に端を発すると言われている。一八世紀末、精神病者は危険人物として、犯罪者と同様に扱われ、特定の施設に監禁され、非人道的な扱いを受けていた。ピネ

悪名高いベドラム精神病院の光景。宿泊者は残酷な見世物扱いだった。《放蕩一代記（8,精神病院）》（ウィリアム・ホガース画、1732～1733年）

ピネル

ルはそうした患者たちの鎖を解き放ち、人間的に扱うべきことを主張した。当時広まっていた啓蒙主義の影響もあり、精神病は合理的に治療する対象とみなされるようになったのである。

だがこのエピソードは、いささか史実を誇張している可能性もある。確かに精神病者を監禁する施設が絶対王政期からあったのは事実であり、魔女狩りが物語っているように、迫害を受けていた精神病者が数多くいたのは間違いない。しかしその一方で、精神病者を保護し、部屋と食事を与える慈善的な収容施設も存在していた

ピセートル収容施設で患者を解放するピネル。《Pinel, médecin en chef de la Salpêtrière en 1795》（トニー＝ロベール・フルーリー画、1795年）

からだ[1]。ちなみに中世のイスラム圏でも、精神病者は病院で人道的な治療（鎮痛剤、癒す音楽、マッサージなど）を受けており、必ずしも迫害対象ではなかった[2]。

また、哲学者のフーコーによれば、ルネサンスの時代においては、狂人は別世界に属する神聖な存在とみなされ、社会的に受け容れられていたし、比較的自由に生き、周囲の人々と共存していた。しかし一七世紀になり、合理主義的な考え方が生まれると、彼らは神聖な存在どころか、合理的な秩序に沿わない存在として差別されるようになった。したがって、合理主義、啓蒙主義は精神病者を解放したのではなく、施設に閉じ込めたのだ、とフーコーは言うのである。

「今や、狂人は、都市における人間個人の秩序に関与する、《治安》問題を背景にして、鮮明な姿を見せようとする。昔は、別世界からやってきたから、狂人はもてなされたが、今後は閉じ込められるだろう。狂人はこの世界から来ているのであり、貧乏人、あわれな人、放浪者の仲間なのだから」[3]

このように、合理主義が広まると、今度は精神病者は合理性を欠いた不完全な存在、合理的な社会秩序を乱す存在として差別され、社会から排除、監禁されるようになった。ピネルが解放したのは、こうして監禁された精神病者たちであったが、フーコーに言わせれば、それも解放とは言えないものであった。確かにひどい扱いからは解放したかもしれないが、近代的な合理的秩序に適応させるため、精神病院という新たな施設に監禁し、彼らの自由を奪ったにすぎない。

自由か、それとも社会への適応か？

当初の精神病院の治療を見る限り、患者を拘束したり、不当な治療を行ったり、多くの問題があったことは否めない。しかし、近代的な考え方が精神病者を合理的な秩序に押し込めようとした、というフーコーの主張も少し言いすぎだろう。確かに近代の初期に限定して考えれば、精神医学が個人の自由よりも社会への適応を中心とし、不合理な言動を矯正する傾向が強かったのは事実だが、それは社会への適応が患者のためになる、と考えられたからであり、決して患者を社会に従わせようとしたわけではないはずだ。

1　小俣和一郎『近代精神医学の成立』人文書院、二〇〇二年、40頁
2　A・ルーニー『心理学大図鑑』本田周二監訳、ニュートンプレス、二〇二〇年、214頁
3　M・フーコー『狂気の歴史』田村俶訳、新潮社、一九七五年、81頁

では、具体的にはどのような治療を行っていたのだろうか？
フランスではピネルが人道的な対応、規則正しい生活と養生、そして回復期には活発な活動が必要だと考えていたし、イギリスではウィリアム・テュークが患者を拘禁から解放し、道徳による管理を治療方針としている。つまりこの時代には、拘禁にかわって、道徳、規範、規律など、モラルによる自己管理を重視する動きが生じていたのだ。

これらは道徳療法（モラル・トリートメント）とも呼ばれ、一九世紀には一定の広まりを見せており、作業療法の源流となっている。拘禁からの解放という面では自由を重視したのだが、厳しい規律のある生活、厳格な管理を行った病院もあったため、社会秩序への適応が強く意識されていた可能性は高い。だがそれは、近代社会の秩序へ押し込めようとしたというより、患者が自己を律し、他者とうまくやるために必要だと思われたからだろう。

また、当時は道徳療法の他にも多様な治療法があり、生理学的な治療法も少なくなかった。
たとえば食餌《しょくじ》療法では、規則的な食事が健康を維持し、精神を健全にすると考えられていたし、休息療法では、原因を過労と考えて休息を重視するものであり、他にも温浴、水浴などがある。ジャネによれば、「この方法を用いている精神科医は、自分たちは生理学のみを利用して心理学的治療には反対の立場をとっているのだと考えていることが多い[4]」。彼らは催眠療法や精神分析など、対人関係をベースにした心理療法はあまり認めていなかったのである。

一方、身体の運動訓練、呼吸の調整訓練など、身体の訓練を中心とした教育療法や、患者を説得と激励によって治療する教化説得治療も行われていた。これらは、患者は誤った理解をしているため、誤りを改めることで治療できる、という考え方に基づく教育的な治療法である。中には信仰による宗教実践を利用したものもあった。

こうした教育、指導による治療では医師個人の影響が重要になるので、対人関係の影響をベースにしている点で、生理的な治療と違って心理療法に分類することができる。また、誤りを正す、という前提で行う以上、正しさの基準があるはずであり、それは当時の社会規範、価値観、宗教観と無関係ではあり得ない。その意味で、やはり社会への適応が重視された治療と言える。

多様な生き方が可能になった現代社会では、社会に合わせて適応するより、自分らしく自由に生きるほうが大切なように思えるが、近代の初期はまだ伝統的価値観の影響力が強く、その分、社会への適応は現在よりずっと重要な意味を持っていたのだろう。

身体論と心理論の対立

原始的な心理治療から催眠療法、精神分析へと続く系譜は力動精神医学と言われ、それはやがて臨床心理学に大きな影響を与え、多様な心理療法が開花する土台となっていくのだが、心理療法に懐疑的な精神科医も多いため、精神医学の世界ではあくまでも傍流として位置づけられる。

4　P・ジャネ『心理学的医学』松本雅彦訳、みすず書房、一九八一年、68頁

一方、主流の精神医学は自然科学に基づく治療を志向していた。先に述べたような生理学的な治療法や教育的な治療法は、一見すると合理的で心理療法より科学的に見える。だが、身体の訓練や道徳療法、食餌療法、休息療法は、身体の健康こそ精神によい効果をもたらす、という日常生活における実感から実践されていたにすぎないように思えるし、明確な科学的根拠があったとは言いがたい。

こうした心理的治療における二つの潮流は、神経症か精神病か、という病理の違いや、診療所か精神病院か、という治療現場の違いによる部分も大きかった。催眠療法や精神分析が小規模の診療所を中心に、神経症レベルの裕福な患者に対して行われていたのに対し、主流の精神医学における生理学的・教育的治療は精神病院を中心に、精神病レベルの貧しい患者に対して行われていたからだ。

精神科医の中《なか》井《い》久《ひさ》夫《お》も次のように述べている。

> 「精神病院においては、拘束あるいは衝撃的な治療法が主流を占めるのに対して、診療所においては、前世紀のいわば古い部分からもちこしたピュイゼギュールやメスメルの磁気術を含めた、より特権的かつ温和な治療法が行なわれた。神経症群と精神病群の二つの系譜は、いくぶんかはこの治療の場の二元性にも関わっている[5]」

この二つの系譜のうち、精神病ほど重度の精神疾患ではない神経症に対しては、診療所を中心に催眠療法や精神分析などの力動精神医学が広まり、後に臨床心理学とも深く影響し合うようになり、心理療法の多様な展開につながっていったと考えられる。一方、精神病に対しては、精神病院に入院した上で生理学的治療法や教育的治療法が行われるのが一般的で、主流の精神医学が担ったのはこちらである。

一九世紀前半の精神医学は精神病院が中心で、そこでは独創的理論が発展し、道徳療法なども使われていた。しかし一九世紀中葉になると、実証主義と科学主義の影響によって器質論的観点が有力になり、その結果、道徳療法に否定的な精神科医も増えていったようだ。この転換期に登場したのが、ドイツの精神科医、グリージンガーであった。

そもそもこの時代の精神医学は、原因を身体に求める身体論者と、原因を心理的な問題に求める心理論者の間で、激しい論争が繰り広げられていた。しかし、身体論者のグリージンガーが、「精神病とは脳病なり」と宣言して以来、身体論の考え方は、精神病は情動に原因があるという心因論に勝利し、以後、身体論、器質論が精神医学の主流となったのである。

グリージンガー

ジルボーグの『医学的心理学史』にもこう記されている。「グリージンガーは心理論者と身体論者との間の烈《はげ》しい論争を解決した。精神病は身体病である、と彼は宣言した——特に脳の病である、と」[6]。精神の病の秘密は脳科学の発展によって解明される、という考え方は、現代精神

5　中井久夫『西欧精神医学背景史』みすず書房、一九九九年、63頁
6　G・ジルボーグ『医学的心理学史』神谷美恵子訳、みすず書房、一九五八年、318頁

医学においてはすでに常識と化しているが、最先端と見なされがちなこの見解も、一九世紀半ばにはすでに主張され、強い影響力を持っていたのである。

グリージンガーの主張が受け容れられたことで、精神医学の主流は完全に実証主義の身体論が中心となり、催眠療法のように無意識や意識を重視する心理論は、一時的に退潮せざるを得なくなった。では、このまま心理論は没落し、精神病＝脳病という身体論の全盛期が始まり、現在に至るのかと言えば、事態はそう単純には進まなかった。一九世紀末になると、心理論であるフロイトの精神分析が登場し、それはやがて精神医学の世界を席巻《せっけん》することになるのである。

記述精神医学と現象学的精神病理学

グリージンガーの系譜に連なる高名な精神科医としては、クレペリンの名を挙げることができる。

彼は一九世紀末から二〇世紀にかけて、実証科学的な精神医学の土台を築き上げた人物だ。外的な徴候（症状、行動）に焦点を当て、客観的な記述を方法的な基礎とする記述精神医学を打ち立てただけでなく、精神病を早発性痴呆《ちほう》（統合失調症）と躁《そう》うつ病の二つに分けるなど、その分類は現代のＤＳＭ（精神疾患の診断・統計マニュアル）にまで深い影響を及ぼしている。

クレペリンの記述精神医学は、内的な力の働きに焦点を当てたフロイトの力動精神医学と対比され、客観性を重視する科学的な方法として、精神医学の主流となっていったのだが、精神科医たちが患者の主観的世界にまったく無関心だったわけではない。

一九一三年、ヤスパースは『精神病理学総論』を出版し、患者の内的世界を記述し、その意味を理解しようとする新しい精神病理学の可能性を提示した。それはディルタイや現象学の影響を受け、患者の主観を重視するものであったが、その理論はビンスワンガー、ミンコフスキーらに影響を与え、現象学的精神病理学という新たな潮流を生み出していくことになる。

現象学的精神病理学は、フッサールの現象学、ハイデガーの実存哲学の影響を受けており、精神障害を単純に脳に結びつけるのではなく、患者の主観的世界、意味の世界に着目している点で注目に値する。意味や価値の領域は主観的なものとして、自然科学が排除してきたものであったが、だからこそ、人間の内面を理解しようとする精神病理学が生まれてきたのである。

残念ながら、現象学的精神病理学は患者理解については有効であったが、治療方法に関して大きな貢献ができなかったこともあり、現在ではあまり顧みられなくなっている。ただ、ドイツで広まったこの考え方は二〇世紀後半にアメリカに紹介され、ロジャーズやロロ・メイなど、実存主義的なセラピーに影響を与えている。

一方、ヤスパースの考え方は現象学的精神病理学とは別に、シュナイダーやコンラート、フーバーといった精神病理学の主流派に受け継がれていった。それは、患者の主観的世界を重視しながらも、それを客観的に記述し、分析するという方法が、客観性を重視する実証科学的な精神科医たちに歓迎されたからである。

クレペリン

しかし、二〇世紀前半までの主流の精神医学を見る限り、実証科学的な精神医学が有効な治療法を見出したとは言いがたい。ただ変わった点と言えば、従来の生理学的治療法や教育学的治療法がどちらかと言えば消極的な治療法だったのに対して、より積極的な治療法が試みられるようになったことだろう。

身体療法の展開――インスリン療法、電気痙攣療法、ロボトミー手術

一九二〇年代の精神医学は斬新な身体治療によって大きく揺れ動いていた。様々な物質を注射して血管緊張や体温を上下させたり、腸の動きを刺激することさえ広く行われていた。大腸の一部を切除したり、バルビツール酸系薬で数週間眠らせる持続睡眠療法という治療法もあったのだ。

また、血中から糖の取り込みを司《つかさど》る物質であるインスリンが発見されると、精神科でも食欲増進に用いられ、一九二〇年代後半には、痙攣とインスリンを併用して治療する方法が普及し始めた。インスリン注射によって低血糖の痙攣状態が起きると、患者の精神状態が落ち着きを取り戻したため、精神病に対して治療効果がある、と考えられたのだ。現在ではまったく用いられていないが、当時、これは重症の精神疾患に対する積極的治療の始まりでもあった。

しかし、インスリン療法は低血糖による人体への悪影響もあり、リスクも少なくなかった。これに対して、一九三〇年代には、より安全性の高い方法で痙攣を起こすメトラゾール療法が開発されている。

痙攣療法として一時代を築いたのは、何と言っても電気痙攣療法（ＥＣＴ）であろう。電気ショックによって痙攣を起こす電気痙攣療法は一九四〇年代において爆発的に広まり、その効果も統計的に証明されていた。

インスリン療法よりも安全で、強いうつや自殺念慮、統合失調症への治療効果は高いとされ、一躍、精神医療の世界では花形の治療法となったのである。[7]

だが電気痙攣療法にも健忘や頭痛などの副作用があり、しかも精神病院によっては、患者への懲罰として電気ショックを与えるケースも多く、次第に社会から批判を浴びるようになる。

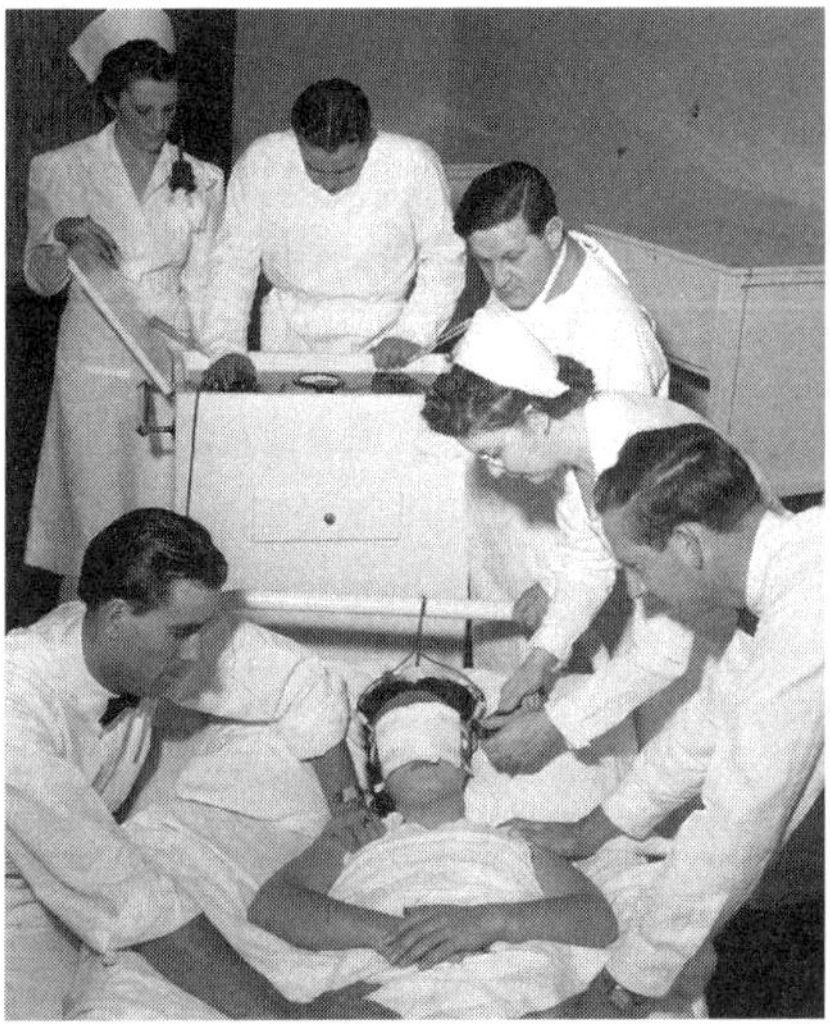

電気ショック療法（1942年頃）

インスリン療法や電気痙攣療法はいずれも身体への働きかけによって精神病を治そうとする身体療法だが、より直接的に外科的治療によって治そうとするロボトミー手術と呼ばれる方法もあった。これは脳の前頭葉白質の一部を切除して神経経路を切断する手術のことで、興奮や緊張、暴力、自己破壊性などを緩和する治療であり、当時、その効果に大きな期待が寄せられ、一九四〇年代には盛んに行われていた。開発したモニスがノーベル生理学・医学賞を受賞したことからも、その反響の大きさがうかがえる。だが、ロボトミー手術を受けた患者は、無気力、感情反応の低下などの副作用が強く、社会からの厳しい批判もあり、現在

7　インスリン療法、電気痙攣療法がどのようにして生まれ、広まっていったのか、どのような問題を起こしたのかについては、E・ショーターとD・ヒーリーの『〈電気ショック〉の時代』（川島啓嗣・青木宣篤他訳、みすず書房、二〇一八年）にかなり詳しく描かれている。

ではまったく行われていない。

このように、一九三〇年代から一九四〇年代にかけて行われた身体的治療は、次第に人道的な面から批判を浴びるようになり、急速に衰退せざるを得なかった。そこには、精神医療そのものが患者に害を与える、という主張を展開した反精神医学運動の影響もあっただろう。

反精神医学運動は、一九六〇年代に欧米で広まった精神医療に対する反対運動であり、中心人物として、レイン、デーヴィッド・クーパー、バザーリアなどを挙げることができる。精神病院への強制入院は人権侵害であるとし、患者の自由を主張し、解放を求めるものであった。特にバザーリアらの活動はイタリアの精神病院をすべて廃止することにつながり、全世界に衝撃を与えている。

また、従来の副作用の強い身体的治療、強制入院が廃止されていった背景には、人道的な見地だけでなく、薬物療法の進展が大きく影響していた。一九五二年、精神病の症状を緩和する画期的な抗精神病薬、クロルプロマジンが開発されたことによって、精神医学は薬物療法中心の時代に移っていくことになったのである。

薬物療法と力動精神医学

以上のように、精神病院における精神科医の治療のほとんどは、身体に直接働きかける身体療法が中心であり、心理療法を行う精神科医は少ない。一九五〇年代のアメリカでは精神分析を中心とする力動精神医学が力を持った時期もあるが、現在では薬物療法中心の生物学的精神医学が主流となっているし、西欧ではドイツの記述精神医学を中心に、やはり実証科学的な精神医学が主流であり続けている。

これらの精神医学は実証主義による身体医学をベースにしているため、治療方法もやはり身体にアプローチするものであった。精神に直接アプローチする心理療法があまり使われてこなかったのは、治療関係や治療者の主観が関わるなど、客観性を重んじる自然科学の枠組みから見れば、非科学的に見える面があったからだろう。

すでに述べたように、二〇世紀前半までの主流派精神医学の身体的治療法は、科学的根拠も乏しく、心理療法よりも治療効果が上だったわけでもなかった。しかし、二〇世紀後半になると、薬物療法の急速な進展が、従来の身体療法とは比較にならないほどの治療効果をもたらし、心の治療の状況は一変する。

クロルプロマジンという抗精神病薬を皮切りに、一九五〇年代後半には、抗うつ薬、抗不安薬も開発され、それは民間に急速に広まっていった。無論、薬物療法にも副作用はあったが、従来の身体的治療に比べれば軽微なものであり、何より従来の治療法に比べて大きな効果を得ることができたため、入院せずとも通院で治療を行える可能性が拡《ひろ》がったのである。

また、脳科学の発展により、精神疾患の原因を脳の機能に求め、脳内の神経伝達物質と薬の関係こそが重要になった。たとえば、抗精神病薬では、脳内のドーパミンの働きを抑えることで幻覚や妄想を減らすことができるし、抗うつ薬では、脳内のセロトニンを増やすことでうつ状態を緩和することができる。そのため、薬物療法は精神疾患の症状を緩和する上で大きな役割を担うようになり、薬のみで治療する精神科医が圧倒的に多数を占めるようになったのである。

一方、主流の精神医学が身体的治療の開発に試行錯誤を繰り返していた間、精神分析は二〇世紀前半に広く認知されるようになっていた。しかも精神分析は心の治療のみならず、思想、文化の領域にも広範な影響を及ぼしている。さらに一九五〇年代になると、アメリカの精神医療の現場でも精神分析が使われるようになったのだが、それはまだ薬物療法が登場したばかりだったからでもある。

しかし、その後、薬物療法によって大きな効果が得られることがわかると、精神医療の現場における精神分析の影響力は急速に衰えていった。薬物療法が症状の除去しかできないのに対して、精神分析は無意識を自覚し、自己理解を深めることができる。つまり、症状の原因そのものにアプローチし、考え方や行動自体を変え、症状が起こらないようにする可能性を持っている。しかし、薬物のように症状を即座に除去する即効性はなく、長期間にわたる治療なので時間もお金もかなりかかってしまう。その上、重度の精神疾患にはあまり効果がなく、理論的にも科学的な証明ができなかったからだろう。

こうして、脳科学と治療薬の飛躍的な発展によって、多くの精神科医は薬物療法を中心とした治療を行うようになり、心理療法を使用する精神科医はあまりいなくなってしまった。力動精神医学にかわって、生物学的精神医学が完全に主導権を握ることになったのだ。しかも、記述精神医学によって積み上げられた症状の記述、分類は、現代の診断基準（特にＤＳＭ）に多大な影響を与えることになったため、この基準に照らした明確な症状の分類によって、診断、薬の処方が決定される、という治療のやり方が一般化していったのである。[8]

臨床心理学の挑戦

精神分析と力動精神医学の衰退以後、心理療法は凋落《ちょうらく》の道を辿ったのかと言えば、事態はまったくそのようなことにはならなかった。むしろ精神分析への批判をきっかけに、多様な心理療法が開発されるようになり、現在では何十種類、何百種類もの心理療法が各方面で使用され、精力的な活動が展開されている。確かに精神科では薬物療法を中心にしている精神科医が多いのだが、民間の診療所、学校、その他各種の相談所においては様々な心理療法が行われている。

脳科学で心の問題がすべて解明できる、薬物治療であらゆる精神障害を治療できる時代が来る、と考える人もいるようだが、それぞれが独自な意味と価値の世界に生きる私たち人間は、薬では解決できないたくさんの問題を抱えている。個人の主観的な意味や価値の問題にアプローチする心理療法が必要とされるのは、こうした事実からなのである。そして、心理療法は精神分析や一部の技法を除いて、心理学の研究者やセラピストによって開発されたものが少なくない。それは、精神医学とは異なる研究から生まれてきた技法が多いということでもある。

そこで次に、心理学の応用分野である臨床心理学の展開について、その概略をごく簡単に見ておくことにしよう。

臨床心理学の発祥は、一八九六年、ウィトマーがペンシルバニア大学に世界初の心理学的クリニックを創設

8　ただし、一九七〇年代になると生物学的要因にのみ還元する傾向への批判から、心理的要因、社会的要因を含めた生物心理社会モデル（ＢＰＳモデル）をエンゲルが主張し、多くの支持を集めている。それは身体論と心理論の対立を超え、さらに社会的要因も考慮したバランスの取れた考え方であったからだ。しかし、単独の要因に還元する教条主義への批判としては有効であったが、原理なき折衷主義でもあったため、近年では多元主義的なメソード・ベイスド精神医学を標榜するガミーらによって批判されている（Ｎ・ガミー『現代精神医学のゆくえ』山岸洋・和田央・村井俊哉訳、みすず書房、二〇一二年、２９２頁）。

ウィトマー

したことに始まる。[9] それは、知的障害や学習障害の子供のアセスメントと教育支援が中心だったので、本格的な心理療法とは言えないが、心理学の理論を介した対人支援の始まりであったことは間違いない。そもそも「Clinical Psychology（臨床心理学）」という言葉を初めて使ったのもウィトマーである。

　二〇世紀の初頭には、アメリカで高校生を対象とした職業指導が行われるようになり、これがカウンセリングの発祥とされている。カウンセリングと一口に言っても、広い意味では専門的な相談援助活動全般を指す言葉であり、悩みや苦しみに対する心理的な相談を意味するが、狭い意味では、精神疾患の症状や不適応行動の変容を目的とする心理療法の実践を含んでいる。一九四〇年代にカール・ロジャーズが非指示的カウンセリングと呼んだ実践も、後に来談者中心療法と呼ばれているように、それ自体がすでに心理療法なのである。

　ロジャーズが登場するまでのカウンセリングは、すべて相談してきた相手（クライエント）に対して、直接的な指示や指導を与えるものであった。特に一九三〇年代のアメリカでは、心理療法を行えるのは精神科医のみだったため、権威ある医師の指導を実践することで解決を図るのが普通であった。しかし、医師ではなく臨床心理学者であったロジャーズは、指示を与えないカウンセリングを提唱し、従来のカウンセリングの常識を覆した。指示を与えなくても、相手の話を傾聴し、共感を示すことで、相手は自分の感情に気づき、問題点を自覚できることを見出したのである。

第二次世界大戦後になると、アメリカでは多くのカウンセラーが活躍する時代が訪れる。心に傷を負った帰還兵の数が多く、精神科医だけでは手に負えなくなり、臨床心理学の専門家が必要とされるようになったからだ。そして一九四七年、各大学の心理学科で臨床心理の訓練プログラムが設けられるようになり、一九四九年には、セラピストの標準的なトレーニング計画について話し合われたボルダー会議が開かれている。こうして、心理学出身のセラピストの制度的な養成が開始されたのである。(10)

心理療法の開発と新展開

以上のような経緯から、心理学の理論を臨床に応用する可能性が積極的に論じられるようになり、一九五〇年代になると行動療法が誕生することになる。これは、無意識という内面にアプローチする精神分析に対抗して登場した、「行動の変容」に焦点を当てた技法であった。人間の行動は後天的な学習、条件づけによって決まるため、異常な行動、強迫的な行動もまた、新たな学習、条件づけによって変えることができる。この学習理論の考え方を応用したのが行動療法である。

9　ウィトマーは心理学の祖であるヴントの弟子であり、現代心理学の発祥は、一八七九年にヴントが心理学の実験室を開設したことに始まっている。

10　アメリカでは、博士課程までの専門的な臨床心理学の教育・訓練を受け、心理療法を実践する資格を受けた人は「クリニカル・サイコロジスト」と呼ばれている。日本では臨床心理士がそれに近いが、クリニカル・サイコロジストのほうが地位も報酬も格段に高い。また、それ以外にも修士号を取得して心理臨床の活動を行うソーシャルワーカーや、その他様々なセラピストが存在する。国によって名称も資格も異なるため、本書では、「心理学系のセラピスト」と総称しておきたいと思う。

さらに一九六〇年代になると、ベックの認知療法など、行動の変容だけでなく、考え方、「認知の変容」に着目した心理療法が現れた。

人間の行動が考え方、認知に強い影響を受けるとすれば、行動だけでなく、認知にも目を向ける必要がある。また、当時の心理学は、人間の外面的な行動だけに焦点を当てた行動主義心理学に陰りが見え、一九七〇年代以降、人間の内面的な認知構造に焦点を当てた認知心理学が注目を浴びるようになっていた。このような心理学の展開と時を同じくして、心理療法の世界でも認知的アプローチの有効性が注目され始め、行動療法家たちも認知を無視できなくなってきたのである。

こうして、行動療法は認知の変容を含んだ技法へと発展し、一九七〇年代後半から一九八〇年代にかけて、認知行動療法として強い影響力を持つに至った。それは、すでに多数の心理療法が生まれつつあった時代において、最も科学的な客観性、実証性、そして即効的な治療効果があると言われるようになり、今日においても心理療法の中心に位置づけられている。心理療法を非科学的なものだと考える精神科医でさえ、認知行動療法だけは容認している人が少なくない。それは、認知行動療法が科学的な実験心理学に基づいており、また治療効果の実証的データがあったからである。

一方、来談者中心療法も心理学出身のカウンセラー、セラピストに大きな影響を与え、ロジャーズの考え方は現代カウンセリングの基礎理論として位置づけられるようになった。ロジャーズ理論、来談者中心療法は、客観性よりも主観的な意味や価値を重視することもあり、科学的な客観性を重視する精神科医には人気がなかったが、心理学系のセラピストの間では重宝され、共感や傾聴に重点を置く者が増えていったのだ。

また、一九七〇年代のアメリカは新たな心理療法が続々と開発された時代でもある。その背景には、カウンターカルチャー、人間性回復運動、ニューエイジ運動などがあり、特に自己実現、自己成長を目指す人間性心理学の心理療法が中心となっていた。ゲシュタルト療法や交流分析、フォーカシングなど、ユニークなセラピーが続々と生み出され、それらは精神疾患の患者だけを対象としたものではなく、健康な人間の成長、自己実現を促す技法でもあった。

こうして人間性心理学は、精神分析を含む深層心理学や行動主義心理学と並ぶ第三勢力として注目を浴びるようになった。その三つの心理学の代表的な心理療法こそ、来談者中心療法、精神分析、行動療法という、三大心理療法なのである。

これ以降の心理療法の多くは、この三大心理療法をベースにして発展することになる。感情焦点化療法やフォーカシングは来談者中心療法の発展型と言えるし、認知行動療法、スキーマ療法などは行動療法が土台にある。対象関係論、自己心理学などは精神分析の系譜に属している。

無論、三大心理療法の潮流に属さない、独自な理論展開を遂げた心理療法も存在する。中でも、家族療法を中心とする関係論を土台に据えた心理療法は、第四の潮流として位置づけることができるだろう。

家族療法の第一世代は一九五〇年代に遡るが、当初はシステム論の影響が強く、問題を個人の思考や無意識といった内面に求めるのではなく、家族関係に求めるものであった。つま

■三大心理療法と第四の心理療法の潮流

19C ➡	20C前半 ➡	20C後半
催眠療法	精神分析	行動療法
	三大心理療法	来談者中心療法
		家族療法

り、個人を変えるのではなく、関係を変えることで問題解決を図ろうとするものであった。構造派、多世代派、コミュニケーション派など、多様な家族療法が生まれたが、一九八〇年代になると第二世代の家族療法が登場し、構成主義の考え方が現れてきた。

構成主義とは、真の現実など存在しない、現実は他者との関係の中で構成される、という考え方である。[11]正しい無意識の解釈、正しい行動様式、「本当の自分」などは存在しない。それらは他者との関係の中で構成されるのであり、関係を変えることで新しい現実、物語を再構成すれば困難な問題も解決し得る。そう考えるのである。この考え方の延長上に、昨今、注目を浴びるようになったナラティヴ・セラピー、オープンダイアローグを位置づけることができる。

以上、心理療法は大きく四つのグループに分けることができるのだが、それ以外にも独自に開発された心理療法は少なくない。芸術療法や集団療法、森田療法など、数え上げればきりがないほどたくさんあり、現在、心理療法の数は四百種類とも言われている。

理論対立の歴史

心理学出身のセラピストは医師ではないため薬物は使えないが、[12]心理療法の知識と実践という点では、専門的な訓練を積んでいる。心理学の理論を駆使した技法を用いて、心の問題を解決しようとする、いわば心理療法の専門家なのだ。[13]行動療法、来談者中心療法、家族療法なども臨床心理学の研究者やセラピストが開発したものであり、他にも様々な心理療法が開発され、実践されている。

精神科医の中にも心理療法を重視し、精神分析、認知療法、行動療法を用いる者もいる。特に精神分析は精神科医たちによって開発されたものであり、対象関係論、対人関係学派、自己心理学、ラカン派などの諸理論、技法も精神科医が発展させてきたものだ。しかし、行動療法も来談者中心療法も、そして家族療法も、心理学系のセラピストたちが中心になって開発、実践してきた技法である。

いずれにせよ、二〇世紀の後半から二一世紀にかけて、多様な心理療法が生まれ、それぞれ独自の発展を遂げてきたのであり、特に一九七〇年代から一九八〇年代にかけては、続々と新しい心理療法が生まれ、セラピー・ブームとも言える活況を呈していた。精神分析が徐々に衰退し、多くの精神科医の治療が薬物療法を中心とする一方で、現在では数多くの心理療法が存在し、多様なセラピストが世界中で活躍しているのである。

では、なぜ脳科学が進歩し、薬物療法が飛躍的に発展した現代において、心理療法がまったく廃れることなく、むしろますます発展し続けているのだろうか？

それは、薬では人間の行動様式や考え方は変えられない、という点にある。心理臨床で使われる向精神薬は

11　客観的現実を否定し、現実は社会の中でコミュニケーションによって構成される、という考え方であり、社会構成主義（social constructionism）、社会構築主義ともいう。以下、本書では構成主義と呼ぶが、ヴントの構成主義（感覚や感情から構成される意識を対象とした心理学）とは異なる。

12　アメリカのクリニカル・サイコロジストの場合、州によっては薬の処方が認められている。

13　日本の臨床心理士は国家資格ではないが、多くの先進諸国において、心理療法の専門家は国家資格化されている（近年、日本でも「公認心理師」という国家資格ができたが、アメリカのクリニカル・サイコロジストのような高度な教育・訓練は必要とされていない）。それだけ、心理療法の需要は世界全体で高まっている、ということだろう。また、国家資格以外でも、心理療法ごとに民間の資格が存在し、膨大な数のセラピスト、カウンセラーが世界中で活躍しており、まさに活況と言える状況だ。

症状を抑えてくれる便利な物質である。幻覚や妄想が緩和され、不安や抑うつ気分が消失するとしたら、患者にとってこれほど頼りになるものはないだろう。だが、そうした効果は症状に対してのみ作用するのであり、症状を生み出している原因であるもの、習慣化した行動や歪《ゆが》んだ考え方を変えることはできない。薬はあくまでも対症療法なのだ。

複雑な親子関係、トラウマとなる事件、歪んだ人間関係、いじめ、虐待など、心の病の原因と考えられる心理的問題について、薬は解決する術を持っていない。価値観や性格は薬で変えることはできないし、過去のトラウマの記憶を消すこともできない。習慣化した逸脱行為、偏った思考、過去の忌まわしい記憶（トラウマ）、対人関係の歪みなどを変えることは、患者の主観的な意味と価値の世界を変えるということであり、それは心理療法でなければ変えられないのだ。薬物療法がどんなに進んでも心理療法が廃れないのは、まさしくそのためであろう。

だが、心理療法の種類が膨大にあるとすれば、一体どの心理療法が理論的に正しく、実際に治癒効果があるのだろうか？

これまで各々の心理療法は自らの正当性を主張し、お互いに批判し合ってきた。たとえば、行動療法家は精神分析を非科学的だと切り捨て、来談者中心療法に対しては主観的すぎる、客観性がないと批判してきた。一方、来談者中心療法のセラピストは、患者の内面を見ようとしない行動療法や無意識の解釈ばかりを重視する精神分析を批判し、患者の主体性、意識的な自己決定の重要性を訴えた。精神分析家は他の心理療法に強い批判を展開したわけではないが、自分たちの理論を疑うことはなかった。家族療法やナラティヴ・セラピーにしても、患者の内面に原因を求める従来のセラピーには批判的である。

ただ、こうした批判の中で、新しい技法や理論が生まれていったのも事実だ。アドラー派もユング派も精神分析を批判して独自の理論を作り上げたし、行動療法や来談者中心療法も従来の治療法やカウンセリングへの批判から生まれてきた。一九七〇年代に多様な心理療法が続々と生まれ、心理療法が群雄割拠、理論対立の時代に突入した際も、新しい心理療法は古い心理療法を批判することで、自らの正しさをアピールしようとしたのだ。

また、新しい心理療法を創始したセラピストの多くが、もともとは精神分析家であったという事実は、精神分析への疑念、批判の中から新たな技法が生み出されたことを物語っている。それだけ、精神分析は心理療法の歴史において、決定的な役割を果たし、強い影響力を及ぼしてきたと言えるだろう。

統合の時代へ向かうのか？

心理療法における理論対立が新たな心理療法を生み出し、多様な心理療法の誕生を促してきたことは間違いないが、それは本当に心理療法の発展、進歩と言えるのだろうか？

科学の発展の場合、理論仮説の対立が起こっても実験、観察によって検証され、正しさを証明することができる。しかし、心理療法の仮説には証明できないものが少なくない。というより、どんな事例も解釈次第で証明できたように見えるのだが、それは厳密には証明になっていないのだ。

科学哲学で有名なカール・ポパーによれば、「考えうるいかなる出来事によっても反駁《はんばく》できないような理論は、科学的な理論とは言えない[14]」。

ポパーはフロイト、アドラーの理論を例に挙げながら、ある出来事をフロイト的にもアドラー的にも解釈できるため、どちらも証明できたと主張できること自体が、科学的理論として問題があると述べている。反証可能性のない理論は科学理論とは言えないのだから、そもそも対立している心理療法の理論仮説は、どちらが正しいかを証明できない。それは宗教対立のような、価値観の対立（厳密に言えば人間観の対立）を含んでいる。

では、心理療法にはまったく科学的根拠がないのかと問われれば、それも少し違っている。

理論仮説が正しいかどうかは科学的な証明ができなくとも、治療効果があるかどうかは科学的に検証できるからだ。それは、心理療法を施した後、症状が消えているか、思考や行動が変容し、より生きやすくなっているかどうか、一定数の患者を追跡調査してみればわかるだろう。統計的に有意差があるかどうか、各心理療法を比較し、どちらがより効果があったのかを検証することはできる。実際、心理療法の効果研究は古くから行われてきたのである。

だが、心理療法の効果を検証する研究にも限界がある。何をもって「治った」と言うべきか、その基準が曖昧であり、「何が心を治すのか」もわからない。治療期間の長さもばらばらで、数か月という短期間のものもあれば、一〇年以上に及ぶものもある。治療直後は高い効果が得られても、再発の可能性が高い心理療法もあるだろう。そのため、どの心理療法がそれぞれの患者に適しているのか、再発や別の問題が浮上する心配はないのか、はっきりさせることが非常に難しい状況にある。

二一世紀に入った現在、心理療法は理論対立の時代を終え、折衷、統合の時代へ向かいつつある。多くのセラピストは自分が学んできた得意とする心理療法を行うが、特定の心理療法や学派にこだわるよりも、患者に合った心理療法が行われるべきだと考えている。自分の得意な心理療法がその患者に適していれば躊躇《ちゅうちょ》なく治療を進めるし、そうでなければ別の治療者に委ねる場合もあり、患者の症状や行動にマッチする心理療法を選択すべきだと考えている。

一方では、各心理療法の共通要因を解明したり、心理療法の理論を統合しようとする動きもある。共通要因とは、患者の性格や治療者と患者の関係性など、それぞれの心理療法の独自な理論とは無関係な効果の要因である。長年積み上げてきた効果研究をもとに共通性を探り、何が治療効果をもたらすのか、各種の心理療法を組み合わせたり、統合する可能性はあるのか、各方面で模索が続いている。

しかし、効果をもたらす共通要因は解明されつつあるのだが、心理療法の本質が解明されたとは言いがたい。たとえば、効果をもたらしているのが治療者と患者の関係性だとしても、ではなぜ関係性が効果をもたらすのか、そこにどのような意味があるのか、それに答えられるセラピストは少ないだろう。要するに、心理療法の本質については、まだ明らかになっていないことが多いのである。

では一体、心理療法とは何なのだろうか？　そして、心理療法の歴史は何を物語っているのだろうか？

それを明らかにするためには、各心理療法の理論をもう少し詳しく追ってみる必要がある。二〇世紀以降の心理療法はそれぞれ思想や学派によって、独自な発展を遂げてきた経緯があるため、それぞれの心理療法を理

14　K・R・ポパー『推測と反駁』藤本隆志・石垣壽郎・森博訳、法政大学出版局、一九八〇年、63頁

■心理療法における四つの枠組み

心理療法の四大潮流
「深層心理学的セラピー」＝ 精神力動的アプローチ
精神分析（自我心理学、対象関係論、クライン派、自己心理学、関係精神分析）
ラカン派、新フロイト派、ユング派、アドラー派
「実証科学的セラピー」＝ 認知行動的アプローチ
行動療法（系統的脱感作、暴露法、モデリング）、認知療法、論理療法、認知行動療法
弁証法的行動療法、マインドフルネス認知療法、ACT、スキーマ療法
「実存主義的セラピー」
来談者中心療法、フォーカシング、ゲシュタルト療法 ＝ **ヒューマニスティック・アプローチ**
ロゴセラピー、感情焦点化療法
「関係論的セラピー」
家族療法（構造派、コミュニケーション派、戦略派、多世代派）＝ **システムズ・アプローチ**
短期療法、ナラティヴ・セラピー、オープンダイアローグ

解するためには、各々の歴史を個別に追いながら検証してみる必要があるのだ。

そこで次章からは、代表的な心理療法を次の四つの潮流に分類し、それぞれ歴史に沿って見ていくことにしよう。

第一の潮流は精神分析を中心とする心理療法であり、対象関係論、自己心理学、ラカン派などの精神分析諸学派、そしてユング派、アドラー派なども含めている。これらは精神力動的アプローチとして括《くく》られることが多いのだが、本書では無意識に焦点を当てていることから「深層心理学的セラピー」と呼んでいる。

第二の潮流は行動や認知に焦点を当てた認知行動的アプローチのグループで、実証主義、自然科学を土台に据えているので「実証科学的セラピー」と呼ぶことにした。行動療法、認知療法はもちろん、弁証法的行動療法、マインドフルネス認知療法など、最新の動向も見ていきたい。

第三の潮流は実存主義を土台に据え、主体性や自由を重視する心理療法のグループで、「実存主義的セラピー」と呼ぶのがふさわしいだろう。来談者中心療法、フォーカシングなど、いわゆるヒューマニスティック・アプローチが中心だが、ロゴセラピーなど、他の実存主義的な心理療法も含めている。

そして第四の潮流として、家族療法やナラティヴ・セラピーなど、個人の内面より他者との関係性に焦点を当てた心理療法を取り上げるが、これは「関係論的セラピー」とするのが適切であろう。

以上、四つの心理療法の潮流について、時代背景、基礎となる思想、人間観、理論仮説、発展した経緯について、その歴史を追っていきたいと思う。それによって、現在の多様な心理療法がどのようにして生まれたのか、そこにどんな意味があるのかが見えてくるはずだ。そのとき私たちは、心理療法の本質、歴史の意味に迫ることができるだろう。

■心の治療の歴史

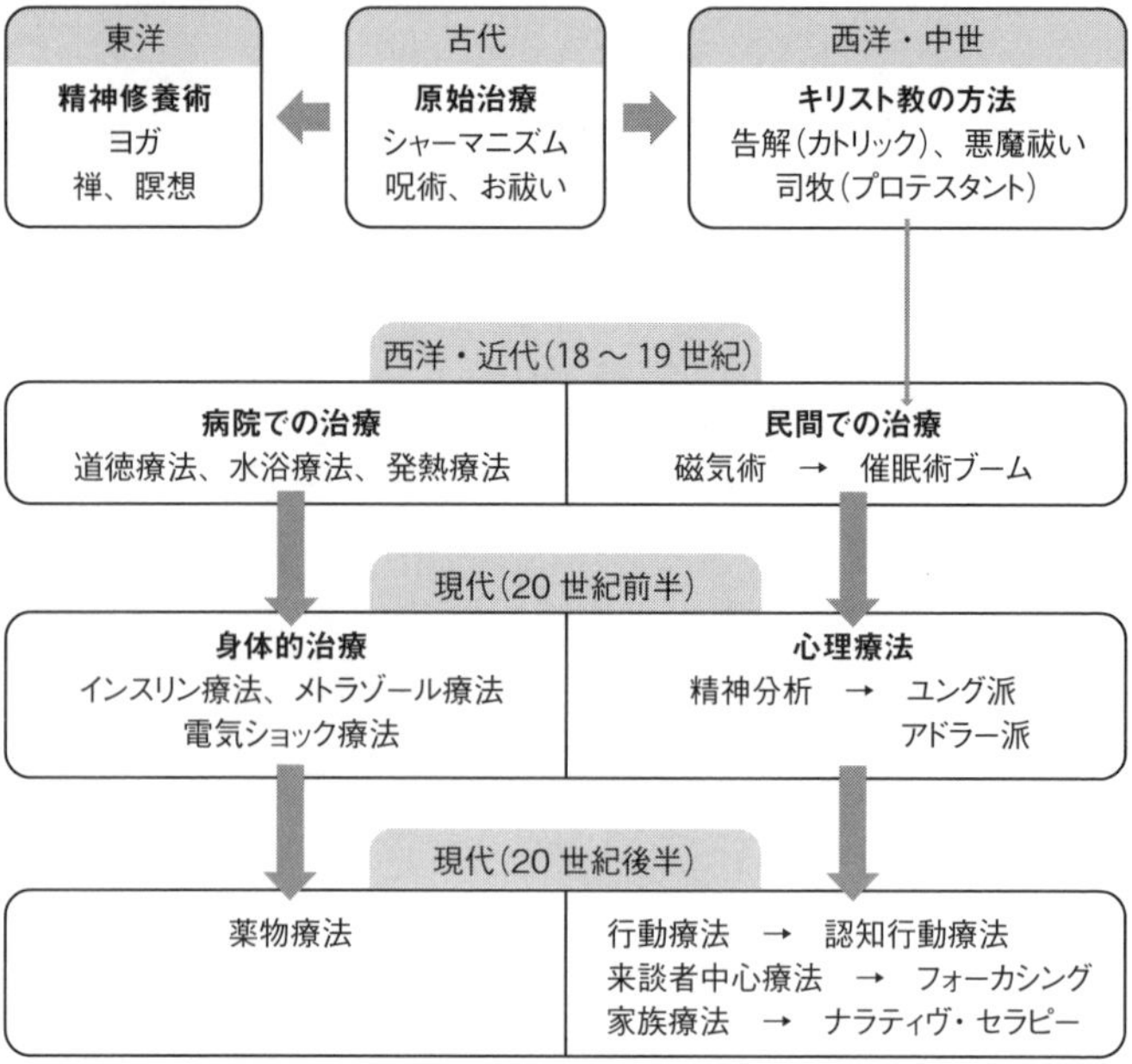
東洋
精神修養術
ヨガ
禅、瞑想
古代
原始治療
シャーマニズム
呪術、お祓い
西洋・中世
キリスト教の方法
告解（カトリック）、悪魔祓い
司牧（プロテスタント）
西洋・近代（18～19世紀）
病院での治療
道徳療法、水浴療法、発熱療法
民間での治療
磁気術 → 催眠術ブーム
現代（20世紀前半）
身体的治療
インスリン療法、メトラゾール療法
電気ショック療法
心理療法
精神分析 → ユング派
アドラー派
現代（20世紀後半）
薬物療法
行動療法 → 認知行動療法
来談者中心療法 → フォーカシング
家族療法 → ナラティヴ・セラピー

第2部
現代心理療法の多様な展開

第3章　無意識へのアプローチ——精神分析の歴史

精神分析の誕生

心理療法の歴史において、精神分析の登場ほど革命的と言える出来事は他にない。それは、無意識の解釈というフロイトの治療方法が、近代以前の心理療法とはまったく異なる意味を持っていたからだ。しかし、精神分析が現代の心理療法に多大な影響を与えてきたことは誰もが認めていても、精神分析が登場した歴史上の意義を理解している人は少ないだろう。

そこで本章と次章では、フロイトに始まる精神分析の歴史を辿りながら、その理論の展開と最新の動向を追うことで、精神分析が登場した意味を考えてみたいと思う。

フロイトはウィーン大学の医学部で神経系の組織学を研究していたが、一八八五年、パリのサルペトリエール病院へ留学した際、神経学と催眠術の大家であるシャルコーと出会ったことで、無意識を介した心の治療に関心が向かうことになった。シャルコーは催眠術によって、ヒステリー患者と同様の症状を引き起こしたり、症状を消失させたりできたのだが、それは患者自身にも意識できないことであった。そのためフロイトは、人間の心の中に意識できない領域、「無意識」の領域があることを確信したのである。

その後、フロイトは催眠暗示による治療を始めたが、友人の精神科医ブロイアーから、あるヒステリー患者の話を聞いて衝撃を受けることになる。その患者、アンナ・O嬢は、腕、足の麻《ま》痺《ひ》拘《こう》縮《しゅく》、幻覚、精神錯乱の徴候、視覚障害、言語障害など、多彩な身体症状に苦しんでいたが、ある日、自ら催眠状態に陥って、自分の体験や出来事を語るようになり、しかも症状に関わる体験を語ると症状が消えてしまったというのである。このことから、フロイトはこう考えたのだ。どうやらヒステリー患者には忘れている記憶、無意識になっている記憶があり、それを思い出せばヒステリーの症状は消えてしまうらしい。おそらく無意識を意識化することが、心の病を治す鍵になっているに違いない、と。

そこでフロイトは、催眠術を使って無意識の記憶を思い出させ、抑圧されていた感情を解放しようと考えた。これを催眠カタルシス法というのだが、しかしフロイトは催眠が上手ではなかったため、催眠抜きで記憶を想起させようと、患者の額を手で圧迫するやり方（前額法）を試み、やがて自由連想という今日の精神分析の基本的方法に辿り着いた。

フロイトはこうした試行錯誤のプロセスにおいて、患者は無意識の記憶を思い出そうとすれば必ず治療への抵抗を示すことに気がついた。そこでフロイトは、この抵抗は記憶を抑圧しようとする力が働いている証拠ではないか、抑圧された欲望が意識に現れようとする力と、抑圧によって再び無意識に押し戻そうとする力があるのではないか、と考えるようになった。たとえば、抑圧されていた性欲が意識されそうになると、それは道徳心や自尊心に反するため、どうしても認めたくはない。そこで激しい抵抗が生じ、思い出さないように再び抑圧されてしまうのだ。

したがって、患者による無意識の抵抗を解釈することで、患者に抑圧の事実を自覚させる必要がある。そのためには、催眠術を放棄しなければならない。催眠術は抑圧の力を弱めるため、抑圧されていた記憶を思い出すには都合がよいのだが、無意識的な抵抗が生じないため、抑圧を自覚することができない。催眠から覚醒すると再び抑圧が働いてしまうため、新たな症状が生じたり、根本的な解決にならないのだ。

「催眠術はある力動関係をかくしてしまっていたのだが、いまやそれがあらわにされ、それがとらえられることによって理論には確かな根底があたえられることになった[1]」とフロイト自身が語るように、催眠を放棄して自由連想に切り替えたことで、無意識の抑圧というメカニズムが明らかとなり、感情の解放（＝カタルシス）ではなく、抑圧を解消するという、精神分析理論の骨格ができあがったのである。

フロイトの自己分析

一方、初期のフロイトはヒステリーの原因が性的虐待、性的誘惑にあるのではないか、と考えていた。それは、フロイトの患者にはそうした性的体験を思い出す女性が多かったからだ。しかし、こうした性的外傷説は学会からまったく相手にされず、激しい批判を浴びることになった。しかもその後の調べによって、自分の患者たちの性的誘惑の体験が事実とは異なり、空想の産物であることも明らかになった。

この挫折にフロイトはかなりショックを受け、しかも尊敬していた父ヤコブの死も重なり、精神的に追い詰められていった。打ちひしがれたフロイトは自己分析を行うようになるのだが、これが多くの発見をもたらすことになる。

まず、フロイトは父の死の三か月後に母の裸体の夢を見たため、その夢を分析する過程で、母への無意識的な性愛願望があったことに気づかされる。母を愛するあまりに、父を邪魔な存在と感じ、憎しみを抱いていたのかもしれない、と。だとすれば、患者たちが幼少期の性的誘惑の空想を語ったのもうなずける。親に愛されたいという気持ちが親に誘惑された空想を生み出し、現実に起きたこととして想起された可能性があるからだ。以後、フロイトはこうした幼児期における異性の親への性愛願望、同性の親への敵対心をエディプス・コンプレックスと呼び、「子供にも性愛願望がある」という小児性欲論を主張するようになる。

自己分析におけるもうひとつの発見は「転移」という現象だ。転移とは、過去の重要な人物への感情や反応が、現在の対人関係（治療関係）の中で再現されることであり、たとえば子供の頃、父親に過剰な尊敬を抱いていた患者は、分析医に父親像を投影し、過剰な尊敬を示すだろう。

当時、フロイトは自己分析を友人フリースとの手紙のやり取りの中で行っており、それは精神分析における治療者と患者の関係に近いものであった。挫折したフロイトにとって、フリースは最も信頼できる理解者として感じられていたのだが、それは父親への尊敬が投影されたものであった。しかし、フロイトの無意識には父親に対するエディプス・コンプレックス的な敵意も潜んでいたため、やがてフリースに失望し、自らの転移感情を自覚せざるを得なくなった。転移は一種の幻想の上に成り立っているため、信頼や尊敬は容易に瓦解し、憎悪や反感に転じてしまうのだ。

1　S・フロイト「自己を語る」（『フロイト著作集4』懸田克躬・池見西次郎他訳、人文書院、一九七〇年、440頁）

また、フロイトは自己分析において自分自身の無意識の「抵抗」を感じていた。母親への性愛願望や父親への敵意は自らの道徳心に反するため、思い出したくないし自覚したくない。それは不道徳な人間でありたくない、という自我の欲望に反するからだ。そのため、母親への性愛願望や父親への敵意は抑圧され、思い出そうとすれば無意識の抵抗が生じていたのである。

　こうしてフロイトは、自分の無意識的な欲望の葛藤、小児性欲、エディプス・コンプレックス、抵抗、フリースへの転移を自覚することができた。また、夢分析という方法が使えることもわかった。精神分析の基礎的な概念、方法は、すべて自己分析から得られたものなのだ。

　このような個人的体験に基づく理論に科学的客観性はあるのかと言われれば、おそらく疑問を感じる人は少なくないだろう。しかし、フロイトは患者たちが主観的に感じ取っていた意味の世界を理解する上で、自分自身の主観的な意味の世界を内省し、そこから人間の心に生じている働きの一般性を引き出したのである。

無意識と不安の防衛

　ここでフロイトの考えていた無意識と神経症のメカニズムについても触れておきたい。

　フロイトによれば、無意識に抑圧された表象は欲望に関わるものであり、絶えず欲望を満たそうとして、意識に浮かび上がろうとする。しかし、意識したくないからこそ無意識に抑圧されているのであり、それを意識するには大きな不安が生じざるを得ない。そこでこの不安を軽減するために、無意識の表象は別の形に変化し、歪曲《わいきょく》されて夢や神経症の症状として現れる。形を変えていれば、その欲望に気づくことなく、不安も生じな

■フロイトの心のメカニズム

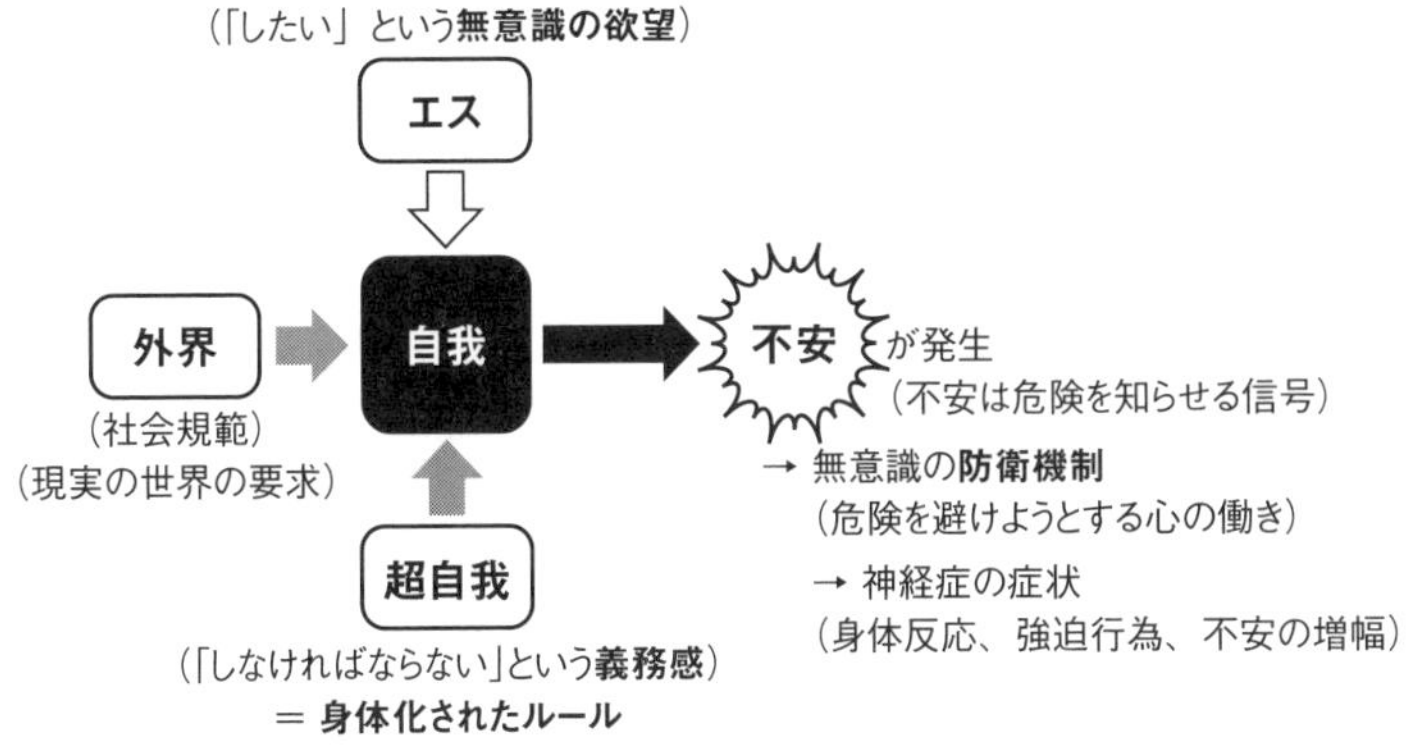

いからだ。

　そこでフロイトは、夢や症状を手がかりにすれば、抑圧された無意識を解読できると考えた。患者に思い浮かぶことを自由に連想させ、原因となった過去、無意識の内容が浮かび上がってくれば、それを分析家が解釈して、患者に無意識を自覚させるのだ。患者が無意識を自覚すれば、症状が消えてしまうことはすでにわかっていた。問題は治療者が無意識を明らかにする方法だったのである。

　しかしすでに述べたとおり、フロイトは自由連想で治療を行っているうちに、患者がしばしば治療に抵抗を示すことに気がついた。

　たとえば親への憎しみが抑圧されていた場合、そのイメージが自由連想によって浮かび上がり、徐々に明らかになりそうになると、患者は「こんなイメージは問題と関係ない」と考え、自由連想を中断したり、話をそらそうとする。それは、自分が親を憎んでいることを認めたくないからだ。それを認めれば、自分は恩知らずで親不孝な人間、ということになってしまうため、道徳心、自尊心が許せない。だからこそ、抵抗が生じるのである。

　要するに、自分は父を憎むようなひどい人間かもしれない、という不安があるからこそ、父への憎しみが抑圧されている。抑圧によって生じた神経症の症状は、不安を避けるための自我の防衛反応であり、抑圧が解除されて症状がなくなれば強い不安に襲われる。憎しみを意識すること、病気が治ることへの抵抗が生じるのはそのためだ。

したがって、「抑圧された欲望」だけが無意識なのではなく、「抑圧する自我」も多分に無意識的であることになる。自我は社会的なルールや価値観、道徳規範に応じようとして、無意識のうちに抑圧や抵抗を行っているのだ[2]。

また、こうした自我の無意識的な義務感や道徳心は、幼少期に親に要求され、命令されたことが基盤になっている。「他人の不幸をねがってはならない」「嘘《うそ》はつくな」といった親の期待や要求に繰り返し従っていると、その価値観、ルールが身につき、親がその場にいなくても、無意識のうちにそうした価値観やルールに従うようになる。フロイトはこれを「超自我」と呼んでいるが、それは親の命令や期待を内面化した行動規範であり、子供が親に従うように、自我は超自我という自分の内なる親の命令に服従するのである。

このように、人間には「〜したい」という衝動的な欲望（「エス」）があり、その一方で、エスに反する「〜しなければならない」という社会規範や超自我からの要求がある。それは社会や親に認められたい、自尊心を守りたい、という自我の欲望でもある。つまり、人間は複数の欲望の間で葛藤する存在なのであり、しかもこうした葛藤から不安が生まれ、この不安への防衛反応が過剰で歪んだ形になったとき、神経症の症状が生み出される。これがフロイトの考えた神経症のメカニズムである。

終わりある分析と終わりなき分析

フロイトは最晩年の論文である「終わりある分析と終わりなき分析」において、抑圧された無意識の分析（エス分析）と抑圧する自我の分析（自我分析）の二つが共に重要であり、「分析操作をつづけてゆくさいには、あるときはエス分析をあるときは自我分析をという具合に、絶えず振子のように治療の努力を交互に向け換えていく[3]」と述べている。

精神分析に必要なのは、「抑圧された記憶」（エスの欲望）を意識化するだけでなく、「抑圧を引き起こしている無意識の働き」（自我の防衛反応、超自我の要求）を意識化することであり、それこそフロイトが最後に辿り着いた精神分析のやり方であった。その具体的な手順は次のようになる。

まず分析家は自由連想の間は必要以上に意見をはさまず、患者を混乱させないように気をつけなければならない。そして、頭に思い浮かんだことは、「不愉快」であろうと、「つまらない」とか「無意味だ」と思えたとしても、すべてそのまま話してもらう。するとそこに「思い出したくなかった記憶の断片」（無意識内容）が現れる。

その際、分析家は患者の身体的反応や行動、ちょっとした言動に対しても平等に注意を向けなければならな

2　こうした自我の無意識について、フロイトは「自我とエス」の中でこう述べている。「あらゆる抑圧されたものは無意識的Ｕｂｗであるが、無意識的なものはすべてが抑圧されているとはかぎらない。これはあくまでも正しいのである。自我の一部もまた――それが自我のどんなに重要な部分であるかは神のみが知る――無意識的であるかもしれない、いや、確かに無意識的である」（Ｓ・フロイト『フロイト著作集６』井村恒郎・小此木啓吾他訳、人文書院、一九七〇年、２６８頁）

3　Ｓ・フロイト『フロイト著作集６』井村恒郎・小此木啓吾他訳、人文書院、一九七〇年、３９８頁

■フロイト晩年の技法論

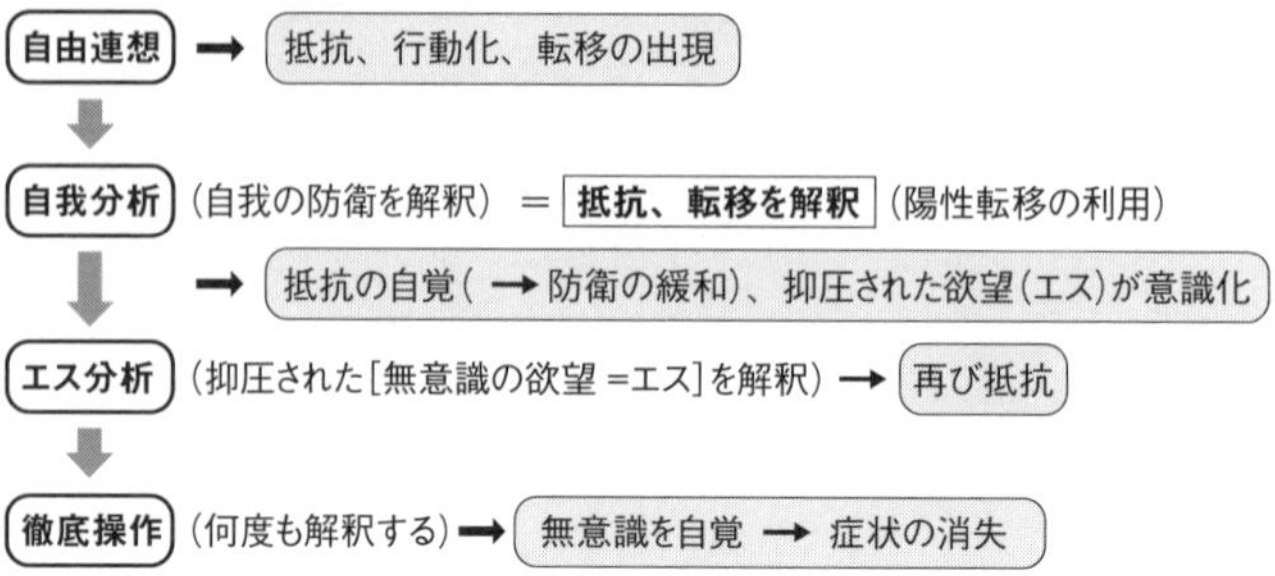

い。特定のことに注意を向ければ、どうしても分析家の主観的な期待が入り込み、分析家は無意識のうちに特定の材料を選択してしまうことになる。何に注意すべきかについては気にせず、自由連想の最中にはノートを取るのもやめ、特定の材料選択につながることは避けるようにして、ただすべてに対して平等に耳を澄ます。そして、患者の自由連想が終了してから獲得した材料を検討し、意識化されにくい無意識の欲望、抵抗を読み取り、それを患者に指摘し、解釈を伝えるのである。

この場合、自由連想の途中であれこれ考えたり検討しないようにするのは、単に先入観を持たずに分析材料を集めるためだけなのではない。フロイトによれば、分析家の無意識は、患者が自由連想をしている際、患者の無意識に反応し、自然と重要な問題を察知し、選び取っている。それは無意識の活動なので、分析家自身も分析中はそのようなことに気づいてはいない。分析家は患者の自由連想が終了した後、患者の材料を検討する中で、知らず知らずのうちに重要な材料を受け取っていたことに気づかされ、これをもとに解釈するのである[4]。

しかし、自由連想だけで無意識の欲望が明らかになるなら、抑圧も抵抗も弱い状態、つまり、病理の軽い状態だと考えられるが、大抵の場合、無意識の抵抗が生じてくる。そもそも催眠ではなく自由連想を用いるのは、あえて自我の抵抗を誘い出すためなのだ。この抵抗を解釈し、身体化されたルール（超自我）の歪みが意識できれば、神経症的な葛藤の原因がわかり、抵抗は消失する。すると抑圧の力は弱まり、抑圧されていた無意識内容を意識化できる。

だが、この抵抗の解釈は一筋縄ではいかない。抵抗が強ければ身体的反応や突発的な行動となって現れ、治療に混乱をもたらすこともあるからだ。これは行動化（アクティング・アウト）と呼ばれる現象であり、患者は記憶を思い出す代わりに、自分でも知らないうちに過去の言動を繰り返し、行為として再現してしまうのだ。

行動化の中でも特に厄介なのが「転移」である。

すでに述べたように、転移とは、幼少期の重要な人物（特に親）に対する感情が分析家に向けられ、行動として再現されることだ。子供の頃、権威的な父親を怖れて絶対服従していたなら、分析家に対しても絶対服従を示すかもしれないし、その根底に父親への憎しみがあれば、分析家を「権

1932年頃のフロイト。右側にある長椅子に患者は横になり、フロイトは患者の話に耳を傾けた

4　S・フロイトは「分析医に対する分析治療上の注意」において、この考え方を次のように説明している。「分析医は、患者の提供する無意識に対して、自分自身の無意識を受容器官としてさし向け、話者に対する電話の受話器のような役割を果たさなければならないのである。受話器が音波によって、電線上に生じた電流の振動を、ふたたび音波に変化させるように、分析医の無意識は自分に報告された患者の派生物から、患者が思い浮かべた事柄（連想）を決定している無意識そのものを再構成するのである」（S・フロイト『フロイト著作集9』小此木啓吾訳、人文書院、一九八三年、82頁）

威的だ」と罵るかもしれない。無意識的な母親像が分析家に投影され、分析家に対して母性的な愛情を求めて甘えた態度を取る場合もあるだろう。

したがって、転移が生じると治療関係が壊れたり、しばしば治療は混乱する。しかし、転移が過去の対人関係の無意識的な再現であるなら、それは治療における重要な手がかりになる。患者が分析家に対して示す甘えた態度や攻撃的な言動から、抑圧されていた親への甘えや憎しみが理解できるからだ。転移は分析の核心に近づいている証であり、これを解釈して克服できれば、治療は格段に進展するのであり、フロイトは次のように述べている。

「転移現象の解決が精神分析医にとって、最大の困難であることは否定できない。しかし、まさにこの解決こそが患者の精神の内部に隠され忘れられた愛情の動きを現実的なものにし、はっきりと顕在化するはかり知れない奉仕の仕事であることを忘れてはならない[5]」

ただ、無意識の抵抗、転移を解釈するにしても、患者がただちに納得し、抵抗、行動化が止むわけではない。患者が解釈に激怒し、さらに抵抗を強くすることもある。意識したくない、認めたくない内容だからこそ抑圧されているのであり、意識することに対して抵抗するのは当然なのである。したがって、何度も反復して現れる抵抗に対して、それこそ何度も分析し、繰り返し解釈を与える「徹底操作」という作業が必要になる。

こうして、転移や抵抗の解釈を患者が受け容れるようになれば、超自我の要求、神経症的な葛藤の原因がわかり、抵抗は消失する。そして抑圧の力は弱まり、抑圧されていた無意識の欲望（エス）を意識化できるようになるだろう。この無意識の欲望を解釈し、それを患者が受け容れれば、症状は解消し、治療は終結するのである。

精神分析の発展と晩年のフロイト

フロイトは初期の症例において、患者の抵抗、思い出された性的な記憶などから、後の性欲論、抵抗の分析、催眠の放棄と自由連想、といった精神分析の土台を築き上げたのだが、ここまで見てきたように、その道のりは順風満帆というわけではなかった。性的外傷論は惨憺《さんたん》たる批判を受け、それはフロイト自身のトラウマとなったに違いない。しかし、そうした傷心の中で自己分析を行ったことが、夢分析、抵抗、転移、小児性欲、エディプス・コンプレックスの発見につながり、精神分析理論の確立を促したのだ。

二〇世紀初頭になると、精神分析の考えに共鳴した多くの精神科医たちがフロイトのもとに集結し、その理論に世界中が注目するようになった。一九〇八年にはスタンレー・ホールに招かれてアメリカ講演を成功させ、一九一〇年には国際精神分析学会を設立。この時期、フロイトの名声は高まる一方であったと言える。

だが、彼はその後も自らの理論を検証し続け、理論修正、新たな理論構築に余念がなかった。一九二〇年代に発表した論文「快感原則の彼岸」と「自我とエス」はその代表と言ってよい。そこには「死の欲動」と「生

5　S・フロイト「転移の力動性について」（『フロイト著作集9』小此木啓吾訳、人文書院、一九八三年、77頁）

イギリスへ亡命する途中、パリに到着するフロイト（1938年）

フロイトがアメリカのクラーク大学に招かれた際の写真（前列左、1909年）

の欲動」という二元論、「超自我、自我、エス」という第二局所論（構造論）が展開されている。「制止、症状、不安」もまた、不安はリビドーが変化したものだという初期の理論を修正し、不安を危険への防衛機制として説明した画期的な論文である。フロイトの治療論の集大成と言える「終わりある分析と終わりなき分析」は一九三七年に執筆され、その二年後、ナチス・ドイツから逃れるために亡命したイギリスでその生涯を閉じている。

　このように、フロイトは最後まで自らの理論を修正し続けていた。その影響は精神分析の領域のみならず、心理療法全体に及ぶものであり、その後、爆発的に増大する各種の心理療法はほとんど精神分析への批判、継承から生まれている。二〇世紀の心理療法の歴史は、精神分析の隆盛を抜きにしては語れないのである。

　現在、精神分析はかつての勢いを失っている。フロイト理論には小児性欲論、リビドー論、死の欲動、去勢不安など、証明し得ない理論仮説が含まれており、ポパーも指摘したとおり、それらは反証可能性がない。また、治療期間が数年にわたる場合も多いため、その効果にも疑問を持たれている。そのため、精神科医、セラピストの間でも、過去の治療法と見なす人は少なくない。

しかし、多くの心理療法が精神分析を出発点としていること、そして思想や芸術・文学など、現代の文化に多大な影響を与えていることを考えると、そこには人間の心という謎に関する、何か本質的な正しさが含まれているように思える。少なくとも、欲望の葛藤、不安の防衛に関する人間の洞察は、きわめて優れた人間理解と言えるはずである。

アドラーと個人心理学

フロイト以後、精神分析は次々と新しい理論が提起されて発展していくのだが、その過程においてフロイト理論と対立し、離反していった人々も少なくない。最初期に離反したのはアドラーとユングであり、彼らは初期の精神分析を支えながらもフロイトから離れ、それぞれ個人心理学、分析心理学の創始者となっている。

アドラー

一九一〇年、アドラーはウィーン精神分析協会の議長に就任していたが、フロイトとの考え方の違いから、翌年、後の個人心理学会となる自由精神分析協会を設立し、以後、独自の理論展開によって、大きな影響力を持つに至っている。

アドラーはフロイトの性的な欲望を中心とした考え方を批判し、劣等感から生じる優越性への欲求を重視している。フロイトの患者は富裕層が多く、性的なモラルの厳しい社会に生きていたため、性的な欲望は抑圧されやすかったが、アドラーの患者は裕福ではなかったし、身体的な劣等感を抱えた者も多かったため、もっと認められたい、優れた人間でありたい、という「優越性への欲求」こそ人間の根源にあると考えるようになったのだ。

また、アドラーはフロイトの過去決定論を批判し、過去の経験が未来を決定するのではなく、未来への期待や不安が現在を規定している、と述べている。「どんな経験であれ、それ自体が成功の原因でも失敗の原因でもない。われわれは、自分たちの経験のショック――いわゆる外傷――に苦しめられるのではなく、その経験のなかからちょうど自分の目的に合致するものを見つけ出すのである[6]」。

アドラーによれば、過去の不幸な経験が現在の自分を苦しめているのではなく、その経験に対する現在の解釈が自分を苦しめているのであり、この解釈を変えない限り、行動を変えることもできない。これは科学的な因果論ではなく、現在における欲望や関心を中心にした目的論の考え方である。

ただし、人生の意味や目的が重要だとしても、それは五歳頃までの経験にかなり影響を受ける、とアドラーは考えていたので、治療においては必要な範囲で過去の要因も検討する。問題は過去を重視することよりも、過去の呪縛を変更不可能のように考えがちな、極端な過去決定論にあるのだ。

このような、未来における目標や、そこへ向けられた意味こそ重要であるというアドラーの考え方は、きわめて妥当な見解だと言える。そして、晩年の彼が特に重視していたのが「共同体感覚」であった。それは、集団や組織に対する所属感であり、そこにいる人たちに認められ、またその人たちのために貢献したい、一緒に協力して生きていきたい、という欲望のことだ。劣等感から生じる優越性への欲求は自己中心的なものだが、それは成熟すれば共同体感覚につながっていくのである。

誰もが他者から認められ、愛されたいと願っている。だがそれは、他人を押しのけて自分の優越性を示すことによってではなく、むしろ他人のために協力し、自らも他人を認め、互いに尊重し合うことでこそ、初めて満たされる。なぜなら、「個人をはかる理想像は、万人にとっての価値や有用性を考慮して成立する」からであり、「いかなる完全な人も、共同体感覚を育成し、十分実践するのでなければ、成長することはできない[7]」。

共同体感覚に基づいた行動が可能になったとき、人はもはや優越性への欲求と周囲の人々との間で苦しむことがなくなり、自らの行為に意味と価値を見出すことができるのである。

ユングと分析心理学

一方、フロイトの最も優れた後継者と見られ、一九一一年には国際精神分析協会の初代会長にまでなっていたユングは、やはり意見の違いからフロイトと決別している。

ユングもフロイトの性欲論、リビドー論には批判的であった。ただし、禁じられた願望や衝動の満足が重要な人は、フロイト理論による治療が適している、とも述べている。事実、フロイトの患者の多くは、性については禁欲的なモラルに縛られていた。逆に社会的地位に恵まれず、劣等感の強い人々は、性欲よりも社会的地位や権力のほうが重要になるため、アドラー理論による治療が適している。フロイトかアドラーかという対立

6　A・アドラー『人生の意味の心理学』高尾利数訳、春秋社、一九八四年、15頁
7　A・アドラー『人間知の心理学』岸見一郎訳、アルテ、二〇〇八年、38頁

ユング

した構図に対して、ユングはどちらか一方が正しいのではなく、患者の求めているものが違うだけで、どちらも有効な理論だと考えたのである。

しかし、ユングによれば、性欲を求めているのでも、権力や優越性を求めているのでもなく、もっと別のものを求めている患者がいるという。神経症は集団に適応できない人と、個性が発育不全の人に分けることができるのであり、前者の治療に関しては、フロイトやアドラーのように社会への適応を目指す治療が適しているが、後者にこれと同じ治療方法を用いれば、個性が破壊されることになる。(8)

そこでセラピストは、可能な限り偏見を捨て去り、患者が個性を自由に現すように協力し、そのプロセスを共に体験することが必要になる。患者と医師の双方が共に解釈し、患者の個性的な発展を促すのである。(9) これによって、患者はどこで自分が個性的な道から外れたのかを理解することができる。無意識の自己が意識に統合され、本来のその人自身になるのだ。

ユングはこのプロセスを「個性化過程」と呼んでいる。それは「個別的存在になることであり、個性というものをわれわれの最も内奥の、最後の、何ものにも比肩できない独自性と解するかぎり、自分自身の本来的自己（ゼルプスト）になることである(10)」。

またユングによれば、人間の心には個人を超えた無意識の領域（「集合的無意識」）があり、そこには人類に共通な型（元型）が存在する。たとえば夢において特定のテーマが繰り返し登場する場合、それは集合的無意識の元型が夢に現れている可能性がある。集合的無意識は意識の発展と安定化を図り、高次の自己を実現（個性化）する手助けをする、というわけである。

ユング派の心理療法では、絵画や遊び、箱庭などを使ったり、夢分析をすることで、内的なイメージとの対話を重視することが多い。無意識の欲望や不安は、夢や行動、絵や遊びなどにおいて、様々なイメージとなって現れる。ユングはこれを単に解釈の道具だとは考えない。象徴的表現であるイメージを見つめ、それが変容していくことで、無意識を含んだ全体としての「自己」[11]へ近づいていく、と考えるのだ。無意識ははっきり言語化されなくとも、イメージの変容だけで治療は進展する。そして、無意識の要素が自覚的になればなるほど、より統制の取れた「自己」へと近づくことになる。これがユングの主張した個性化、自己実現なのである。

アドラーとユングの理論は現在でも大きな影響力があり、多くの臨床家が実践する心理療法の学派となっている。いずれも無意識の解釈を中心とした深層心理学的な心理療法であり、フロイトと共に深層心理学の巨人

---

8 若い頃は社会的な適応が重要になるが、過剰に適応しすぎると個性が抑圧され、中年期になって精神的な危機に陥るとユングは考えていた。「若い人間が外部に見出し、又、見出さざるをえなかったものを、人生の午後にある人間は、自己の内部に見出さねばならぬ」というわけだ。そして「午前から午後へ移行するとは、以前に価値ありと考えられていたものの値踏みの仕直しということである」（C・G・ユング『無意識の心理』高橋義孝訳、人文書院、一九七七年、123頁）

9 ユングは「臨床心理療法の基本」においても医師と患者の相互性を強調し、「個性が無視できない事実であるかぎりは、医師—患者関係は弁証法的な過程であらざるをえない」（C・G・ユング『心理療法論』林道義編訳、みすず書房、一九八九年、13頁）と述べている。

10 C・G・ユング『自我と無意識の関係』野田倬訳、人文書院、一九八二年、85頁

11 意識された自分ではなく、無意識の部分も含めた本来の自分、全体としての自分が「自己」。

と見なされている。

また一方では、患者の生き方や価値観、真のその人自身、といった固有性に焦点を当てているため、実存主義的なセラピストにも影響を与えている。アドラーの目的論や人生の意味の重視は、フランクルを中心に広く受け容れられているし、ユングも個性化という「自己」への道を示しているため、自己発見（「本当の自分」の発見）に焦点を当てた、来談者中心療法、ゲシュタルト療法、実存療法などと共通点が少なくない。それは、自由を重視する心理療法の先駆けと言える面を持っていたのである。

新フロイト派――ホーナイ、サリヴァン

一九三〇年代になると、本能などの身体的要因に重きを置いたフロイト理論とは異なり、環境要因、文化要因を重視する人々が現れた。サリヴァン、フロム、ホーナイ、フロム＝ライヒマンなど、新フロイト派と呼ばれた人々である。彼らは文化派とも呼ばれ、やがてフロイト理論を批判して主流派から離れていくことになった。

カレン・ホーナイによれば、神経症的な性格は文化や環境の影響で形成され、弱い自我になってしまう点に問題がある。[12] 環境の影響によって対人関係に問題が生じると、子供は強い不安を感じ、この不安に対処するために様々な防衛方法を試みる。その結果、強迫的な行為を繰り返すなどの「神経症的傾向」を身につけ、それが不安を回避する唯一の手段となるのだ。

したがって治療においては、文化や価値観の影響を考慮し、自我と性格の分析をすることが必要になる。親

の影響によって内在化された規範（超自我）、神経症的傾向の機能を理解すれば、不安は大幅に減って他人との関係も改善できる。

一方でホーナイは、人間は自己実現に向かう傾向があり、「自己実現に向けて人間をつき動かすのはまさに真の自己の生きた力である」[13]と述べている。「真の自己」という考え方はフロムにも見られるもので、彼の考えでは、現代文化の欠陥は、自分にばかり関心を向ける個人主義にあるのではなく、逆に「真の自己」への関心を疎《おろそ》かにしている点にある。[14]また、治療関係の重要性を主張し続けたフロム＝ライヒマンも、自己実現を心理療法の治療目標にすべきだと述べている。[15]

ホーナイ

こうした「真の自己」（本当の自分）を発見する、社会の抑圧から解放する、という考え方は、現在でもかなり多くの心理療法に見られる。来談者中心療法など、実存主義的なセラピーの多くはこの考えを共有しており、ここには時代の要請とも言うべきものがあるように思える。

12 ホーナイは文化的影響についてこう述べている。「神経症に及ぼす文化的因子の影響は、神経症患者が自分自身と他人に見せたがっている像の中にいちばんはっきり現れる。この像は、非難の恐れと名誉に対する渇望によって主として決定されている」（K・ホーナイ『精神分析の新しい道（ホーナイ全集 第3巻）』安田一郎訳、誠信書房、一九七二年、174頁）

13 K・ホーナイ『神経症と人間の成長（ホーナイ全集 第6巻）』榎本譲・丹治竜郎訳、誠信書房、一九九八年、30頁

14 E・フロム『人間における自由』谷口隆之助・早坂泰次郎訳、東京創元社、一九五五年、171-172頁

15 F・フロム＝ライヒマン『積極的心理療法』阪本健二訳、誠信書房、一九六四年、39頁

■精神分析の分離・独立

精神分析（フロイト） →【精神分析の二大潮流】…… 自我心理学／対象関係論

↓

【分離・独立】
→ 個人心理学（アドラー）
→ 分析心理学（ユング）
→ 新フロイト派（サリヴァン、ホーナイ、フロム＝ライヒマン）

私たちは自由が保障された民主主義の社会に生きている。そのため、自分がどのように生きるべきか、自分が本当はどうしたいのか、といった実存的な悩みを抱えざるを得ない。だからこそ「本当の自分」を求め、自分探しに奔走する。自分の生きる意味を求め、自己実現を目指そうとする。その過程で挫折したり、社会の要請に負けて「本当の自分」を抑圧すれば、心の病になってしまうのだ。

二〇世紀前半に精神分析ブームが生じたのは、多くの人が「本当の自分」を知りたいと感じ、自分の無意識を解明してくれる精神分析に期待を寄せたからだろう。「無意識を知る」という経験は、「知らなかった自分に気づく」ことと同じであり、それは「本当の自分」を確信することにつながっている。二〇世紀後半に入り、自分探し、自己実現が多くの人々の心を捉えたのは、そしてヒューマニスティック・アプローチなどの実存主義的セラピーが数多く登場したのは、こうした社会の変化が大きく関わっているように思える。

一方、新フロイト派の中でも、治療者と患者の関係を特に重視したのがサリヴァンである。彼は「〝精神障害〟とは、対人関係における不適切不充分な行動のパターンである」と主張し、「精神医学（中略）は、観察者たる精神科医がその中に入って仕事をするような対人の場において起こるところの、その本性上対人関係論的な過程の攻究を志すものである[16]」と明確に述べている。

治療という場で展開される対人関係には、患者が生きる上での問題点が織り込まれている。治療者はそうした患者との関係に巻き込まれつつ、関与しながら観察し、患者のことを理解する。[17] これは、治療者は主観を排して患者を客観的に分析しなければならない、という主流派の精神分析とは異なる考え方であり、いまでこそ同意する心理療法家も多いのだが、当時の主流の精神分析家には受け容れがたいものだっただろう。

治療者と患者の関係こそが治療のベースにある、という考え方は、サリヴァンだけでなく、フロム＝ライヒマン、トンプソン、フロムなどにも共通するものであり、彼らは対人関係学派とも呼ばれてきた。一九三六年に開校されたワシントン精神医学校や、ウィリアム・アランソン・ホワイト研究所はその拠点であった。しかし、一九四〇年代を通して彼らは主流派から激しく批判され、アメリカ精神分析協会からは加盟を拒否され、長い間、主流派の精神分析とは交流がなかったのである。[18]

サリヴァン

だが、昨今の心理療法の世界では、対人関係療法をはじめ、対人関係を重視する心理療法が増えつつある。精神分析の世界においても、関係精神分析など、治療関係を重視する理論が台頭し、主流派にも受け容れ

16　H・S・サリヴァン『精神医学は対人関係論である』中井久夫他訳、みすず書房、一九九〇年、24、352頁

17　「精神医学のデータは関与観察をとおしてのみ獲得できる。（中略）目下進行中の対人作戦に巻き込まれないわけには行かないのである。精神科医の主要観察用具はその「自己」である」（H・S・サリヴァン『精神医学的面接』中井久夫他訳、みすず書房、一九八六年、19頁）

18　対人関係学派の成立した経緯については、一丸藤太郎『対人関係精神分析のパイオニアたち』（文芸社、二〇二〇年、50頁）を参照。

られている。そのため、近年ではサリヴァンへの再評価がなされ、対人関係論的な精神分析の源流として位置づけられているのである。

第4章　フロイト以後の精神分析

アンナ・フロイトとメラニー・クライン

アドラーとユングが離反した後の一九二〇年代、フロイトの精神分析は大きな発展を遂げることになったが、ナチスの台頭により、ユダヤ人だった弟子たちの多くがアメリカやイギリスへ亡命したため、戦後、精神分析はイギリス、アメリカで発展することになった。[1] それも二つの学派に分かれ、アメリカでは自我心理学、イギリスでは対象関係論がそれぞれ独自の展開をみせることになったのである。

自我心理学は、晩年のフロイトが重視した自我の分析を中心に据えた主流派であり、アンナ・フロイト、ハルトマン、クリス、エリクソンらを挙げることができる。彼らは自我の防衛機制（不安への防衛反応）に焦点を当てており、患者の行動や思考、夢などから防衛機制の働きを知ることができる。治療への抵抗も防衛の現

1　当時、精神分析の中心人物はオーストリア、ドイツ在住のユダヤ人であったが、ほとんどがイギリス、アメリカに亡命した結果、ドイツに精神分析は根づかなかった。ドイツではクレペリンを中心とする記述精神医学やヤスパースらのハイデルベルク学派の影響が強かったことも、戦後、精神分析が発展しなかった理由かもしれない。

アンナ・フロイト

クライン

れであり、転移は幼児期の防衛法を強迫的に反復している面がある。[2]

アンナ・フロイトは自我の防衛機制を分類し、自我を分析する上での規準を明らかにしているが、彼女の考えでは、幼児はまだ自我と対象の明確な区別ができないため、自我の抑制によって生じる葛藤、抵抗、転移が見られない。そのため、子供の精神分析においては、現実的な信頼関係、教育的な関与、親の協力が必要になる。

これに対して、幼児でもすでに自我と対象は区別され、自我と対象の関係（対象関係）は存在する、と主張したのが、後に対象関係論という一大潮流を生み出すことになるメラニー・クラインである。クラインによれば、不安や防衛も乳児期のかなり早い時期から働いているため、三歳以下の子供でも転移解釈は可能であり、児童の遊戯も大人の自由連想と同格に扱い、分析することができる。

まず生後三、四か月の乳児にとって、最初の対象は母親の乳房だが、授乳のときは「よい乳房」があると感じられても、お乳が与えられないときは「悪い乳房」があるのだと感じられ、それを憎み、攻撃したくなる。この攻撃衝動は悪い乳房へ「投影」されて、悪い乳房から攻撃されているのだと錯覚し、迫害されているという不安が強くなるのだ。しかし、一度は外部へ投影された感情も、今度は再び内部に取り入れられ、自分自身の感情として統合されていくことになる。投影と取り入れの過程が相互に行われることによって自我の発達が促されるのである。

生後五、六か月になると、「よい乳房」と「悪い乳房」は統合され、母親は一個の全体的な人間として認識されるようになり、外的現実に対する認識が深まってくる。すると、迫害不安は弱まるのだが、自分が攻撃を向けていたのは実は母親だったと気づき、抑うつ的な不安と罪悪感が生じてくる。しかし、普通は七歳頃までに適切な防衛が発達し、これらの不安は軽減される。「迫害的不安と抑うつ的不安が充分に減じられ緩和されねばならないということが、正常な発達の必須条件[3]」なのである。

そこで治療においては、生後一年間で経験される葛藤や不安の分析が必要になる。その際、精神分析医はしばしば理想化されたり（陽性転移）、迫害者と見なされるが（陰性転移）、これらの転移を分析し、解釈を与え続ければ、そして乳児期の体験を関連づければ、次第に迫害的不安と抑うつ的不安は軽減され、自我は統合性を増すことができる。

以上がクライン理論の概要だが、生後数か月というかなり早い時期の無意識的空想の存在を証明することはできない。そのため、アンナ・フロイトからも厳しく批判され、一九二〇年代から長きにわたって激しい論争を繰り広げることになった。結局、フロイトの死後、クラインは主流派の自我心理学と袂《たもと》を分かつことになったのだが、早期の対象関係に焦点を当てたクライン理論は、その後、多くの支持者が現れ、対象関係論と呼ば

2　防衛機制の詳細な分類、分析方法については、アンナ・フロイトの『自我と防衛』において簡潔にまとめられている（A・フロイト『自我と防衛』外林大作訳、誠信書房、一九八五年）。

3　M・クライン『妄想的・分裂的世界』小此木啓吾・岩崎徹也編訳、誠信書房、一九八五年、58頁

れる一大潮流にまで発展することになる。

対象関係論の展開——ビオン、ウィニコット

対象関係論とは、外的な対象（現実の他人）との関係だけでなく、内的な対象（内面における想像上の対象）との関係に焦点を当てた理論であり、自我の機能面に焦点を当てた自我心理学とはかなり立場を異にしている。

対象関係論の中でもクライン理論を継承、発展させ、内的な対象関係を重視したのが、ハンナ・シーガル、メルツァー、ビオンらのクライン派である。

ビオンによれば、乳児の不快な感覚や感情は、母親が包み込み、意味のあるものに変化させて子供に返すことで解消することができる。赤ちゃんが漠然とした不快感から泣き叫ぶと、母親が「おなかがすいたのね」とささやきながら授乳をする。そうした経験の繰り返しによって、漠然としていた不快な感じの意味がわかるようになり、不快感、不安に振りまわされることも少なくなる。

ビオンはこれを〈コンテインメント〉と呼んでおり、治療にもこの考え方を応用している。精神分析家は、患者の漠然とした不安を受け止め、包み込みながら、その不安の意味を解釈して患者に気づかせる。患者が気づいていなかった感情を受け止め、本人に自覚させるのだ。それによって、患者の不安は緩和され、不安の意味と向き合えるようになるのである。

一方、フェアベーン、ウィニコット、バリントらは対象関係を重視しながらも、自我心理学とクライン派の

ビオン

ウィニコット

対立において独立を維持した立場をとっていたため、独立学派（中間派）と呼ばれている。「対象関係論」という言葉を最初に使ったのはフェアベーンであり、彼は内的な対象関係の重要性は認めながらも、その形成には現実の環境が深く関わっていると考えたのだ。

ウィニコットもまた、クラインとは違って現実的な環境を重視し、母親は投影された内的対象ではなく、現実的な外的対象でなければならない、と述べている。母親は子供の感情を照らし返し、子供の自己感覚、自己理解を促す重要な役割を担っているからだ。

それと同様に、分析家は患者の鏡となることによって、患者自身が自己を意識し、自己を理解できるようにする必要がある。それは、鏡になれなかった親の代わりをすることでもあるのだが、その際、分析家は自分の解釈を正しいと過信し、先走って解釈を与えてはならない。それは患者の創造性を破壊し、治療の進展を妨げることになるからだ。[4] 分析

4　この点に関するウィニコットの本音は次の文に現れている。「私はいままで私個人の解釈したい欲求によって、ある疾病分類カテゴリーに属する患者の変化をどれほど妨害させたり、遅延させたりしてきたかを考えると、ぞっとしてしまう。私たちが待てる時にのみ、患者は創造的な、限りない喜びを伴った理解に到達するのである」（D・W・ウィニコット『遊ぶことと現実』橋本雅雄訳、岩崎学術出版社、一九七九年、122頁）

家は、患者が自分で知っていることを、受け容れられるように、気づくことができるように援助しなければならない。

また、ウィニコットはホールディング（抱えること）の重要性を強調した。子供の精神分析を専門にしていたウィニコットは、解釈だけでなく、子供を優しく包み込み、情緒的な安心感を与えることが大事だと考えたのだ。それによって、偽りの自己ではない「本当の自己」が現れることになる。そして、「分析医が患者の本当の自己に触れはじめる移行時には、つよい依存期がある[5]」。それは、自分の感情を抑制せず、甘えられる環境があるからだ。

バリントも同じように、患者は一時的に退行を示し、依存的になる、と述べている。このとき、治療者が子供に対する親のように、患者の反応を受け容れ、適切に反応することができれば、治療は劇的に進展する、と[6]。

このように、対象関係論といってもクライン派と独立学派の二つがある。どちらも内的な対象関係を重視する点では同じだが、独立学派は現実の親子関係、治療者と患者の関係も重視している。現在、精神分析では治療関係を重視する関係論のパラダイムが拡がっており、その源流はサリヴァンだと言われているが、独立学派の対象関係論も、早くから治療関係を重視していたのである。

理論的統合と自己心理学——カーンバーグとコフート

一九五〇年代から一九六〇年代にかけて、イギリスでは対象関係論が発展する一方で、アメリカでは自我心理学が大きな影響力を持つに至っていた。力動精神医学の全盛期が訪れ、多くの精神科医が精神分析を学び、実践していたのである。

しかし、フェアベーンがクラインに構造論的考察が欠けていることを批判し、ジェイコブソンやマーラーが実証的な観察を通して乳児期の心の状態を解明していったことで、次第にクライン理論を自我心理学に統合する可能性が開けてきた。そして境界例の研究をきっかけに、二つの理論を統合し、治療においても重要な提言をしたのがカーンバーグであった。

境界例は一九五〇年代頃から注目され始めた病で、現在では、境界性人格障害や自己愛性人格障害に分けられている。妄想的傾向や攻撃性が強く、極度に退行的な転移と行動化を示すため、従来の精神分析では治療できなかった。カーンバーグは、そこにクラインが重視した原始的な防衛機制（分裂、投影同一視）を見出し、しかも自我心理学の構造論的観点から境界例の病的な自我の構造（境界パーソナリティ構造）を明らかにし、精神分析による治療の可能性を開いたのである。

カーンバーグが特に重視していたのは、転移の解釈であった。私たちは親のルー

■精神分析の二大潮流

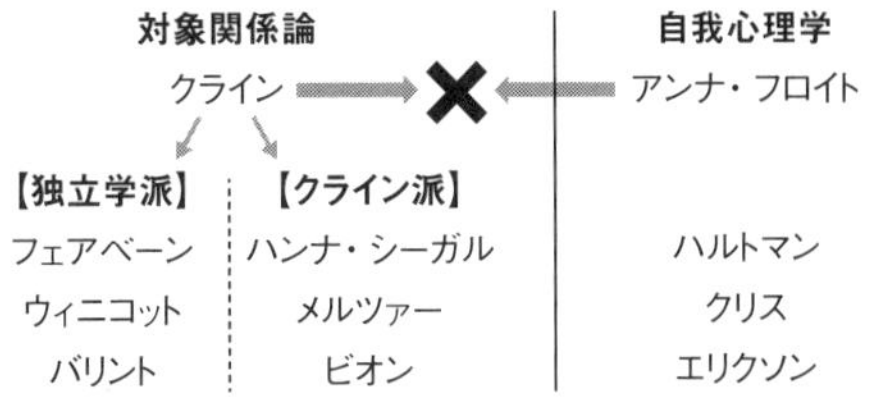

5　D・W・ウィニコット『情緒発達の精神分析理論』牛島定信訳、岩崎学術出版社、一九七七年、185頁

6　バリントはこれを「良性の退行」と呼び、治療に不可欠なものだと考えていた。「もし分析者が患者の差し出すものを受け取り、それに応答すれば、直ちに一種の治療的突破が起り、治療が画期的に進展する」（M・バリント『治療論からみた退行』中井久夫訳、金剛出版、一九七八年、170頁）

カーンバーグ

ルを取り込んで超自我を形成するのだが、境界例（特に境界性人格障害）の患者は、原始的な防衛が非常に強いため、親の命令や要求も取り入れられず、超自我の形成も妨げられている。そのため、原始的防衛である投影や分裂がすぐに転移として現れるのであり、転移の解釈が重要になる。[7]

カーンバーグは、自己愛性人格障害も同じ病理として治療すべきだと主張していたが、一方、これに反論し、自己愛性人格障害の治療に独自な視点を持ち込んだのが、自己心理学の創始者であるコフートであった。

コフートによれば、自己愛性人格障害は自己の構造における欠陥と、この欠陥に対する防衛構造が問題となっており、その改善は分析家の共感的反応によってもたらされる。自己の病理は、幼少期からの親の共感的反応の不足が大きく関わっているため、治療においても共感的反応が重要になるのだ。

子供は母親が自分の欲求に波長を合わせてくれることを期待しており、不安や欲求に対して母親が共感的に反応すれば、母親との融合を体験する中で、次第に不安は消失する。この場合、母親は自己の一部として体験されている。二歳から四歳にかけて、母親の共感的反応を通して、愛される自己を求める「野心」ができ、四歳から六歳にかけて、両親いずれか（特に父親）を見本として、自己の「理想」ができる。こうして、共感的な親との融合を通して自己が形成されるのだ。

もし、母親が共感的な反応をしなかったとしても、父親が共感的反応をしていれば、父親は母親の失敗を補うことができる。しかし、両親のどちらも共感に失敗すれば、自己愛性人格障害になる。そこで治療においては、まず分析家が親のように共感的に対応することが必要になる。それによって、分析家が持っている不安を緩和する側面などが、患者の心理的構造に取り入れられるのだ。

「徹底操作によってもたらされる本質的な構造変形はこのような知的洞察に支えられた結果生じるのではなく、かつての子供時代の体験がより成熟した精神によって、くりかえし再体験されるという事実によって生み出される、ゆるやかな内在化の結果生じるのである[8]」

このように、患者を治すのは解釈への洞察ではなく、幼少期に必要であった共感を再体験することにある、とコフートは主張している。

古典的な精神分析では、共感的反応は分析家の中立性を損なうものであり、分析家の感情をともなう反応全体が、逆転移としてタブー視されていた。欲望の葛藤に苦しんでいる神経症なら、分析家の感情抑制は有益な場合もあるのだが、自己愛性人格障害の場合、分析家が感情を抑制したり黙っていたりすれば、それは患者の

7 「境界例患者の場合、高度に脱人格化された超自我構造や自律的自我構造が欠けており、葛藤をはらんだ早期の対象関係は、相互に切り離された自我状態と結びついて、転移の早い時期から活発になる」（O・カーンバーグ『対象関係論とその臨床』前田重治監訳、岩崎学術出版社、一九八三年、6頁）

8 H・コフート『自己の修復』本城秀次・笠原嘉監訳、みすず書房、一九九五年、24頁

コフート

幼少期における親の冷たい反応を反復してしまう。分析家の人間的温かさは分析過程にとっては必須条件なのである。

カーンバーグも分析家の感情的反応、つまり逆転移の有効性を認めていたが、それは解釈に利用できるという意味での有効性であった。しかし、コフートは解釈よりも共感を体験すること自体を重視しており、知的な理解よりも感情体験のほうが重要だと考えていた。

また、共感の重視は、治療者の主観が治療に深く関わっていること、治療者と患者の関係性が治癒に大きな影響をもたらすことを前提とする。これは「治療者の中立性」という従来の原則に反する点で、それまでの精神分析を大きく踏み越えるものであった。ここに、コフートが精神分析に革新的な変化をもたらしたと言われる理由があるのだ。

カーンバーグとコフートが活躍した一九七〇年代は、すでに精神分析の絶頂期はすぎ去り、斜陽の時代を迎えつつあった時期にあたる。当時、薬物療法の進歩によって生物学的精神医学が主流となり、行動療法をはじめとする多様な心理療法が広まりつつあった。そのため、精神分析はより多くの患者を獲得するために、従来は精神分析の対象外とされてきた境界例、精神病にも目を向け、治療対象とし始めた。クライン理論が影響力を持ち続けたのも、ひとつには、それが統合失調症をも射程に入れた理論だったからだ。

そう考えると、この時期は精神分析が生き残りをかけた、転換期の時期だったと言えるかもしれない。

間主観的アプローチと構成主義

コフートの理論は「共感体験そのものが治癒効果を持つ」というものだが、これをさらに発展させた技法として、間主観的アプローチというものがある。提唱者のストロロウは自己心理学に属する分析家であり、「精神分析的に知り得るのは、主観的現実——患者のそれと治療者のそれ、そして、両者の相互作用によって創造され、絶えず変遷しながら展開を続ける間主観的な場——である」[9]と述べている。

間主観的アプローチは、コフートの重視した共感性についての考え方を発展させ、精神分析において解釈される無意識は客観的現実ではなく、患者と分析家の対話によって構成された現実（間主観的現実）だと主張する。それは、分析家の共感的態度によって患者に受け容れられ、分析家と共有されることでリアルに感じられ、真実だと感じられるようになる。

この考え方は、正しい無意識の解釈によって心の病は治る、という従来の精神分析の考え方を覆すものだと言える。無意識の解釈は、真実を自覚することが治癒につながる、と考えられていたにも関わらず、間主観的アプローチによれば、そのような真実は存在しないし、そもそも真実である必要もない。それでも、患者と治療者が現実の意味を共有し、真実だと感じられれば治るというのだ。

私たちの現実は決して客観的で動かしがたい真実というわけではなく、他者とのコミュニケーションによって意味が共有され、構成されたものにすぎない。この考え方は「構成主義」と呼ばれるもので、実は精神分析

9　R・D・ストロロウ、B・ブランチャフ、G・E・アトウッド『間主観的アプローチ』丸田俊彦訳、岩崎学術出版社、一九九五年、9頁

だけでなく、一九八〇年代以降の心理療法の最前線で広まり始め、現在も世界で注目されている。後で述べるナラティヴ・セラピーやオープンダイアローグなどはその代表的なものである。

精神分析の領域においても、間主観的アプローチだけでなく、無意識の真理性を否定した新しい考え方が生まれている。そうした考え方を持つ分析家たちの多くは、もはや無意識の真実に固執したりしていない。どのように無意識が解釈されようと、たとえそれが真実ではなくとも、患者と治療者がその意味を共有し、患者が納得すれば治る、と考えているのである。

しかし、いかなる解釈でも患者が納得すればそれでよい、というわけではない。ドナルド・スペンスのように、治療者と患者以外の人々もその解釈に納得すること、共通了解が得られることが重要だ、と主張する分析家もいる。もはや単純な客観主義ではいられないが、かといって相対主義に陥ってもいけない。スペンスによれば、「ハーバーマスが「強制されない意見の一致」と呼んだものに到達できる機会がつねに提供されねばならない[10]」。

確かにスペンスの言うとおり、解釈の真実性は対話による意見の一致によってもたらされるべきなのかもしれない。だが、どのようにして「対話による意見の一致」を求めるのであろうか？

また、「正しい無意識の解釈などない」と認める精神分析家たちも、患者が無意識の解釈を受け容れることで治る、という考えは持っていても、なぜそうしたプロセスが治療効果を有するのか、あまりはっきりさせていない。

この問題は精神分析だけの問題ではなく、構成主義に基づく心理療法全般の原理に関わる重要性を持っているため、他の心理療法の歴史を見た後で検討することにしよう。

関係精神分析の登場――広まる治療関係の重視

構成主義の考え方が、治療関係を重視することから生まれやすいのは確かだろう。治療者と患者の相互の影響関係を考慮する以上、治療者の主観を無視するわけにはいかないからだ。おそらくそのために、客観的に正しい解釈ではなく、治療者の主観が入った解釈でも大丈夫であり、そもそも主観の入らない解釈などない、という考えが出てきたに違いない。

無論、治療関係を重視する心理療法のすべてが構成主義というわけではないのだが、心理療法の世界で治療関係が重視され始めたことにより、構成主義の考え方が注目されるようになった可能性は高いだろう。

そもそも治療関係そのものに効果があるという考えは古くからあった。一九二〇年代に、フェレンツィが患者との情動的な交流を重視し、フロイトが重視した中立性、禁欲原則を破って、患者の愛情、依存に応えようとしたのは有名な話だ。この試みは失敗に終わり、患者が治癒することはなかったが、フェレンツィの考え方は現在の関係論的な精神分析の先駆けと言える[11]。

しかし、本格的に治療関係の重要性が強調されるようになったのは、サリヴァン以降のことである。彼を中

10　D・P・スペンス『フロイトのメタファー』妙木浩之訳、産業図書、一九九二年、282頁

11　フェレンツィは、治療者と患者の関係が危険な依存関係に陥りやすい点に無自覚であった。弟子でもあったバリントはこの点を考慮し、治療者への依存が生まれないように、治療者は全知の権威者になるべきではない、と指摘している。

心とする対人関係学派は一九四〇年代から一九五〇年代にかけて注目を浴びていたが、当時のアメリカでは自我心理学が全盛期であったため、大きな影響力は示せなかった。

一方、対象関係論の発展していたイギリスでは、独立学派のウィニコットやバリントなどが一九六〇年代から現実の対人関係、治療関係を重視しており、人間関係学派とも交流があった。[12] つまり、対象関係論の独立学派、そして人間関係学派の二つが、その後の精神分析に影響を与え、関係論的な精神分析が展開する土台を築いたと言える。

一九八〇年代になると、ジェイ・グリーンバーグとミッチェルがサリヴァンらの理論を再評価し、「今日の精神分析が描き出す共通の「風景」とは、人々の他者との間での相互作用、つまり対象関係の問題に焦点を当てようとする視点から構成されている[13]」と述べている。フロイトの精神分析が個人の欲動、精神構造に焦点を当て、対人関係も内面化された構造の投影、転移として捉えるのに対して、この新しい精神分析では現実の対人関係に焦点を当てている。治療者と患者の関係も患者の一方的な投影ではなく、相互に影響を及ぼし合う関係であり、そのため共感が重要になるのである。

■関係論的な精神分析の系譜

対人関係学派（サリヴァン） ➡ 関係精神分析（ミッチェル）
対象関係論（ウィニコット、バリント） ➡ 関係精神分析（ミッチェル）
自己心理学（コフート） ➡ 間主観的アプローチ（ストロロウ）

ミッチェルは対人関係学派や対象関係論など、関係性を重視する各理論を統合して「関係精神分析」を提唱しており、その後、一九九〇年代になると、続々と関係性を重視する分析家が増えていくことになった。現代の精神分析は大きな転換期を迎えており、それはいま「関係性に焦点を当てる」という方向でまとまりつつあるのだ。

対人関係論と対象関係論から関係精神分析へ、コフート理論から間主観的アプローチへ、関係性を重視する考え方は少しずつ浸透し、現在では主流派の精神分析にも認められるようになった。近年では、神経科学の観点から無意識と脳の関係を研究する動きも注目されており、治療者と患者の情動的な交流、関係性を脳画像で検証しようという研究も進んでいる[14]。

いまや精神分析は、患者を客観的対象として分析する枠組みを超え、分析家の主観も深く関与する治療関係の影響力に注目しているのである。

ラカン派の精神分析

イギリスとアメリカの精神分析を中心に、自我心理学、対象関係論の展開を見てきたが、一方、フランスでは、ポストモダン思想にも大きな影響を与えた精神分析家、ジャック・ラカンの理論を受け継いでいる学派（ラカン派）が影響力を有していた。ラカンは自我心理学や対象関係論を徹底的に批判してきたため、またその理論が高度に抽象的で難解であることもあり、英米圏の精神分析家からはほとんど黙殺されてきたが、現在

12　対象関係論全体としては決して治療関係を重視していたわけではない。特にクラインは、現実の対人関係より心の中の対象（内的対象）との関係を重視していた。それは幼児期の対人関係（親子関係）が内在化され、内的な対象となったものとの関係なのである。

13　J・R・グリーンバーグ、S・A・ミッチェル『精神分析理論の展開』横井公一監訳、ミネルヴァ書房、二〇〇一年、3頁

14　神経科学の観点から、無意識と脳の関係を考える精神分析は、神経精神分析とも呼ばれており、代表的な人物としてショアがいる。彼は無意識と右脳の関係、治療者と患者の情動的交流における脳の働きについて、大変興味深い指摘をしている（A・N・ショア『右脳精神療法』小林隆児訳、岩崎学術出版社、二〇二二年）。

ラカン

でもフランスや南米を中心に一定の広まりを見せている。

ラカンによれば、「無意識は他者のディスクール」であり、人間の無意識には両親の話（ディスクール）が無意識の記憶として刻印されている。それは親（他者）の欲望（要求、期待など）で構成されており、子供はそうした親の欲望に支配されやすい。そのため、親の価値観や命令、期待で構成された無意識の行動規範を、徐々に一般性のあるものに修正し、自分の欲望に対して自立した判断ができるようになることが必要である。

ところが神経症の患者では、大人になっても親の欲望に支配されたままで、かつて親が期待し、命令したとおりに行動してしまう。そこでラカン派の精神分析治療では、患者の無意識に巣くった親の要求に基づく幻想に気づかせ、これを改変することで、患者が親＝他者の欲望から解放されることを目標とする。では、一体どうすれば社会や親の欲望・ルールから解放され、自分のしたいことを求めるようになれるのだろうか？

一九五〇年代のラカンは、分析の目標の重点を、患者の「大文字の他者」（法、社会規範）との関係における位置を明確化し、変容させることに置いていた。患者は親の欲望を内在化した無意識の幻想に支配され、自由に欲望を満たすことができなくなっている。患者がこうした無意識に気づくためには、分析家は同類の他者（想像的な他者）の役割を放棄し、「大文字の他者」を代弁する抽象的な他者として、患者の言い間違いやわずかな声の変化を示唆する必要がある。

患者はある段階から分析家を強く信頼し、「分析家はこの病気の謎を知っているに違いない」という確信を抱く。ラカン派の言葉で言えば、分析家は「知っていると想定された主体」となるのだ。それと同時に、患者は親に向けていた愛と承認の要求を分析家に対して向け始める。無意識の幻想を分析家に投影するのであり、そのため分析家の解釈を容易に信じてしまい、その言葉に従うようになる。親の代わりに、分析家という新たな他者の欲望に従うことで、認められようとするのだ。

この患者の認められようとする要求を受け容れれば、非常にまずい状態になる。なぜなら、分析家の欲望に従うことは、他者の欲望に支配された状態であり、親の欲望に支配されていた状態と変わらないからだ。それでは、患者の欲望は抑圧されたままである。

これは閉じた二者関係において起きやすい問題であり、ラカン用語で言えば、想像的関係に陥っている。その起源は幼児期の母子関係にあるのだ。

子供は母親に愛され、認められるために、母親の要求や期待、命令に従うようになり、母親の欲望、ルールを絶対視しがちだが、母親と二人だけのルールは流動的で、歪んだものになりやすい。そこで第三者との関係が必要になる。第三者が関わることで、母と子の二者関係における価値基準やルールは、全面的に捉え直される。一般性のある価値観、ルールが意識され、そうした象徴秩序の中に位置づけられるのだ。

この点について、ラカンはこう述べている。「象徴は第三者という要素を導入するという点で、即《すなわ》ち現前する二人の人物を位置づけ、彼等に他の平面を通過させ、彼等を変形する、そういう仲介の要素を導入するという点で象徴関係は永遠なのです[15]」。

最初の第三者として重要な役割を担うのは、大抵は父親である。多くの場合、父親は社会の価値観やルールを代弁する存在として、子供に社会規範、象徴秩序を意識させることになる。フロイトがエディプス・コンプレックス理論において、父―母―子の三者関係の葛藤に焦点を当て、父の存在を重視したのも、父親が、象徴秩序に従う他者一般（「大文字の他者」）を代表する立場にあるからだ。そして、子供は「大文字の他者」と出会うことで、判断の基準を母親ではなく、社会的な規範、象徴秩序に移すことになる。そうして母親の欲望（期待、要求）から解放され、自らの道を見出していくのである。

したがって、分析家は父の果たすべき役割を代替し、患者に他者一般（「大文字の他者」）を意識させるように応答しなければならない。精神分析において重要なのは、個人としての治療者、目の前の具体的な他者としての治療者ではなく、抽象的な他者一般であり、象徴的な父親、「大文字の他者」を意識することなのである。患者の語っていることは、分析家の解釈を介して象徴秩序の中で照合・検証され、無意識の意味として患者に返ってくる。そして、母子関係において形成されたルールや価値基準が、無意識の幻想として解釈され、その歪みが修正されることになる。

分析家が「知っていると想定された主体」と見なされることは、「大文字の他者」の意見を代弁する上で、大変都合がいいようにも見える。事実、それは一時的には有効性があるのだが、分析家が神のような全知の存在とみなされれば、患者はすべての答えを分析家に求める、という依存関係が生まれやすい。それは再び想像的関係に陥ることに他ならない。

ラカンが自我心理学と対象関係論を批判しているのは、まさにこの点にある。

対象関係論は治療者と患者の二者関係を重視しすぎるため、治療者の考えが重要になりすぎて依存関係が生まれやすい。この状態では、治療者が第三者（父親）の位置ではなく、親密な二者関係の相手（母親）の位置にいるため、患者は想像的関係に陥り、自己を象徴関係から捉えることができない。そのため、「精神分析治療の理論は、主体の自我と理想自我との関係、自我と他者との関係、つまりその質はおそらくさまざまに変わり得るとしても、経験上明らかなように、常に唯一無二である想像的関係の他者、そういう他者と自我との関係へと誤って陥っている[16]」。

また自我心理学では、治療者の自我をモデルにして患者の自我を強化するため、患者は分析家の提示した自己像ばかりを信用し、治療者という他者の欲望に絡めとられている。ラカンの考えでは、自我は鏡像段階（生後半年から一年半）において自分だと錯覚した鏡像であり、それを自分だと思い込むのは幻想にすぎない。自我によって抑圧された欲望は無意識となっており、自我を強化することは、無意識の欲望をますます隠蔽し、逆に症状を強化することになる。

そこでラカンの精神分析では、権威ある分析家として無意識を解釈するのではなく、患者の発話の気になる部分に対して、同じ言葉を強調して繰り返したり、患者が小声で話したことをはっきり言わせるようにする。すると、「ここに何か自分でも気づかなかった無意識があるのだろうか？」と疑問を抱き、治療者ではなく、

15　Ｊ・ラカン『フロイトの技法論（上）』小出浩之・小川豊昭・小川周二・笠原嘉訳、岩波書店、一九九一年、２５３頁

16　Ｊ・ラカン『精神病（上）』小出浩之・鈴木國文・川津芳照・笠原嘉訳、岩波書店、一九八七年、２４５頁

自らの無意識に注意を向けるようになる。

また、最もハッとする話が出たところで、精神分析のセッションを終わらせれば、患者は次のセッションまでの間、その話についてあれこれ考えをめぐらせる。つまり、無意識を探究する分析作業を続けてもらうことができるのだ。これは短時間セッションと呼ばれる方法で、ラカンが国際精神分析学会から破門される原因にもなった、ラカン派独自の技法である。[17]

いずれにせよ、明確な解釈を与えるのではなく、謎めいた多義的な解釈が必要になる。それはたとえ理解されなくても欲望を喚起する。分析家が探し求めている無意識の謎を自分も知りたい、という欲望が生み出されるからだ。親に認められるための行動パターンが、分析家には通用しなかったことも、より一層、この疑問への関心を生む。自分の行動には何か無意識の問題があるのではないのか、と。

このとき、分析家は「大文字の他者」の立場を放棄し、患者の無意識に対する欲望の原因（ラカンはこれを「対象a」と呼んでいる）となっている。これによって、患者は症状という苦痛の中に快を見出す享楽を得られなくなり、分析家が求めているものは何か、あれこれと考えをめぐらせる。そして、夢や幻想、言い間違いなどの無意識の形成物が、分析家に話すために生み出される。こうして、患者は自ら無意識の謎を知りたいと感じ、自由に「対象a」を追求し始めるのである。[18]

ここで重要なのは、無意識の謎が解き明かされることではなく、患者が自ら欲望を抱き、欲望の主体になる、ということである。親や分析家といった他者の欲望に従属するのではなく、自らの欲望に準じて生きること、それが可能になることが目指されている。そのためには、患者は無意識の幻想（親の欲望に規定された行動規範）に疑問を抱き、自らが納得できる解釈へと改変しなければならない。分析家の解釈をただ受け容れるのでは、結局は分析家への依存を生み、他者の欲望に絡め取られたままになる。ラカン派の治療が多義的な解釈にこだわるのは、まさにそのためなのである。

精神分析はどこへ向かうのか？

心の治療という臨床現場では、想像的な二者関係、依存関係が生じやすい、というラカンの指摘は的を射たものだと言える。自我心理学や対象関係論だけでなく、現代精神分析における関係論、間主観性の理論もまた、この問題が解消されているとは思えない。いや、むしろ治療者と患者の関係の中だけで無意識を解釈するのだから、より一層、二者関係に特有の危険性があるとさえ言える。

したがって、治療者が父の機能を引き受けること、第三者の位置に立つことが重要だというラカンの主張は、十分理に適《かな》っているように思える。

しかし晩年のラカンは、治療者が第三者として、それも社会規範や象徴秩序（大文字の他者）を代弁する他者として解釈することにも、やはり二者関係に陥るリスクがある、と述べている。無意識の真実を知っている

17 国際精神分析協会では、一回当たりの精神分析の時間は決められているのだが、ラカンはこのルールを無視し、毎回異なった時間に、分析家がここぞというタイミングで終わる、というやり方をしていた。この短時間セッションによってラカンは国際分析協会から除名され、ラカンもまた、従来の精神分析への批判を強めることになった。

18 ラカンは難解で知られるが、フィンクの『ラカン派精神分析入門』は、ラカン派の実際の治療を解説している本として優れている。本書でも大いに参考になったことを付記しておく（B・フィンク『ラカン派精神分析入門』中西之信・椿田貴史他訳、誠信書房、二〇〇八年）。

と想定された治療者は全知の権威を手にするため、患者が言いなりになってしまう可能性があるからだ。そのため、ラカンは多義的な解釈をすることにより、患者自らが無意識の謎を解こうと欲するように仕向ける。それこそが、欲望の主体として自由に生きる道につながっている、というわけだ。

だが、このやり方は患者の知性に頼りすぎているだけでなく、患者の不安を十分に考慮していないように思える。多義的な解釈は混乱を生み、誰からも承認されないという不安を高める危険性があるかもしれない。そう考えると、二者関係の親密性は治療初期には必要なものであり、ラカンが強調するほど一概に否定するわけにはいかない。

患者が自らの内面に抱え込んだ親（養育者）の欲望、つまり無意識のうちに身につけた重要な他者のルールは、彼らに認められるために身につけたのであり、同じくらい重要な他者の承認が得られなければ、容易に変えられるものではない。だからこそ、治療者は信頼できる重要な他者になる必要があるのだ。

それは最初、親密、信頼、尊敬をともなう二者関係が生まれることで可能になる。通常、患者に共感を示し、患者の感情を受け容れ、共有することがなければ、患者の心の中に信頼はめばえない。こうした共感なしに、治療者が最初から社会規範を代弁する権威者と見なされれば、表面的には指示や解釈に従っていても、本当の意味での心の変化は生じないだろう。そのような変化は、治療者による無条件の承認、患者の存在そのものへの承認という安心感の中でこそ生まれるに違いない。

したがって、自我心理学、対象関係論、あるいは対人関係論を中心とした現代精神分析は、こうした二者関係における有効性を持っている限り、歪んだ親子関係のルールを揺るがし、その修正を促すことも可能であるはずだ。

なるほど、ラカンが第三者、象徴秩序（大文字の他者）を重視したのは正しい。しかし、二者関係を利用した治療がだめなのではなく、治療者自身が二者関係の幻想性に陥ることがだめなのである。対象関係論の治療者の中にも、ウィニコットやバリントのようにこの問題を十分に自覚していた者はいる。バリントによれば、「分析の技法と挙動が全知全能を思わせる程、悪性退行に陥る危険が大となる」[19]。治療者が全知の万能者と見なされてしまえば、悪性の退行現象が生じてしまうのだ。

もし治療者が、こうした幻想に陥らず、第三者の視点を意識し続けること、患者にもこの視点を示唆し、共に一般性のある判断を模索することができるなら、患者の承認不安は緩和され、自分が執着していた関係様式、無意識の規範を修正することができるだろう。そして患者は自らの力で考え始め、治療者の絶対性は薄れていくに違いない。

私はこの議論の中に、心理療法の本質に関わるきわめて重要な問題が含まれていると思う。精神分析のみならず、多くの心理療法は二者関係を利用した治療を行っているが、ラカンやバリントのように、そのリスクを明言してこなかった。それは関係論的な精神分析やナラティヴ・セラピーなど、近年になって注目されている心理療法にも同じことが言える。

ラカンもまた、最終的な解決方法として多義的な解釈を持ち込んだ点に疑問が残る。確かに自由に生きるた

19 M・バリント『治療論からみた退行』中井久夫訳、金剛出版、一九七八年、226頁

めには、ラカンの言うように欲望の主体になる必要があるのだが、それが多義的な解釈によってもたらされる可能性は少ないように思える。むしろ治療者の思惑ばかりが気になり、そこから先に進めなくなりはしないだろうか？

ともあれ、精神分析の提起してきた問題が、他の心理療法にも共通する問題であることは間違いない。私の見たところ、精神分析の歴史の中には、心理的治療における重要な問題がほぼすべて出そろっている。近年では精神分析を過去の理論、技法とみなす人も少なくないのだが、私たちはいま一度、その理論のエッセンスを深く考えてみなければならない。

「無意識の自覚」に治療効果はあるのか？

精神分析の歴史をその理論的変遷に沿って辿ってきたが、最後に精神分析が心理療法の世界に登場した意味について考えておきたい。

フロイトの登場以後、精神分析は多様な学派に分かれ、相互に影響を与え合いながら独自な発展を遂げてきた。だがその基本的な治療戦略が「無意識の自覚」にある点では同じだ。無意識を知ることは、「知らなかった自分」に気づくことである。私たちはときとして無意識の不安や欲望があったことを意識するが、それは結局、自分の本心に気づくこと、「自己への気づき」であり、それが「無意識」を認める経験の本質に他ならない。(20)

自分自身の無意識の欲望や不安に気づくとき、私たちはそうした欲望や不安を抱えた自分こそ「本当の自分」であることを確信する。そして、自分が何をおそれ、何を求めているのか、そういった気づきは納得できる行動の選択を可能にする。つまり、「自己への気づき」を本質とする無意識の自覚は、自由に生きるためにはどうしても必要なものなのだ。

すでに述べたように、近代以降の社会では、自由に生きる可能性が拡がり、自由を認め合う民主主義の社会が理想とされるようになった。だがそれと同時に、人々は自分がどう生きるべきなのか、自分が本当はどうしたいのか、悩むようになり、自らの内面を見つめ、自分の無意識の欲望や不安を知りたいと感じるようになった。二〇世紀前半、無意識への手がかりを与えてくれる精神分析への関心が高まったのは、そういった社会状況が深く関わっていたように思える。

ところで、無意識の自覚が治療効果を持つとしたら、それは近代以前の心理療法とはかなり異なっていると言わざるを得ない。

レヴィ＝ストロースの考えでは、「象徴効果」が未開民族の心理的治療の特質であった。シャーマンは苦しんでいる状況に対して神話に基づいた言葉を与え、思考可能なものにする。それによって、患者と治療者、周囲で見ている人々が一緒になって「原因がわかった」と確信し、患者の苦痛はその意味が理解できたことで耐えられるものとなる。患者の奇妙な言動は所属集団からの逸脱を意味し、それが不安と苦痛を増幅させている

20　無意識の本質については9章で説明するが、より詳細な分析については、山竹伸二『「本当の自分」の現象学』（ＮＨＫ出版、二〇〇六年、34-74頁）、あるいは、山竹伸二『心理療法という謎』（河出書房新社、二〇一六年、228-235頁）を参照して頂きたい。現象学の考え方に基づいて、無意識の本質を考察している。

ため、所属集団の信じる神話、価値観に基づいた診断（意味づけ）と治療が、患者を所属集団に引き戻す儀式の意味を持ち、不安と苦痛を緩和させるのである。

これが未開民族、古代の心理療法の内実だが、こうした象徴効果は現代の心理療法にも共通する。そこには治療者と患者の共通了解が成り立っており、解釈された物語の共有が不安を緩和し、自己の見直しを促しているからだ。しかし、この解釈された物語が社会規範への回帰を促すものか否かによって、近代と近代以前の心理療法は大きく分かれる。

近代社会は自由に生きる可能性が拡がった社会であり、伝統的な価値観に縛られず、自由に生きたいという個人が増えている。無論、制度として民主主義の社会になったからといって、伝統的価値観は簡単にはなくならないため、個人の自由はしばしば社会規範、社会の価値観と対立してしまう。自由を取るか、社会の承認を取るか、激しく葛藤し、社会に認められないことを怖《おそ》れ、自分の欲望をがまんしたり、抑圧してしまう人もいるだろう。

一九世紀にヒステリーを中心とする神経症が流行った背景には、こうした社会状況における欲望の葛藤、不安と抑圧の構造があったのかもしれない。フロイトはそれを見抜き、新たな人間理解と心理的治療の地平を開いたのである。

しかし、「個人の自由」と「社会の承認」の葛藤が問題であるなら、所属集団へ引き戻す古代の治療方法では解決しないことになる。所属集団の価値規範を重視し、社会への適応を治療目標とすれば、結局、個人の自由は抑圧されたままになるからだ。二〇世紀に入り、社会への適応よりも個人の自由を重視し、真の自己、

「本当の自分」に従って生きることを促す心理療法が増えたのは、おそらくこうした事情からだろう。

　無論、現代社会における精神疾患、心の病においても、社会への再適応は大きな課題とされ、そこに焦点を当てた心理療法も少なくない。行動療法、認知行動療法などは、歪んだ行動や認知を修正する方法なので、どちらかと言えば社会規範に沿った治療、社会適応を目指す治療に分類できる。これに対して、来談者中心療法などの実存主義的セラピーでは個人の自由を第一に考え、社会適応は「本当の自分」を抑圧するという考え方を持っている。

　一方、フロイトは抑圧が神経症の原因だと考えたが、抑圧からの解放を主張したわけではない。彼の考えでは、人間は欲望をある程度がまんし、抑制できるからこそ文化を発展させ、様々な苦難から身を守ることができる。[21]また、自由を軽視したわけでもなかった。精神分析は、無意識の自覚を介して自分の本当の気持ちに気づき、患者が自分の道を選び取る手助けをしているのであり、その意味で、抑圧からの解放による自由ではないが、主体的に行動を選び取る自由を重視したことになるからだ。

　ラカンやバリントが、治療者は全知であるべきではない、と主張したのも、患者の自由を重視するがゆえである。近代以前の心理療法であれば、治療者は全知全能な存在であっても問題ではなかった。いや、むしろ全知の存在とみなされたほうが、その社会集団に引き戻す上で都合がよかったはずである。古代の治療においてシャーマンは何でも知っている全知の存在であり、またそうである必要があったのだ。

21　こうした考え方は、フロイトの「文化への不満」という論文において詳細に検討されている（S・フロイト『フロイト著作集3』高橋義孝他訳、人文書院、一九六九年、449頁）。

■深層心理学的セラピーの系譜

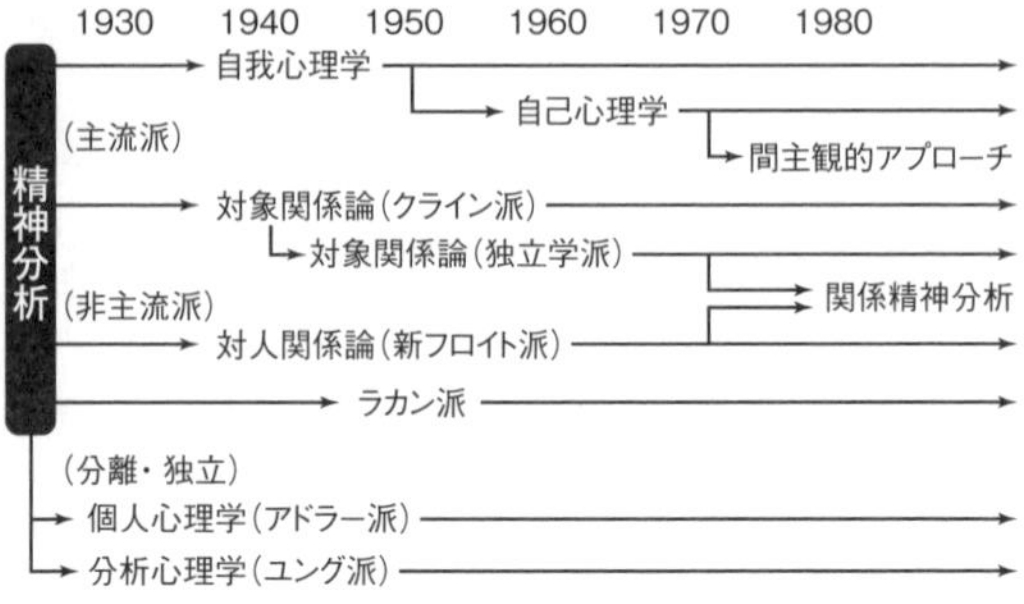

そう考えると、長い心理療法の歴史において精神分析の果たした役割が見えてくる。それは、自由に生きられる近代社会に生じた欲望の葛藤、不安、抑圧による自由の喪失に対して、自由を取り戻そうとする試みだったのではないだろうか。

フロイトにその自覚はなかったかもしれない。だが、それが精神分析という近代に現れた新しい心理療法の核心的な意味なのである。

第5章　実証科学からの挑戦——認知行動療法の展開

二〇世紀後半の動向

一九六〇年代以降、精神医学は薬物療法中心の生物学的精神医学が中心となり、精神分析中心の力動精神医学は斜陽の時代を迎えることになった。二〇世紀前半はつねに心理療法の中心にあり、一九五〇年代には隆盛を誇った精神分析だが、優れた抗精神病薬、抗うつ薬、抗不安薬が次々に開発されたため、短期で症状を除去する薬物療法のほうが重視されるようになったのだ。

同じ頃、心理療法の領域においても多様化の波が押し寄せ、精神分析は徐々に他の有力な心理療法に圧倒されるようになった。こうした多様化の先陣を切ったのは、一九五〇年代に登場した行動療法と来談者中心療法であり、これらは精神分析と共に三大心理療法と目されるようになり、二〇世紀後半の心理療法を牽引《けんいん》していくことになる。

三大心理療法は、先に分類した心理療法の三つの潮流を代表する技法である。精神分析がユング派やアドラー派を含む深層心理学的セラピーの代表だとすれば、行動療法は後に認知行動療法へ発展する実証科学的セラピーの代表、来談者中心療法は実存主義的セラピーの代表と言える。三つの心理療法は理論的背景がかなり異なっており、それぞれで新しい技法が続々と登場し、独自の発展を遂げていくのである。

こうした状況の中、精神科医の間でも比較的評判がよかったのは行動療法であった。それは、生物学的精神医学が台頭するにつれ、心理療法も科学的な客観性が求められるようになっていたからだ。

精神分析は科学的に証明し得ない仮説を含んでいたため、もともと実証科学的な考え方の強い精神科医たちから批判を受けていた。来談者中心療法は心理学系のセラピスト、カウンセラーの間では急速に広まっていったが、科学的な客観性よりも患者の主観を重視していたため、精神科医の間ではあまり受け容れられなかった。そもそも精神分析も来談者中心療法も診療時間が長く、治療期間も数年に及ぶことは珍しくないため、多くの患者を短時間で診療する精神科では採用されにくい面もあったのだ。

これに対して、行動療法は実証科学である実験心理学に基づいており、しかも短期間で状態を好転させる方法であるため、客観的な科学性と効率を重んじる精神科医たちにも受け容れられやすかった。

ただし、行動療法が短期間で治せるのは、特定の症状、問題の解決に焦点を絞っているからだ。それは精神分析や来談者中心療法のように、内面的な問題を深く掘り下げ、思考や性格、生き方の変容をともなうものではない。また、精神分析が自由の回復を本質としていたのと同じように、来談者中心療法も自由と主体性の回復を重視しているが、行動療法は必ずしも自由の回復を求めていないし、どちらかと言えば社会への適応のほうに重点がある。

いずれにせよ、一九五〇年代以後、様々な心理療法が開発される時代に入り、何十種類、何百種類もの技法が生み出されていくのだが、行動療法はつねにセラピスト、精神科医の信頼が最も厚い心理療法であった。認知的技法を取り入れた認知行動療法が登場して以降は、さらに多くの専門家の信頼を獲得し、現在、他の心理療法の追随を許さないほど、広範に実践されている。

認知行動的アプローチ

認知行動療法と一口に言っても、それは単一の技法ではない。認知療法と行動療法を区別する場合もあるし、行動療法だけでも多様な方法が存在する。精神分析にも多様な学派や技法があったように、認知行動療法も認知科学や行動科学を応用した認知行動的アプローチの総称なのである。

歪んだ思考や身体反応、逸脱した行動は、しばしば過剰な恐怖や不安、対人関係の軋轢《あつれき》を生み出すが、多くの心の病もそこに原因がある。認知行動療法は、こうした思考や行動の歪みを修正することで、精神疾患の症状、苦悩を解消しようとする。歪んだ行動パターンや、過剰な恐怖や不安は、偏った思考、思い込みによることが多い。しかもその行動や不安などの身体反応は、何度も繰り返されると習慣化され、もはや考えなくとも勝手に身体が反応してしまうまでになる。

そこで認知行動療法では、思考の歪みを自覚して修正したり、問題のある行動や身体反応をしないように繰り返し練習することで、問題の解決を図ろうとする。前者は認知や思考に直接働きかける認知的アプローチであり、認知療法や論理療法がその代表である。一方、後者は行動パターンに直接働きかける行動的アプローチであり、多くの技法が存在するが、すべて行動療法と呼ばれている。

すでに述べたように、精神分析が高額の治療費や治療時間の長さ、治療効果などの面で批判され、次第に影響力を失っていく一方で、早くから精神分析を批判していた行動療法家は着実に実績を積み上げていった。一九七〇年代になると、認知的アプローチを取り入れた認知行動療法が主流となり、ゆるぎない地位を確立したのである。

行動療法は心理学の学習理論を応用した技法であり、科学の枠組みで考えられた心理療法であるため、科学的根拠を求める精神科医や心理学系のセラピストには当初から人気があった。認知療法などの認知的アプローチにしても、認知構造の仮説を導入しているとはいえ、心を客観的な対象としてモデル化している点で、自然科学の枠組みで考えられており、そのため多くの心理的治療者にとって受け容れやすかったと言える。

また、実際に治療効果があるのか否かという点で、長年にわたって膨大な調査が行われており、その統計的なデータからは、治療効果が確実にあるという結果が得られている。近年、心理療法の需要の高まりにともなって、より一層、科学的な根拠（エヴィデンス）が求められるようになっているので、こうした治療効果のデータの存在も認知行動療法の評価を上げている。

以下、認知行動的なアプローチがいかにして生まれ、今日に至っているのか、認知行動療法の理論とはどのようなものなのか、歴史を辿りながら検討していくことにしよう。

行動主義と学習理論

精神分析を中心としたそれまでの心理療法は、一九世紀以来、精神医学の領域で発展を遂げてきた。これに対して認知行動療法は、自然科学の枠組みを重視した実験心理学の諸理論に基づいており、心理学の歴史と深い関わりがある。特に行動療法は行動主義心理学の学習理論を基盤としており、いわばそれは、精神障害、心理的苦悩、といった社会の現実的問題に対する、心理学からの挑戦だったと言える。

行動主義心理学を提唱したワトソンは、心理学は厳密な行動科学であるべきだと考えていた。心理学の対象は「心」であるため、当時の心理学も意識体験を研究対象としていたが、意識は自分で内省する以外に方法がなく、他人が客観的に見ることができない。客観的観察が不可能であることは、科学的な研究が困難な対象であることを意味している。そこでワトソンは、心理学は観察不可能な「心」を対象とするより、観察可能な「身体」の行動を対象とすればそれでよい、と考えたのである。

この考えは行動主義と呼ばれ、その後の心理学に強い影響を及ぼすことになった。

ワトソンは生理学者パブロフによる「レスポンデント条件づけ」の理論に影響を受けている。「パブロフの犬」として有名な実験によれば、犬にベルを鳴らしながらエサを与えれば、ベルを鳴らしただけで犬は唾液を出すことになる。ベルの音という「刺激」にエサを与えられる喜びが結びつき、ベルの音を聞いただけで、エサを与えられたときと同じ身体の「反応」が生じるようになるのだ。そこでワトソンは、どんなに複雑な行動でさえ単純な刺激に対する反応に還元することができるので、個々の「刺激—反応」を予測できれば行動を解明することができる、と考えるようになった。

ワトソン

また、パブロフは犬の条件反射の実験において、判別できない大きさ

上：パブロフの犬の実験

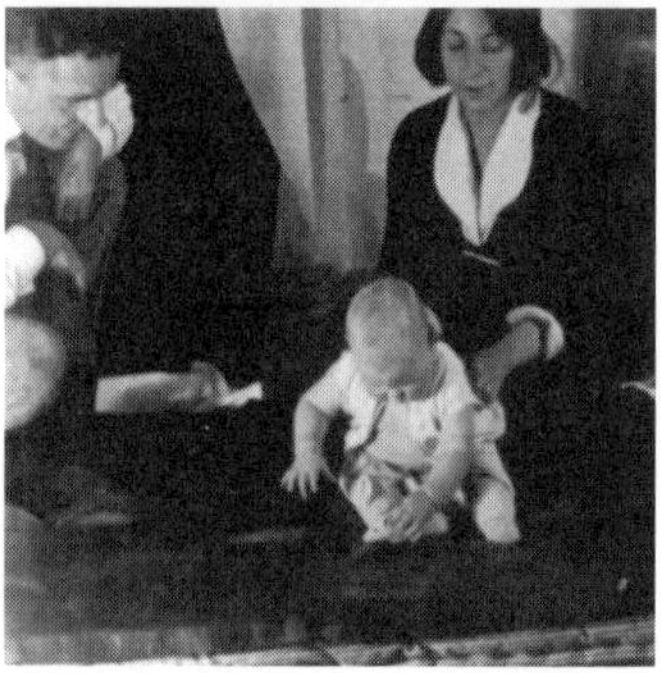

右：アルバート坊やの実験。ワトソンがアルバート坊やにネズミを紹介している様子。出典：Watson, J. B., & Rayner R. (1920). Conditioned Emotional Reactions (Little Albert).

の刺激を与えたり、報酬を罰に変えたりすれば、犬の行動に混乱が生じることも見出した。これは実験神経症と呼ばれ、ワトソンやウォルピにも影響を与えた実験である。

　こうしたパブロフの実験に刺激を受け、ワトソンは人間の子供にも同じことが起きるのではないかと考えた。そこで一九二〇年、生後一一か月の子供（アルバート）に対して、ある条件づけの実験を行っている。アルバートが白いネズミに触ろうとすると、鋼鉄の棒をハンマーで叩くなど大きな音を立ててびっくりさせるのだ。実験後、アルバートはネズミを見ただけで怖れるようになり、ウサギや毛皮のコートにも恐怖を抱くようになった。そこでワトソンは、大人の不安や恐怖もまた、こうした条件づけを幼児期に経験したことで生じるのではないか、と主張したのである。

　これは「アルバート坊やの実験」と呼ばれており、後に多くの批判を浴びてきた。今日では到底許されないような、いわば人体実験であるからだ。しかし、この実験は結果的に、条件づけ次第で不安や恐怖を消せる、という後の行動療法の可能性を示したと言える。

一九二三年になると、ワトソンの影響を受けたメアリー・カバー・ジョーンズが、ピーターという少年の白ウサギ恐怖症を条件づけによって治している。これは「ピーター坊やの研究」と呼ばれているが、白ウサギと同時に食べ物を出せば、食事の楽しさと白ウサギが結びつき、だんだん怖くなくなっていったのである。これはすでに行動療法と呼べるものであったが、学習理論が本格的に心理的治療に応用されるようになったのは、二〇世紀後半に入ってからであった。

行動療法の誕生――アイゼンクとウォルピ

一九五二年、行動主義の影響を受けて行動療法を提唱したのが、イギリスで活動していた高名な心理学者、アイゼンクであった。彼は精神分析への徹底的な批判者として知られており、精神分析が非科学的で大きな治療効果はないと主張。神経症の原因は不適切な学習によるものなので、学習理論に基づく行動療法が必要になると述べている。

アイゼンク

アイゼンクはロンドンのモーズレイ病院に臨床研究のグループを設立し、ハルの学習理論を基盤とした治療法の開発、検証に着手したが、その際、伝統的な心理療法に挑戦する上で、アイゼンクが重要な協力者と

ウォルピ

して高く評価していたのが、南アフリカの心理学者、ウォルピであった。

行動療法におけるウォルピの貢献はかなり大きく、彼以前に行動療法は存在しなかった、と言っても過言ではない。ウォルピはパブロフの発見したレスポンデント条件づけを利用し、「系統的脱感作」という方法を開発している。これは恐怖症などに効果的であることが証明され、またたくまに行動療法の代表的治療法として広まった。

レスポンデント条件づけは、ある条件で何らかの刺激を与えれば、そのときの反応が刺激と結びつくというパブロフの発見した理論であり、先のワトソンの実験でも見たように、何らかの刺激が恐怖や不安の反応と結びつけば、神経症の原因となってしまう。ウォルピはこの原理を応用し、「もし不安を制止させる反応が、不安をひき起こす刺激の存在する際にひき起こされれば、これらの刺激とその反応との間の結合は弱められるであろう[1]」と考えた。

高所恐怖症であれば、まず自律訓練法などによって自分でリラックスできるように訓練する。その後、高いところをイメージしてもらい、同時に自律訓練法の成果を発揮してリラックスするように指示する。これを繰り返して練習すれば、怖いはずの高いところと、リラックスした状態が結びつき、高いところでもリラックスできるようになる。無論、いきなり高すぎる場所をイメージしても怖すぎるので、最初は少し高い場所をイメージしてリラックスできるよう訓練し、少しずつより高い場所をイメージしても大丈夫になるよう、段階的に慣らしていく。これが系統的脱感作のやり方なのだ。

同じくレスポンデント条件づけを応用した行動療法として「エクスポージャー法」（暴露法）という技法もある。これは系統的脱感作のようなイメージトレーニングをせず、不安や恐怖にあえて直接さらし、慣らす方法である。

人は不安や恐怖を感じると、これを避けようとして、かえって不安や恐怖を解消できなくしてしまうところがある。不安が大きいほど、その状況を避けたり、誤った対処をしてしまう。そこで、あえてその人が不安になっている状況、恐れている対象に、段階的に少しずつ直面させ、慣らしていく方法が、エクスポージャー法なのである。

不安や恐怖の対象に少しずつ段階的に慣らすのではなく、いきなり直面させ、実際には何も恐れていた事態にならないことを理解させる方法もある。これは「フラッディング」という技法で、やはりレスポンデント条件づけの応用である。

たとえば、人前で話をすると失敗する、笑われる、という強い不安があるとしよう。そのため、知らない人たちの前で話をすることを極力避けていたとする。そこで、実際に人前に連れてゆき、話をするように指示をする。最初はこわごわと話し始めたが、誰も笑ったり、批判することもない。何も怖れることは起こらなかったとすれば、この状況でも大丈夫だと理解できる。

これがフラッディングだが、いきなり恐怖や不安の対象に直面するのは、刺激が強すぎる、患者も嫌がる、

1　J・ウォルピ『行動療法の実際』内山喜久雄監訳、黎明書房、一九七一年、20頁

というのであれば、少しずつ段階的に慣らしていくエクスポージャー法を使えばよい。最初は少人数の知り合いの前で、そして少しずつ見知らぬ人を交え、人数を増やしていく、というように。あるいは、自律訓練法などを学び、イメージトレーニングの中でリラックスできるように段階的に慣れていく、という系統的脱感作法を使うこともできる。

このように、レスポンデント条件づけを応用する方法にもいろいろある。実際には不安の階層表を作るなど、緻密な計画を立てるのだが、かなり効果的な技法であることが証明されている。

スキナーと強化の理論

一方、同じ頃、行動分析学の創始者であるスキナーが、精神病者の治療にオペラント条件づけが利用できないかどうかを研究し、行動療法の可能性を模索していた。一九五三年における研究報告書には、リンズレイ、スキナー、ソロモンの連名で、「行動療法」という用語も用いている。そして一九六〇年代になると、この試みは一般的になり、統合失調症や自閉症の治療に応用されるようになった。

スキナーはオペラント条件づけを発見し、行動変容の研究に大きな影響を及ぼした心理学の巨人であり、徹底的行動主義者として知られている。彼の考えでは、行動はつねに過去の行動に起因する。この考え方は自由意志を否定するものであり、個人の自由を重視する来談者中心療法とは対照的である[2]。

オペラント条件づけとは、ある行動の結果が刺激（動機づけ）となり、その行動を頻発するようになる現象だ。誰でもある行動の結果としてよいことが起きれば、同じ行動を繰り返し、同じような望ましい結果を得ようとするだろう。つまり、その行動によってよい結果が得られる、と学習することになる。簡単に言えば、報酬や罰が動機となって行動が強化されるのである。

スキナーによる強化の理論は、多方面に応用されている。教育関係では、少しずつ成功体験をさせてモチベーションを上げるプログラム学習、ティーチングマシンの開発などが有名だ。発達障害の支援に関しては応用行動分析が広く使われている。

応用行動分析とは、行動の前の出来事と行動の後の結果を分析し、行動の動機となっている環境を変えることで行動を変える方法だ。泣き叫べばおやつをもらえる子供は、泣き叫ぶ行動が習慣的となる。おやつという報酬が強化の原因になっているからだ。そこで、泣いてもおやつはあげない、というふうに変えれば、泣き叫ぶ行動はなくなってくる。

スキナー

こうしたオペラント条件づけ、強化の理論を応用した行動療法に「トークン・エコノミー」という方法がある。たとえば、望ましい行動をしたときには褒美（トークン：代理貨幣）を与え、その行動を起こす動機を強化することで、問題になっていた行動を修正することができる。これはアルコール依存症のような生活習慣に関する問題に最適だと言える。酒をがまんできれば褒美を与えて、酒をやめるモチベーションを高

2 精神分析の登場以来、近代の心理療法は徐々に自由を重視するようになるのだが、初期の行動療法は自由よりも社会適応に重点を置いている。人間は自由だけでなく、他者の承認を求める存在であり、社会適応は周囲の承認を得る上で重要になるからだ。

■学習理論

レスポンデント条件づけ パブロフ ワトソン	中性刺激（ベル）→無条件刺激（エサ）→無条件反応（よだれ） ↓ 条件刺激（ベル）→条件反応（よだれ）
オペラント条件付け スキナー	刺激（ボタン）→反応（押す）→強化子（エサ）

めるのである。

目標となる行動を達成するために、目標に至るまでの行動を細分化し、やさしいものから段階的に強化する「シェイピング」という技法もまた、オペラント条件づけを応用した行動療法のひとつだ。対人恐怖症であれば、「家族と話をする」→「友人と話をする」→「職場の人と話をする」といった具合に、少しずつ難易度を上げていけば、小さな達成感や喜びが動機となり、もっと他の人と話そう、と感じるようになる。こうして対人関係への積極性が強化されるのである。

このように、行動療法は系統的脱感作、暴露法以外にも、トークン・エコノミー、シェイピングなど、多くの技法が開発されている。他にも、人体の生理機能のデータを本人に知らせることで自律神経の調節能力を身につけ、症状の軽減を図ろうとする「バイオフィードバック法」など、現在では数多くの行動療法が多方面で実践されている。

行動療法は心理学の学習理論に基づく行動変容の技法の総称であり、レスポンデント条件づけ、オペラント条件づけの理論などを応用し、問題行動を変えたり、不安、恐怖を解消する技法である。適用範囲は心理的治療の場を超えた広がりを持っており、教育や職業訓練、発達障害の支援、犯罪者の矯正など、その応用分野は多岐にわたっている。それは行動療法の効果が認められ、高い信用を得ている証と言えるだろう。

心理学における認知革命

行動療法の立脚する還元主義的な思考（行動主義）は、二〇世紀前半の心理学において、巨大な影響力を持っていた。しかし、一九六〇年代以降、人工知能研究の影響によって、心を情報処理システムとして捉える新しい考え方が登場し、一九七〇年代には認知革命の波が押し寄せた。外部における生体反応の研究が観察可能な領域であるのに対し、生体の内部、精神の内的世界における過程は観察不可能であり、物理的には調べようがない。だからこそ、行動主義は心の内面を考えることをやめたのだが、この新しく登場した考え方は、行動主義と違って心の内側にある認知構造を記述しようとしたのだ。

こうして、心理学の主流は行動主義から次第に認知心理学へと移っていった。心理学は再び「身体」の行動だけでなく、「心」と向き合い始めたわけである。

認知心理学によると、オペラント条件づけやレスポンデント条件づけの学習理論だけでは、人間の行動を説明する上で十分ではない。人間の行動はその人の思考や認知のありように深く関わっており、どのような考え方や価値観を持っているかが、行動の選択において大きな役割を果たしているからだ。そう考えると、もはや認知の構造を無視して行動を考えることはできない。

こうした認知心理学の台頭と同時期に、行動療法においても「認知」が重視され始めたのは偶然ではないだろう。マイケンバウムも認知行動変容は認知革命という時代精神の一部だ

■行動主義と認知科学の違い

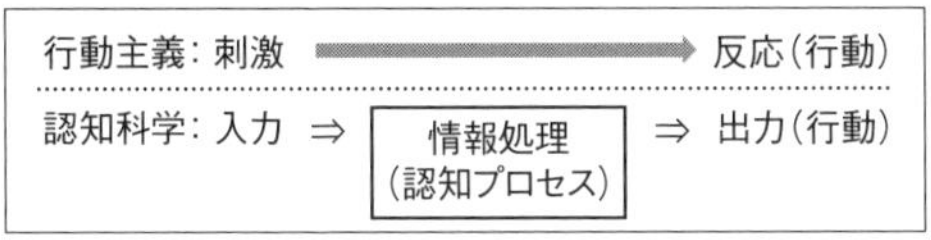

と述べている。[3] ともあれ、こうして認知的アプローチを含んだ行動療法、すなわち「認知行動療法」が誕生することになり、一九七〇年代の終わり頃には、すでに行動療法から認知行動療法への移行がさかんに議論されていた。

しかし、最初は認知的アプローチの導入に抵抗のある行動療法家も少なくなかった。初期の行動療法において重要な役割を果たしたラザルスも、認知の変化の重要性を認識してマルチモーダルセラピーを開発したのだが、当初はかなり批判を受けたらしく、次のように述べている。

「洗練された治療は、行動に焦点をあてるだけではなく、信念、態度、価値や意見といった認知プロセスにも焦点をあてていると私が主張しても、行動療法の仲間たちはまったく同意してくれなかった。彼らは、それが昔の心理主義への回帰であると考え、私を精神分析家に近い者として不当に非難した[4]」

このように、ラザルスが認知的側面を強調しても、行動療法の仲間の反応はよくなかった。ウォルピから見ると、これはフロイト的な精神メカニズムへの回帰であり、進歩とは思えなかったのであり、彼は行動療法への認知主義の導入に一貫して反対を表明している。アイゼンクも同様であり、彼はラザルスに対して厳しい批判的な態度を取り続けていた。また、スキナーも認知心理学に対して、しばしば幻滅を示し、批判的な主張を繰り返している。

行動療法のパイオニアたちにしてみれば、認知のしくみは仮説にすぎず、所詮は実証しようがないため、厳密な科学性に反する、と感じられたのだ。

とはいえ、認知の変化が心理的な治療に及ぼす影響の大きさは、次第に無視し得ないものになっていった。

特に心理学者のバンデューラ[5]は、行動変容過程における予期や判断など、個人の認知的活動を重視した行動変容モデルを主張し、行動療法に大きな衝撃を与えている。

バンデューラによれば、「人は、自らの行動によって望む結果が得られると確信するまでは、行動する意欲が低いか、粘り強く困難に直面することはほとんどない[6]」。予期は行動を大きくコントロールしているのであり、「～すれば～できる」という予期への確信、すなわち自己効力

バンデューラ

3　D・マイケンバウム「認知行動変容の変わりゆく概念」（M・J・マホーニー編『認知行動療法と構成主義心理療法』根建金男・菅村玄二・勝倉りえこ監訳、金剛出版、二〇〇八年、31頁）

4　ラザルスの「条件づけ療法、行動療法、認知行動療法の架け橋」は、行動療法の代表的な理論家たちの論文を集めた、『認知行動療法という革命』で読むことができる。論理療法のエリス、モデリングのバンデューラの論文も入ったこの本は、行動療法の歴史を知る上で貴重なものである（W・T・オドナヒュー、D・A・ヘンダーソン、S・C・ヘイズ、J・E・フィッシャー、L・J・ヘイズ編『認知行動療法という革命』坂野雄二・岡島義監訳、日本評論社、二〇一三年、１４２頁）。

5　バンデューラと言えば社会的学習理論で有名だが、これは観察し、模倣することで新しい行動を学習できるという理論である。スキナーのオペラント条件づけでは、報酬などの強化が学習を促すとされているが、強化がなくとも学習が生じることを示したのだ。

6　A・バンデューラ「社会的学習理論とセルフエフィカシー」（W・T・オドナヒュー、D・A・ヘンダーソン、S・C・ヘイズ、J・E・フィッシャー、L・J・ヘイズ編『認知行動療法という革命』坂野雄二・岡島義監訳、日本評論社、二〇一三年、１５７頁）

感（セルフエフィカシー）こそが、行動への強い動機を生むのだ。

自己効力感を利用すれば、よりスムーズに、しかも当人が強い意欲を持って主体的に取り組む中で、行動を変化させることができる。自分の行動や感情を自分自身で観察し、うまくいった場合には自信になり、もっとやろう、次もやろう、という動機になる。それを繰り返していくことで、自己コントロールがうまくいくようになるのだ。治療効果を検証する研究を行った結果でも、自己効力感の信念システムが様々な介入による変化に影響を及ぼすこと、しかも自己効力感によって治療効果が持続するだけでなく、他の機能も改善することが明らかになっている。

自分の行動や感情を観察することで、自分の行動をコントロールできるようになるやり方は、セルフモニタリング（自己監視法）と呼ばれている。たとえば、自分の行動を観察・記録し、客観的に分析するように習慣づければ、次第に自分の行動の問題点や自分の気持ちが見えてくるし、行動を変える動機も強くなる。また、自分の思考の癖や認知の歪みに気づき、自動的に生じる偏った思考、ネガティヴな思考を修正することができる。

このように、行動療法家の間でも認知的アプローチの有効性が徐々に認識されるようになり、行動的アプローチとの統合を図る臨床家も増えていったのである。

認知療法と行動療法の統合

一方、行動療法が認知的アプローチを取り入れ始める以前に、すでに人間の認知に焦点を当てた心理療法は独自の発展を遂げつつあった。その原点は、アドラーやホーナイ、自我心理学にあると言われているが、それは自分に対する捉え方、認知の仕方に着目していたからだろう。そして一九五〇年代後半から一九六〇年代にかけて、論理療法、認知療法が登場することになる。

論理療法は精神分析家だったエリスが開発した技法であり、後に行動的技法を取り入れて、論理情動行動療法と名づけられている。それは、神経症の原因を非合理な信念（イラショナル・ビリーフ）にあるとし、その修正を治療目標とした心理療法である。

「他人と話せば必ず嫌われる」という非合理な信念を持っている人は、「黙っていなければならない」「顔を合わせないようにしなければならない」と考え、対人恐怖症となるかもしれない。この場合、他人と話をしても、いつでも嫌われるわけではないこと、「必ず嫌われる」というのは思い込みにすぎないことなどを自覚できれば、特に他人と話すことが怖いとは思わなくなるだろう。非合理な思考を修正することで、対人恐怖を治すことが可能になる。

ベック

ベックの開発した認知療法も基本的にはエリスの考え方と同じだが、より系統だった研究が積み重ねられており、現在、かなり広範な領域で導入されている。

認知療法では、まず経験や行動を決定する認知構造（スキーマ）に問題があれば、物事の見方や考え方に歪みが生じ、心の病を引き起こす、と考える。そして表面化した問題、症状の背後に、認知の歪み（歪んだ物の見方・考え方）があれば、この歪んだスキーマを修正することが必要になる。「治療者は、患者が自分の歪んだ考えを同定して、自分の体験をより現実的にまとめあげていく方法を学習していくのを助けるのである」[7]。

たとえば、決めつけが多い、特定のことを過大視する、根拠もなく勝手に信じ込む、何でも自分に関連づける、白黒をはっきりさせようとする、などの傾向があれば、それは物事の見方、考え方が歪んでいると言ってよい。こうした認知の歪みは、必然的に歪んだ行為を生み出し、つねにその行為を「しなければならない」という自分独自のルールを作り上げてしまう。

したがって、常態化した自分のルールや思考パターンの歪みを修正することが必要になる。自分の行為を限定し、苦しみを生み出す元凶となっている思い込み、偏見から解放されれば、自分が本当はどうしたいのか、無自覚になっていた自分自身の本音も見えてくる。そこで認知療法では、患者の考え方に根拠はあるのか、そうしなければ本当に不幸になるのか、といったことを考えさせたり、記述を通して分析させながら、認知構造（スキーマ）の歪みを修正する。

認知療法の適用範囲はかなり広いが、特にうつ病に有効だと言われ、実際の治療例も少なくない。うつ状態に陥った原因を調べてみると、自らを追い詰めてしまうような偏った見方・思考（スキーマの歪み）に支配され、その価値観に従った行動が思うようにできなくなったとき、うつ病を発症しているケースが多い。そのため、ベックは否定的な見方の程度をチェックできる「ベックうつ評価尺度（ＢＤＩ）」という自己評価法を開発している。そして治療計画を共同で決め、面接や面接外での宿題を通して適応的な行動を練習し、非合理な考え方やスキーマを修正する。

うつ病から回復した患者の多くは、基本的に病前の認知様態に戻り、否定的な見方をやめ、自分を責めることもなくなる。この場合、歪んだ認知も環境の急変やストレスによる一時的なものにすぎなかったと言える。軽度なら、薬だけで回復することもあるだろう。しかし、非合理な信念に基づく行動が長い間にわたって習慣化している場合、治療はなかなか容易ではない。根深く凝り固まった非合理なスキーマが、その人の日常的な行動や思考を支配しているからだ。そうした歪んだ物事の見方や価値観、行動パターンは、幼少期から身体化され、ほとんど無意識のうちに従ってしまうほどあたり前になっている。そのため、単純に論理的な間違いや矛盾を指摘しても、なかなか修正できるものではない。

この場合、意識ではなく、身体に直接働きかける行動的アプローチが有効になる。行動療法を介して繰り返し練習すれば、次第に認知の歪みも修正されていく。いわば頭よりも身体でわからせるのであり、歪んだ内的規範に反する行為を繰り返し試してみることで、その行為をしても大丈夫であり、むしろそうしたほうがいい、と感じるようになる。行動療法を認知療法と併用することで、習慣化し、強く身についている内的規範をも修正することができるのだ。

■歪んだ認知と行動のできる仕組み

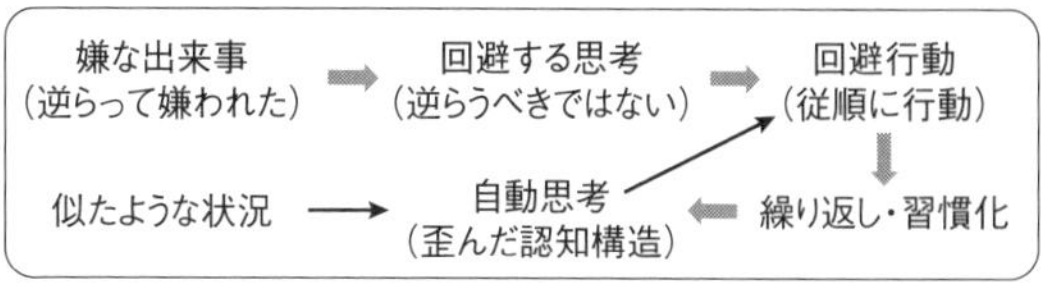

7 A・T・ベック『認知療法』大野裕訳、岩崎学術出版、一九九〇年、13頁

以上のように、行動療法家が認知的アプローチを取り入れていくと同時に、精神分析家だったエリスとベックは、独自に認知的アプローチの技法を開発し、やがて行動的アプローチを取り入れ始めた。こうして一九七〇年代から両方のアプローチが相互補完的に機能し、より治癒率の高い治療法として、認知行動療法の時代が幕を開けたのである。

新世代の認知行動療法——マインドフルネスの導入

現在の心理療法の業界では、かつて行動療法と共に三大心理療法と目された精神分析、来談者中心療法が低迷しているが、認知行動療法はますます重宝されている。それは、保険診療の関係により、科学的な根拠（エヴィデンス）に基づく心理療法が重視されるようになったからだ。

一九五〇年代以降、学習理論に基づいた行動療法は大きな成果を挙げてきたが、考え方や価値観の歪みが原因である場合には、なかなか効かなかった。そこで一九七〇年代になると、認知的なアプローチを取り入れた行動療法が登場し、それと同時に、認知療法や論理療法の専門家たちも行動的アプローチを取り入れ始め、認知行動療法が誕生したのである。心理学の歴史から見ると、学習理論に基づく行動主義が衰えを見せ始め、情報処理理論に基づく認知心理学が台頭してきたタイミングであったことが、認知行動療法への注目をより一層高めたに違いない。

認知行動療法は病気を認知・行動の「構造」に異常があると考え、そのパターンによって診断し、行動的アプローチと認知的アプローチの両面から治療を行うものであった。また、治療効果を検証するテストを行って、

■認知行動療法の展開

第一世代（1950～）	第二世代（1970～）	第三世代（1990～）
行動的アプローチ →	＋ 認知的アプローチ →	＋ マインドフルネス アクセプタンス

その有効性の根拠（エヴィデンス）を示してきたため、認知行動療法は「エヴィデンスに基づく心理療法」の代表格となっている。

　こうして、最も信頼できる心理療法としての地位を確立した認知行動療法だが、それ以後も新たな技法が次々と生み出され、発展し続けている。現在の認知行動療法では、認知の「構造」よりも「機能」に着目するものが増え、マインドフルネスとアクセプタンスを重視した新しい認知行動療法も登場しており、「第三世代の認知行動療法[8]」と呼ばれている。

　マインドフルネスとは、「今、ここ」の瞬間に立ち現れる体験（身体感覚、五感と自動思考、感情など）に対して、思考や感情に囚われないまま注意を向け、「あるがまま」を受け容れることで得られる「気づき」である。一九七九年に「マインドフルネスストレス低減法」（ＭＢＳＲ）を開発したカバットジンは、テーラワーダ仏教におけるマインドフルネス瞑想を応用し、心身症的な身体疾患やパニック障害、うつ病などに効果があることを示している。一九九〇年代にこの方法を認知療法と統合したのが「マインドフルネス認知療法」（ＭＢＣＴ）である。

　開発者であるジンデル・シーガル、ウィリアムズ、ティーズデールらによれば、「ＭＢＣＴは思考の内容を変化させることにはほとんど重点を置かない。代わりに重視されるのは、思考や感

8　第一世代は行動療法のみの時代。第二世代は認知的アプローチと行動的アプローチが統合された認知行動療法が登場した時代。第三世代は認知行動療法にさらに改良を加え、認知と行動の変化だけでなく、変化させずに受容することを含んでいる。その都度の感情や思考への気づきが重要になる。

情、身体的感覚に対する、気づきや関係性の変化である」[9]。自分の思考や感情、身体感覚に気づき、（それらの内容を変えるのではなく）関係を変えるように教育するのだ。

従来の認知行動療法は歪んだ認知の構造の修正を目標にしており、うつ病に対しては抑うつ的思考を修正し、その効果は高く評価されてきた。しかし、表面的に歪んだ思考が修正されたように見えても、ちょっとした抑うつ気分に反応して、再び抑うつ的思考が自動的に生じてしまう、というケースも少なくなかったのだ。そこでマインドフルネス認知療法では、マインドフルネス瞑想を応用することで、抑うつ的思考や感情から距離をとり、それが「心の中の一過性の出来事にすぎない」と気づけるように訓練することにした。この気づきによって、自動的に生じる抑うつ的思考や感情に動かされる程度が小さくなるのである。

このように、歪んだ認知構造（この場合は抑うつ的思考）が自動的に現れても、それに気づき、距離を取って見据えることができれば、悪い影響を受けることは少なくなる。「自分はいま悪い思考に傾いている」と自覚できれば、その思考、行動を抑制することができるからだ。認知の「構造」（内容）を変えるのではなく、それを「機能」させないようにする方法が、マインドフルネス認知療法なのである。

変化か、それとも受容（アクセプタンス）か？

第三世代の認知行動療法には、他に「アクセプタンス＆コミットメント・セラピー」（ＡＣＴ）という技法もあるが、アクセプタンスとは「受容」を意味する。

人は嫌なことがあると、それに対する自分の反応（私的出来事）も嫌になり、それを避けようとする傾向がある。ある状況に不安を感じると、不安を感じている自分自身も嫌になり、それを否定しようとする。不安ではないと考えようとしたり、不安を追い払おうとして、かえって不安が大きくなり、日常生活への支障が大きくなるのだ。しかし、こうした自分に気づき、その体験を受け容れるなら（＝アクセプタンス）、無理に不安をなくそうとせず、より価値のある行動を取ることができる。

ＡＣＴはこうした原理を応用した認知行動療法であり、嫌な感情や思考を無理に否定せずに受け容れる。その際、マインドフルネスなどによって、そうした感情や思考が生じていることに気づくことも必要になるだろう。すると、自分が本当はどうしたいのか、どうすべきなのか、自分にとって価値ある行動が見えてくる。そして、主体的にその行動を取ることができるようになるのだ。

この技法を開発したヘイズもまた、認知の構造（形態）を変えることよりも、その機能に焦点を当てており、次のように述べている。

「ＡＣＴでは（新しい行動療法家の多くに見られるように）、心理的事象に対する開放性と受容性を保つという意識的な姿勢がある。たとえ、それが形態的には「ネガティヴな」、「不合理な」、「精神病的な」ものであったとしてもである。ある事象が変容のための標的となるかどうかを決めるのは、形態ではなく、

9　Z・V・シーガル、J・D・ティーズデール、J・M・G・ウィリアムズ「マインドフルネス認知療法」（S・C・ヘイズ、V・M・フォレット、M・M・リネハン編『マインドフルネス&アクセプタンス』春木豊監修、武藤崇・伊藤義徳・杉浦義典監訳、ブレーン出版、二〇〇五年、81頁）

機能なのである[10]」

次に「弁証法的行動療法」（DBT）についても触れておこう。

開発者のリネハンによれば、標準的な行動療法を自殺者の治療に応用したところ、感情の停止や治療の中断をもたらすことが多かった。これは行動や思考（認知構造）の変化に対する抵抗とも言えるのだが、変化を強調しなければ、同じような問題を招き、患者は「治療者は苦しみをわかっていない」と感じ、絶望や怒りを示すことになる。同様に、境界性人格障害の治療においても、従来の認知行動療法で思考（認知）や行動を変化させようとすれば、自分を否定されたと感じて強い拒絶感が生じるため、信頼関係が損なわれて治療が停滞してしまうだろう。

そこで、現在の思考や行動を否定するのではなく、それを受け容れつつ、徐々に変化を促すようなやり方が必要になる。まずは患者の思考や行動を否定せず、受け容れ、理解を示すことで、患者は認めてもらえたと感じ、信頼関係は強くなる。しかし思考や行動が変わらなければ苦痛は続くため、患者自身も変わりたいと思う部分がないわけではない。そこで、患者の思いに応じて変化を援助していくのである。

たとえば、マインドフルネスを活用して、自分の感覚、感情に気づくように訓練する。自分の中にある問題点に気づけば、まずその感情を受容した上で、何とかしたいと感じるようになるだろう。治療者との信頼関係があれば、治療者の分析にも耳を傾け、変わるべきだと感じるはずである。

ここには「変化」を求めることと、変化を求めずあるがままを「受容」すること、という相反する二つの考え方があり、その二つのバランスが重要になる。変化をテーゼ、受容をアンチテーゼとすれば、それを弁証法的に統合するような方法なので、弁証法的行動療法と呼ばれているのだ。[11]

第三世代の認知行動療法は、他にもメタ認知療法（MCT）や行動活性化療法（BA）などがあり、現在、多様な展開を見せている。では、これらは従来の認知行動療法と比べ、原理的にはどこが違うのだろうか？

なぜ同じ思考と行動が繰り返されるのか？

従来の認知行動療法では、思考や行動が起きる文脈を無視し、思考や行為それ自体が歪んでいる、という前提を持っていた。歪んだ認知、思考パターン、行動を修正すること、変化させること、それが認知行動的アプローチの基本であった。

しかし、文脈と切り離された思考や行為などというものは存在しない。他人に怖れを感じて避ける傾向があるとしても、どのような状況下でもそうなるとは限らないだろう。歪んだ思考が浮かび上がり、歪んだ行動に走ってしまう場合、それはどのような状況、文脈であったのか、そこを考えてみる必要がある。思考や行動の「構造」よりも、その思考や行動がどのような状況で働いているのか、状況、文脈における「機能」に目を向

10　S・C・ヘイズ「アクセプタンス・コミットメント・セラピーと新しい行動療法」（S・C・ヘイズ、V・M・フォレット、M・M・リネハン編『マインドフルネス&アクセプタンス』春木豊監修、武藤崇・伊藤義徳・杉浦義典監訳、ブレーン出版、二〇〇五年、16頁）

11　C・J・ロビンス、H・シュミットⅢ、M・M・リネハン「弁証法的行動療法」（S・C・ヘイズ、V・M・フォレット、M・M・リネハン編『マインドフルネス&アクセプタンス』春木豊監修、武藤崇・伊藤義徳・杉浦義典監訳、ブレーン出版、二〇〇五年）を参照。

けなければならないのだ。

そこで第三世代の認知行動療法では、観察や受容といったスキルの訓練を通して、自分の内的な体験（思考、情動、身体感覚）に対する気づきを増やし、それらの体験との関わり方を変えようとする。マインドフルネスのような技法を介して、自分の思考や感情、行動への気づきを促し、それがどのような状況で生じているのかを客観視する。また、その思考や感情、行動を無理に変えようとするのではなく、まずはそれを自分のものとして認め、受け容れる（アクセプタンス）。

歪んだ思考や行動それ自体を変化させることが難しくとも、その思考や行動に気づき、それがどのような状況、文脈で生じているのかを理解できれば、そうした思考や行動に支配されることも少なくなるだろう。そして少しずつ思考や行動もよい方向に変化する。これが第三世代と呼ばれる認知行動療法の基本的なスタンスなのである。

こうした認知行動療法の新しい展開については、いくつか注目すべき点がある。

まず、初期の行動療法は自然科学の客観主義的な枠組みを重視していたため、行動の変容のみに焦点を当て、患者本人の内省や主観的な意味づけは無視していたが、第二世代の認知行動療法になると、認知構造という主観的な世界にも眼を向けるようになった。ここにはすでに、精神分析や来談者中心療法にも共通するような、患者の主観的な世界に対する洞察、といった観点がある。行動主義が観察不可能なブラックボックスと見なしていた内面世界に再び光が当てられたのである。

ただし、認知行動療法の分析している内面の認知構造は客観的な対象と見なされており、固定されたメカニズムのように捉えられていた。それは、治療者の理解している「正しい認知構造」から見れば「歪んだ認知構造」であり、治療者の教えに従って修正しなければならない。認知の歪みを正しく修正すること、それが治療の中心に据えられている。認知行動療法が客観性を重んじる科学の立場を重視している以上、それが当然の考え方だったのである。

しかし、第三世代の認知行動療法になると、患者にとっての意味の世界は、固定された認知構造によるものではなく、状況との関係で決まるという文脈重視の姿勢が打ち出されている。ある状況（文脈）の下で特定の思考（認知構造）が現れるのであり、それに（マインドフルネスなどで）気づくことができるようになれば、その思考に囚われてむやみに行動することはなくなってくる。つまり、「正しい認知構造」に変えるのではなく、その認知構造がどのような場面で機能しているのかが問題なのだ。

そもそも人間の思考や行動のパターンは他者との関係の中で形成されるものであり、他者が認めてくれる、受け容れてくれる思考、行動でなければ、なかなか身につくものではない。子供の頃、親に期待された行動、要求された考え方は、親に愛され、認められるためには必要なものであっただろう。そうした思考や行動が長年にわたって繰り返されると、身体化され、習慣、癖になってしまう。歪んだ思考、認知構造はそうして形成されるのだ。

このような思考（認知構造）、行動の歪みは、他者の承認が得られるという保証がなければ、簡単には変えられない。治療者がかつての親の代わりに、共感したり、承認を与えることができれば、患者は変わる勇気を持てるはずなのだが、そのためには信頼関係が必要になる。信用できる治療関係が土台にならなければ、一時的に思考や行動を修正できても、本当の意味では変わらないのだ。

だとすれば、認知行動療法によって認知構造を修正したにも関わらず、再び同じ思考、行動をしてしまう場合があるのは、状況と思考との関わりという問題があるのは確かだが、もともと認知行動療法は治療関係の影響を考える観点が弱かったからではないだろうか？

構成主義と関係論の視点

認知行動療法においても、治療関係を重視する治療者がいなかったわけではない。特に一九九〇年代以降、そうした理論は少なからず登場しており、それは第三世代の認知行動療法が登場し始めた時期とも重なっている。

たとえばベックは、パーソナリティ障害の認知療法においては治療関係が重要になることを、早い時期から主張しており、「認知療法の基本原則の一つは、共同と信頼の意識を患者に教え込むことである。治療関係の確立は、おそらく急性症状期におけるよりも慢性の人格障害の場合に、いっそう重要になろう[12]」と述べている。ヤングらが開発したスキーマ療法も治療関係を重視しており、特にパーソナリティ障害に適用できる認知行動療法として高く評価されている。

パーソナリティ障害の場合、歪んだ認知や行動を修正しようとしても頑《かたく》なに拒否するため、通常の認知行動療法が通用しない。彼らにとって、自分の認知や行動を否定されることは、アイデンティティの放棄に等しいからだ。そこで、治療者の共感を中心とした信頼関係が必要になる。ヤングによれば、「通常、認知行動療法では治療関係上の問題を主要なテーマとして捉えたりはしない。しかしこのような問題こそ、性格上の問題を抱える患者が治療に取り組むために最初に克服すべきものである[13]」。

まずは患者の思考や行動を受け容れ、その上で少しずつ変化できるようにしなければ、治療は進展しないのだ。

スキーマ療法は治療関係以外でも急進的で、精神分析のように過去の親子関係を分析したり、来談者中心療法のように感情に焦点を当て、体験的技法を重視するなど、他の心理療法の技法を数多く取り入れている。幼児期から親の過度な要求や命令、歪んだ態度に接すると、その影響で歪んだ思考と行動パターン、ヤングの言葉では早期不適応的スキーマができるため、通常の認知行動療法で修正するのは難しい。だから治療関係や過去の分析が必要になるのだ。

この考え方は原理的に妥当なものであり、スキーマ療法は認知行動療法の一技法というより、多様な技法を結集した統合的心理療法として位置づけることもできる。

先に触れた弁証法的行動療法も、パーソナリティ障害が対象の場合はまず患者の思考や行動を否定せず、受け容れ、理解を示すことを重視している。すると、患者は承認を得た実感から治療者への信頼が増し、変わっても大丈夫かな、と感じ始める。そして、マインドフルネスによって自己への気づきが生じれば、自分の思考や行動を認めつつも、問題があれば変えたいという気持ちが生じてくる。

12 A・T・ベック、A・フリーマン他著『人格障害の認知療法』井上和臣監訳、岩崎学術出版社、一九九七年、68頁

13 J・E・ヤング、J・S・クロスコ、M・E・ウェイシャー『スキーマ療法』伊藤絵美監訳、金剛出版、二〇〇八年、18頁

このように、パーソナリティ障害の場合、思考や行動の変化を促すには、治療者との信頼関係が必要になるため、認知行動療法家たちも治療関係を重視せざるを得なかった。その試行錯誤の中で、認知行動療法の中にも治療関係を重視する理論が登場してきた、と言ってもよいだろう。だが、それはパーソナリティ障害だけに必要というわけではなく、他の心の病においても大事なことなのである。

ところで、精神分析では治療関係を重視し始めた分析家の間で、次第に構成主義の考え方が強くなってきたことを思い出してほしい。構成主義とは、客観的に正しい現実があるのではなく、現実は他者との関係で構成された物語である、という考え方だが、精神分析以外でも注目されており、いま心理療法の最前線で広がりつつある。

実は認知行動療法においても、少ないとはいえ、構成主義の影響を見ることができる。その先導者の一人であるマホーニーは次のように述べている。

「認知的心理療法家は、効果的な治療には治療関係が重要であること、そしてクライエントの私的世界は、好むと好まざるとにかかわらず、強い感情的な関係の文脈で発達し、改訂されるという事実を、今やほぼ例外なく認識している[14]」

患者にとっての現実は、濃密な人間関係の中で構成され、変化し続ける、というわけだが、もしそうなら、親子関係の中で構成された現実、歪んだ思考（認知構造）は、治療者との関係において修正され、変化する可能性があることになる。もっと言えば、信頼関係において治療者が共感、承認を与えるからこそ、患者は自分の思考や行動を変えてもよいと思えるのである。

認知行動療法は自由をもたらすのか？

スキーマ療法に典型的なように、現在、認知行動療法は他の心理療法の理論や技法を否定するのではなく、有効なものは取り入れる、という統合への傾向を見ることができる。これは現代の心理療法の全体的な傾向でもあるのだが、第三世代の認知行動療法にしても同じことが言える。「気づき」（マインドフルネス）や「受容」（アクセプタンス）は、来談者中心療法などの実存主義的セラピーが初期の頃から重視してきたものだ。また、それは知らなかった自分に気づく、という意味で、精神分析における「無意識の自覚」とも重なってくる。治療関係の重視も、サリヴァンやロジャーズが早くから主張し続けている。

かつて認知行動療法の原点となった行動療法は、主観性を重んじる実存主義のセラピーと対立し、無意識や過去の親子関係にこだわる精神分析を批判し続けていた。一九五〇年代の行動療法の創成期には、認知や思考へのアプローチも不要と考えていた。徹底した行動主義の立場に立てば、それも当然のことだろう。

それでも、認知行動療法のもうひとつの土台になった認知科学は、不可視の認知構造をモデル化していると

14　M・J・マホーニー「認知行動療法と構成主義心理療法の理論的発展」（M・J・マホーニー編『認知行動療法と構成主義心理療法』根建金男・菅村玄二・勝倉りえこ監訳、金剛出版、二〇〇八年、20-21頁）。本書はベックやエリスといった大物の論文もあり、認知行動療法における構成主義との関わりを知る上で参考になる。

はいえ、方法的には客観性を重視し、実証科学の立場を堅持している。その意味では、やはり実証科学的セラピーとして位置づけることができるのだが、「気づき」（マインドフルネス）や「受容」（アクセプタンス）を取り入れるとなれば、それは患者の主観を重視することでもあり、厳密な意味での実証科学の枠をはみ出している。まして構成主義を取り入れようとするなら、実証主義とは相容《あいい》れないはずの原理を導入したことになる。無論、そうした新しい認知行動療法はまだ少数であり、一方で、効果があるという実証科学的なデータ（エヴィデンス）が蓄積されているため、ほとんどの認知行動療法は実証科学の枠の中にあると言ってよい。とはいえ、認知行動療法がこのような変化を遂げてきたのはなぜだろうか？

　精神分析の中核にある「無意識の自覚」は、自分自身の感じていること、やっていることの意味に気づき、納得のいく判断ができるようになること、すなわち「自由に生きること」を可能にする、という意味を持っていた。ところが行動療法では主観的な自己理解は軽視され、行動の修正のみが重視されている。行動療法は自由な判断を可能にするものというより、主として、社会への適応を可能にするものとして考えられているのだ。

　そもそも行動主義者のスキナーは自由意志を否定し、人間の行動は環境によって決まるのであり、自由意志に基づくものではない、と考えていたし、気づきや洞察を重視する心理療法に対しては、「気づきや洞察があれば必ず問題が解決するわけではないし、むしろそれが邪魔になるときもある」、「絶え間ない自己意識が不利益をひき起こすこともある[15]」と述べている。

　人間が自由に生きる上で、自己への洞察、気づきが必要だとすれば、これを必要としない行動療法は、自由を得るための心理療法とは言えないことになるだろう。

しかし、認知行動療法の場合は「認知」という洞察が必要になるため、自由な判断を無視してはいない。すでに述べてきたように、心理臨床の現場では認知的アプローチが必要になり、一九七〇年代になると認知行動療法が生まれている。これは正しい認知への修正という意味では、社会への適応を重視しているが、自己理解を含んでいる点で、自由な行動へつながる可能性を持っている。バンデューラが述べたように、自己効力感を利用すれば当人の強い意欲、主体性によって行動を変化させることができるとすれば、それはもはや自由を重視した心理療法と言ってよい。

さらに一九九〇年代以降においては、第三世代の認知行動療法やスキーマ療法も生まれ、自由に必要な「自己への気づき」は、より一層、重視されるようになっている。

従来の認知療法、認知行動療法が「認知構造の歪みを社会に適したものに修正する」という意味で、やや社会適応に軸を置いていたのに対し、マインドフルネスによる気づきを重視したり、自分の思考や行動を受容することは、あるがままの自己を受け容れ、納得した上で行動を選び取ることを可能にする。しかも構成主義の観点からすれば、治療者が「正しい認知構造」を知っている、という前提も不要なので、治療者に対して依存的、服従的になることもない。その意味で、より自由を尊重した新しい認知行動療法が広まりつつあるのだ。

いま、認知行動療法は隆盛をきわめ、一見、かつてのライバルである精神分析や来談者中心療法と大きく水を開けたかに見える。認知行動療法の一人勝ちとも言われているが、それは行動主義や認知主義が実存主義や

15　B・F・スキナー「人間とはなにか」（B・F・スキナー、D・C・デネット、B・リベット『自由意志』青山拓央・柏端達也監修、岩波書店、二〇二〇年、46頁）

■実証科学的セラピーの系譜

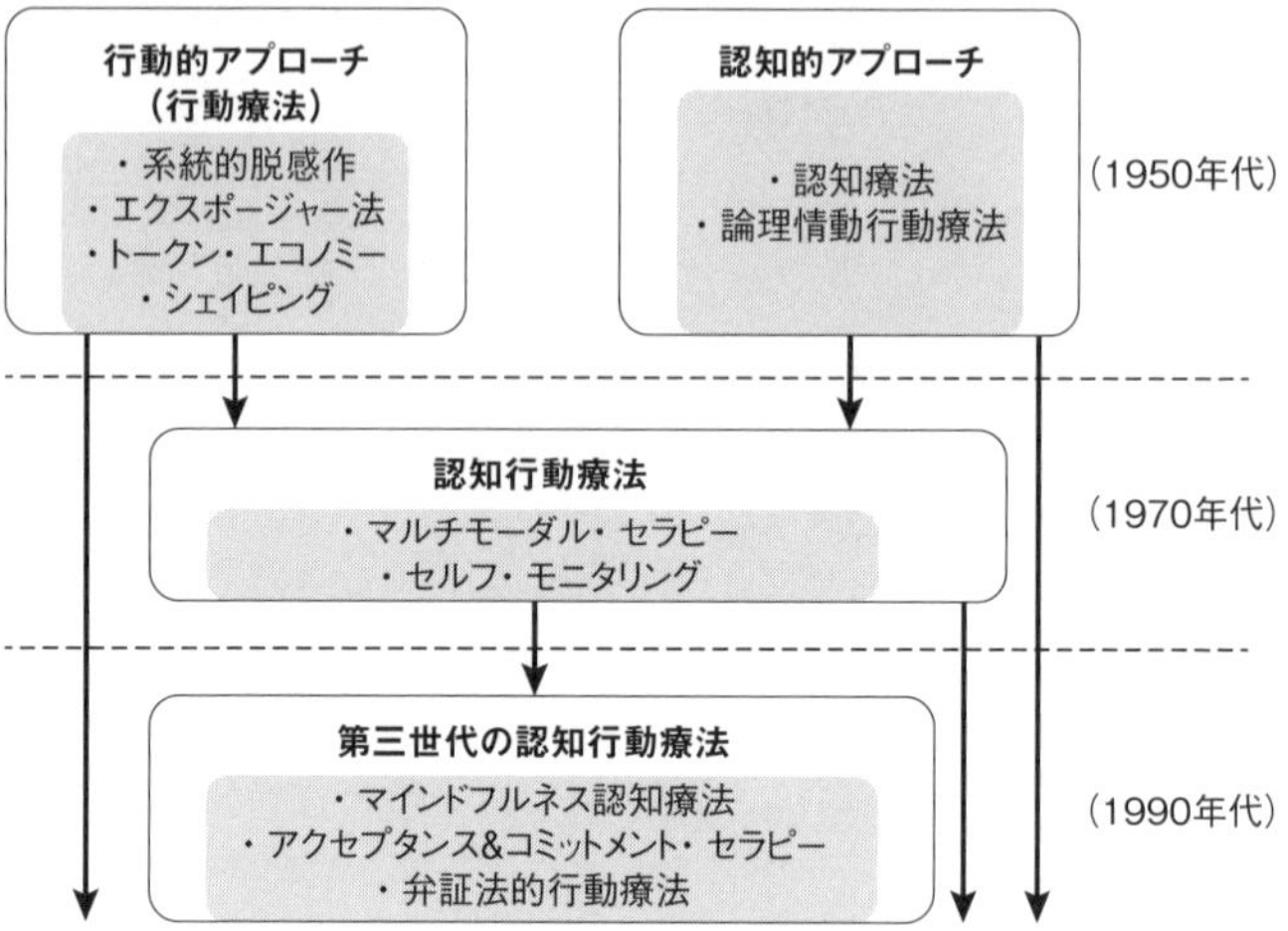

深層心理学を打ち負かした、というような単純な話ではない。なぜなら、近年の認知行動療法は自己への気づきや過去の分析、共感による治療関係を重視するなど、来談者中心療法や精神分析が重視してきた考え方を取り入れているからだ。そのことによって認知行動療法がよりパワーアップされているとすれば、それを実証科学の勝利と呼ぶのは不適切かもしれない。

　これからの認知行動療法が一体どのような方向へ向かうのか、それはまだはっきりとはわからない。ただ、初期の行動療法に比べると、「自由に生きるための技法」という性格を強めていることは確かである。

第6章　実存を問う心理療法

実存主義的セラピーの登場

二〇世紀初頭のヨーロッパでは、患者の主観的世界を理解しようとする精神科医が登場し、後の精神病理学の礎を築いたことは、すでに触れたとおりである。一九一〇年代にヤスパースが患者の内的世界の記述を主張したことは、当時の精神医学に大きなインパクトを与え、ドイツを中心に、フッサール現象学やハイデガーの実存哲学に影響を受けた、いわゆる現象学的精神病理学の学派が誕生した。

ミンコフスキーやゲープザッテルらはこの運動の初期の時代を担い、その後、ハイデガーの影響を強く受けたビンスワンガー、メダルト・ボスらが登場し、一九五〇年代に現存在分析という患者の内的世界を理解する方法を確立。その後も、テレンバッハ、ブランケンブルク、レインなどにより、優れた現象学的精神病理学の研究を生み出してきた。

患者の主観的な体験に焦点を当てた現象学的精神病理学の研究は、患者の行動や症状を客観的に分析する自然科学的な方法とは一線を画し、当時の精神医学に一石を投じるものであった。だが、それは患者を理解するための方法としては革新的であっても、心理療法に応用されて、固有な治療技法を形成したわけではなかった。

そのため精神医療の現場では、実践性のない哲学的議論として敬遠する人も多く、現在では影響力を失っている。

一方、心理療法の世界では、二〇世紀後半になると現象学や実存主義の影響を受けた心理学系のセラピストたちが続々と登場し、ロジャーズの来談者中心療法を中心に独自な潮流を築き上げている。

一九六〇年代、心理学者のロロ・メイが西欧の現象学的精神病理学をアメリカに紹介し始めた頃、精神分析や行動療法を批判し、クライエント（来談者、相談に来た人[1]）の主観性や実存的な意味を重視していたセラピストたちは、自分たちと現象学的精神病理学、実存哲学の共通性を強く意識しただろう[2]。それは、すでに一九五〇年代に来談者中心療法を開発していたロジャーズにとっても同じことだった。

当時、アメリカでは精神分析が大きな影響力を持っており、また同時に行動療法が台頭してきた時期でもあった。しかし、ロロ・メイによれば、行動療法も精神分析も人々を社会体制に過剰に順応させてしまい、個性を破壊してしまう危険性がある。そもそも神経症者は周囲の環境、世間体にこだわりすぎて、自分が本当はどうしたいのか、という点に目を向けていないのだ。そこでセラピストは「自己への気づき」を重視し、神経症者が「真の自己」の感情に気づくことができるように援助する。自分の感情に目を向けることで、自分のあり方に気づくことができるし、自分の意志で行為を選択することもできるようになる。

やがてマズロー、ロジャーズ、ロロ・メイを中心に、クライエントの主観性、実存的意味を重視する心理学者、セラピストが集結し、人間性心理学と呼ばれる一大グループを築き上げることになった。この学派の心理療法はヒューマニスティック・アプローチと呼ばれ、多様な展開を遂げていくことになる。特にロジャーズの来談者中心療法は、精神分析と行動療法に並ぶ代表的な心理療法としての地位を確立し、その後の心理療法、カウンセリングに多大な影響を与えている。

これらの心理療法は、クライエントの生き方や価値観といった主観的な意味の世界、実存（その人のあり方）に焦点を当てているため、本書では「実存主義的セラピー」と呼んでいる。ここにはヒューマニスティック・アプローチだけでなく、フランクルのロゴセラピー、感情焦点化療法など、実存主義的な考え方を中心とする技法のすべてを含めることができるだろう。[3]

実存哲学の影響

実存主義的セラピーは、セラピストがクライエントを客観的に分析するよりも、クライエント自身が自分の内面を見つめ、自分の感情や思考に気づくことを重視している。実存とは、自分のあり方を配慮しながら主体的に生きている人間の存在様式を示す言葉であり、心理療法においても、「自己への気づき」によって自分の

1 心理学出身のセラピストの間では「患者」という言葉は使わず、「クライエント」と呼ぶことが多い。それは、医師を訪れる患者とは異なり、苦悩はしていても、必ずしも病気を患っている人ばかりではないからだ。特に実存主義系のセラピストは心理学出身者が多く、治療者や患者といった言葉はほとんど使わない。

2 ロロ・メイが、ヨーロッパで発展していた現象学的精神病理学、実存的な精神医学をアメリカに紹介し、架橋しようとした試みとして『実存』という本がある。これはアメリカで実存心理学が栄えるきっかけとなった書でもある（R・メイ他編『実存』伊東博・浅野満・古屋健治訳、岩崎学術出版社、一九七七年）。

3 「実存心理療法」「実存療法」と呼ばれるものもあるのだが、これはロロ・メイ、ブーゲンタール、ヤーロムといった人たちの心理療法であり、これらも本書における広い意味での「実存主義的セラピー」に含まれる。

キルケゴール

サルトル

意志で主体的に生きる可能性を取り戻すことが重要になる。

実存主義の哲学と言えば、キルケゴール、ニーチェに始まり、ハイデガー、サルトルらの名前を挙げることができる。ごく簡単に言えば、誰とも取り換えることのできない、個としての人間のあり方、固有性、自由を強調する思想、ということになるだろう。

サルトルによれば、「実存は本質に先立つ」のであり、「人間はまず先に実存し、世界内で出会われ、世界内に不意に姿をあらわし、そのあとで定義される」[4]。たとえば、コップという存在は「飲むための容器」であり、その本質は最初から決まっている。しかし、私が何であるかは最初から決められているわけではない。私という存在の意味、本質は、私が自分の意志で行動した後で決まってくるのであり、個人のあり方（実存）は自分の意志で自由に選択できる。

しかし、私たちは世間的な価値観から自分を決めつけてしまい、本来の自分を見失ってしまいやすい。自分の固有なあり方を忘れ、周囲に合わせた自分になっている。キルケゴールの言葉を借りれば、「自分がそれであることを欲しないような自己たるべく強制されること、これが彼の苦悩である」[5]。こうした本来の自己、あるがままの自己を忘却している状態は、結局は絶望を招かざるを得ないのだ。

なるほど、現代人の多くは世間的な価値観や周囲の人間に同調し、自分の感情、本心を抑えているうちに、本当の自分（真の自己）を見失っているのかもしれない。それが実存の不安、苦しみをもたらし、心の病を生み出しているのだろう。少なくとも、ロジャーズやロロ・メイ、マズローらはそう考えて、「真の自己」に気づくことを重視していた[6]。自分の感情、本心を大事にし、あるがままの自分であること、そうありたい自分であることが、自由に生きることにつながっているからだ。

これは他の実存主義的セラピストにも共通する問題意識である。そしてここには実存主義の哲学だけでなく、ホーナイ、フロムといった新フロイト派の影響もあるだろう。彼らもまた、精神分析の中で「真の自己」という概念に辿り着いているからだ。いずれにせよ、感情への気づき、「真の自己」（「本当の自分[7]」）の発見は、この種のセラピーにおいて大変重要な意味を持っているのであり、以下、この点に留意しながら、実存主義的セラピーの理論と技法の展開を見ていくことにしよう。

4　J＝P・サルトル「実存主義はヒューマニズムである」（J＝P・サルトル『実存主義とは何か』伊吹武彦他訳、人文書院、一九五五年、42頁）

5　S・キェルケゴール『死に至る病』斎藤信治訳、岩波書店、一九三九年、33頁

6　たとえばロジャーズはキルケゴールを引用し、「真にあるがままの自己」の重要性について述べている（C・R・ロジャーズ『ロジャーズが語る自己実現の道』諸富祥彦・末武康弘・保坂亨訳、岩崎学術出版社、二〇〇五年、154頁）。

7　言い方は様々だが、基本的に自分でも気づいていない自分という意味なので、本書では適宜「本当の自分」と言い換えている。

カウンターカルチャーと人間性心理学

一九六〇年代から一九七〇年代のアメリカ西海岸では、カウンターカルチャーの影響によって一種のセラピー文化とも言うべきものが生まれていた。カウンターカルチャーは主流の文化へ抵抗する若者たちの反乱であり、既存の保守的な価値観を批判し、個人の自由を重視するものであった。人種差別や女性差別、ＬＧＢＴへの差別、ベトナム戦争に反対し、価値観の多様性を尊重すること。自分らしさを失わずに生きること。そうした自由が理想とされていたのである。

「本当の自分」の発見、自己実現を重視する人間性心理学は、こうした社会状況に呼応するかのように登場した。その最大の拠点となったのが、カリフォルニアのエサレン研究所であった。

当時、人間の潜在能力を回復し、自己実現を目指そうとする人間性回復運動も盛んになっており、エサレン研究所においても数多くの心理療法が開発されていた。エンカウンター・グループ、ゲシュタルト療法、ボディワークなどが有名だが、他にも数多くのセラピーが試みられ、日常的にワークショップが行われていたのだ。また、マズロー、ロジャーズ、パールズ、ロロ・メイをはじめ、数多くのセラピストがこの地で活動したり、交流していたことで知られており、他にもベイトソン、オルダス・ハクスレー、カスタネダ、レインなど、世界中から著名な学者、知識人が訪れている[8]。

人間性心理学の生みの親と言えば心理学者のマズローだが、彼は人間の欲求を五段階に分けたことで有名だ。生理的欲求、安全欲求が満たされれば、次に愛の欲求、承認欲求と続き、そして自己実現への欲求が最後になる。

自己実現とは、自分の本性に忠実になり、自分がなりうるものになることである。したがって、社会に迎合しすぎて自分を偽り、「本当の自分」を見失っては幸せになれない。マズローによれば、「心理療法は、人間の見せかけの性格と対比させて真の最も奥にある本性をさらけ出すための、これまで用いられている最良の方法[9]」なのである。

マズローはこうした人間性心理学の心理療法について、行動療法や精神分析とは異なり、病気を治すための治療法ではなく、健康な人がより幸せに生きるための技法として捉えていた。ロジャーズをはじめ、人間性心理学のセラピストがセラピーを受ける人のことを「患者」と呼ばず、「クライエント」と呼ぶのはそのためだ[10]。また、心理療法は一般の人間関係に基づいている、とマズローは考えていた。「親切で人の力になり、穏やかで、心理学的にいって民主的で愛情深くてあたたかい人々は誰でも、たとえ小さいながらも心理療法上の力になる[11]」。だから、好ましい人間は誰でも潜在的に、無意識的な治療者だというのである。

マズロー

8　エサレン研究所と各種のセラピー開発、ヒューマンポテンシャル運動との関係、歴史については、『エスリンとアメリカの覚醒』という本が参考になる（W・T・アンダーソン『エスリンとアメリカの覚醒』伊東博訳、誠信書房、一九九八年）。

9　A・H・マズロー『人間性の心理学』小口忠彦訳、産業能率大学出版部、一九八七年、３６９頁

10　本書でも、実存主義的セラピーや家族療法など、「患者」という言葉を使わないセラピーに関しては「クライエント」と呼ぶことにする。

11　A・H・マズロー『人間性の心理学』小口忠彦訳、産業能率大学出版部、一九八七年、３９０頁

一方、エサレン研究所の中でも、ひときわ注目を集めていたのは、パールズのゲシュタルト療法であった。ゲシュタルト療法は、実存主義的な心理療法の特質でもある「自己への気づき」を、様々な方法で促進しようとするのであり、パールズは次のように述べている。

「もしセラピストがクライエントの気づきを喚起することができさえすれば、クライエントは、自分の行為やファンタジー、演技している仕草の意味を知ることができるであろう。そして、クライエントは、それらの行為の意味を自ら解釈することが可能になる[12]」

神経症者は過去に執着しているため、「今、ここ」に十分に関わることができなくなっている。そこで、「今、ここ」における自分の動作や呼吸、情動や声の調子、顔の表情に注意を向けてもらうことで、本当の気持ちに気づかせる。クライエントの身体の動きを指摘したり、空想を言語化したり、文章に書き留めたり、心理劇として行動化させることで、自分の感情（「本当の自分」）に気づかせるのだ。

こうして、自己理解、成長を促すのがゲシュタルト療法のやり方であり、クライエントの感情を強く揺さぶるために一定のリスクをともなうが、うまくいけば短期間で劇的な変化をもたらすことができるのである。

東洋思想とトランスパーソナル心理学

エサレン研究所では他にも多様なセラピーが実践されていた。シャーロット・セルバーはセンサリー・ア

サイケデリック思想が現れた、ザ・ビートルズのアルバム『Revolver』（1966年）

現存するサンフランシスコ禅センター

ウェアネスを広め、アイダ・ロルフはロルフィングを、ローエンはバイオエナジェティックスを始めるなど、身体に働きかけて心身の変容をもたらすボディワークも数多く開発されている。ボディワークとは身体をマッサージしたり、姿勢を変えたり、呼吸法を使ったりしながら、身体の感覚や意識に気づかせるようにする技法であり、「今、ここ」の感情、感覚に気づかせるという意味では、ゲシュタルト療法と同じである。

だが、こうした身体技法の開発は、その後、次第に宗教的な色合いが強くなっていく。瞑想や禅、ヨーガに傾倒する者も増え、東洋の身体技法を多く取り入れ始めたからである。

当時、アメリカではＬＳＤなどのドラッグ体験によって意識の変容へ関心が高まり、サイケデリック運動が起きていた。ＬＳＤは感覚や感情の拡張、幻覚、一体感などをもたらす向精神薬であり、精神医療に役立てるための研究も行われていたが、一九六二年には違法薬物として規制されている。その一方で、キリスト教文化への抵抗感から禅や瞑想が流行るなど、一種の東洋思想ブームが起きていた。ビートルズは超越瞑想に傾倒し、ヒッピーたちはインド

12　F・S・パールズ『ゲシュタルト療法』倉戸ヨシヤ監訳、ナカニシヤ出版、一九九〇年、29頁

に渡り、サンフランシスコの禅センターは盛況であった。

そこには、薬を使わなくても東洋の身体技法によって意識変容をもたらすことができる、という考え方もあっただろう。そして、禅、ヨーガ、瞑想などの身体技法が心理療法的な効果を有する、と主張する人々が増えていったのである。

東洋思想の考え方や身体技法そのものに、心理療法的な有効性があることを否定するつもりはない。最近では認知行動療法にもマインドフルネス瞑想などが取り入れられて注目を浴びており、そうした技法が心理療法に近い効果を持つことは、すでに多くの人々が認めている。

西洋や古代オリエント、ギリシアなどの宗教的儀式や技法も、プラシーボ効果という心理療法の要素は持っていた。だが、ヨーガや禅、瞑想など、中国やインドに古くからある哲学的、宗教的な教説に立脚した精神修養技術は、それらよりもさらに現代の心理療法に近い。それは瞑想などによって心を落ち着かせ、混乱した思考を鎮め、身体の感覚、感情に注意を向けるなど、リラクセーション、自己洞察をもたらすことができるからだ。その意味で、東洋の禅、瞑想が内省や自己への気づきを重視する実存主義的セラピーと共通する点は少なくない。「今、ここ」での気づきを重視する点も同じである。違いがあるとすれば、自己実現ではなく、自己超越を目指す、という点かもしれない。

自己超越とは、自己への執着をなくすこと、自我を強く意識しない状態、すなわち無我の境地に至ることである。エサレン研究所においても、やがて自己超越を目指すセラピーが登場し、活況を呈していくのだが、この考え方はトランスパーソナル心理学と呼ばれている。

たとえば、アサジョーリのサイコシンセシス、グロフのホロトロピックセラピーなど、トランスパーソナル心理学におけるセラピーは個人の意識を超えた状態を求めている点で、悟りに近い境地を目的としている面がある。一般的な心理療法が脆弱《ぜいじゃく》な自我を強化したり、真の自己を確立する方向性を持っているのに対して、これらのセラピーでは自己を超えようとするのである。

晩年のマズローは、自己実現が満たされれば、次に自己超越への欲望が生まれる、と主張し、トランスパーソナル心理学の必要性を主張しているのだが、そもそも「自己超越への欲望」とは何か、それは本当に人間の求めるものなのか、慎重に検討してみる必要があるだろう。

いずれにせよ、一九六〇年代後半以降のアメリカ西海岸では数多くのセラピーが開発されており、それは単なる治療の枠組みを超え、巨大な文化運動にまで発展していった。ちょうど社会よりも自己の変革に関心が移行していった時期でもあり、人間性回復運動、エンカウンター運動、ニューエイジなどと呼ばれた運動は、自己実現や自己成長、自己変革を求める人々のニーズを反映していたと言える。

そこで生み出された数々の心理療法は、必ずしもメジャーなものになったとは言えない。しかし、その後のヒューマニスティック・アプローチの発展において、こうした文化的な運動の多大な影響があったことは確かである。

ロジャーズと来談者中心療法

カール・ロジャーズは、現在のカウンセリング理論の礎を築いた人物であり、二〇世紀における最も影響力

ロジャーズ

の大きかった心理療法家の一人と言える。実際、ロジャーズの来談者中心療法は人間の実存に基づいた治療法としてとてもよく考え抜かれており、自らも実存主義的な立場だと公言している。

ロジャーズは自らの臨床経験によって、一九四〇年代には独自の理論を築き上げていた。コロンビア大学で臨床心理学を学んだロジャーズは、一九二八年から児童虐待防止協会で心理士として働き、従来の指導的なカウンセリングに疑問を抱くようになったという[13]。そこでロジャーズは、自らのカウンセリングを録音することによって、その記録をもとに心理療法の効果を検証することにしたのだが、これは実証的な効果研究の先駆的な仕事だったと言えよう。

この研究で明らかになったのは、セラピストが積極的に指示を与えている場合よりも、指示を与えず傾聴している時間が長いセラピストのほうが成功している、という事実だった。そこから、指示を与えない「非指示的カウンセリング」を提唱するようになる。これは従来の指示的、教育的なカウンセリングとは真逆のやり方であり、その後の心理療法、カウンセリングに大きなインパクトを与えるものであった[14]。

非指示的カウンセリングは、その後、「来談者中心療法」と呼ばれるようになるのだが、ここでその理論について、簡単に説明しておくことにしよう。まず押さえておくべきなのは、ロジャーズが主張したセラピストの条件だが、これには次の三つがある。

第一に、クライエントを無条件の自己価値を持った人間として配慮すること（無条件の肯定的配慮）。セラピストがクライエントに対して「こうであってほしい」とか「こうすべきだ」という条件や指示を与えるのではなく、まずは受け容れる姿勢で臨むということだ。クライエントをあるがまま受容すれば、それだけクライエントとの関係はセラピーを促進させることになる。

第二に、クライエントの身になって考え、感じようとすること、クライエントに見えているままの私的世界に焦点を合わせ、クライエントの感情やコミュニケーションに対して共感的に理解し、それを伝えようとすることである（共感的理解）。

そして第三に、セラピストがありのままであり、純粋であること、あるいは一致（自己一致）していることであり、これが最も重要なカウンセラーの条件と言える。それは「感じていること」と「言っていること」の間にズレがない状態のことであり、言動が一致した状態を意味している。

たとえばクライエントの話にイライラするような場合でも、そのことに自分では無自覚でニコニコしてしまうとすれば、セラピストの自己は一致していない。セラピストたるもの、クライエントに対して否定的な感情を持つべきではない、という考えに縛られると、イライラしている自分を認めることができず、結果的に感情

13 もともとアメリカのカウンセリングは職業指導から始まっており、中心人物であったウィリアムソンが使っていた「カウンセリング」という言葉は、学生の成長と援助を目的として指導する、というニュアンスが強かった（サトウタツヤ『臨床心理学史』東京大学出版会、二〇二一年、２１６頁を参照）。

14 この成果は一九四二年に『カウンセリングと心理療法』としてまとめられており、録音された逐語記録である「ハーバート・ブライアンのケース」も収載されている。この本は後の心理療法、カウンセリングに大きな影響を与えたロジャーズの代表作である（C・R・ロジャーズ『カウンセリングと心理療法』末武康弘・保坂亨・諸富祥彦共訳、岩崎学術出版社、二〇〇五年）。

シカゴ大学でのロジャーズの面接時の様子（1950年頃）。出典：H. Kirschenbaum. (1979). *On Becoming Carl Rogers*. Delacorte Press.

と行動、身振りの間にずれが生じやすくなる。口では共感するようなことを言っても、無意識のうちに身体が引いていたり、表情がこわばったりするのだ。クライエントはこうしたセラピストの反応を見逃さず、不信感を抱くようになるだろう。

セラピストといえども、クライエントの話にうんざりしたり、不信感を抱くなど、否定的な気持ちになることはある。この否定的な感情を認め、「ああ、いま自分はこの人と話すのが嫌なんだな」と気づくことが必要である。セラピストがこうした自分の感情を自覚できれば、それだけ矛盾した言動は少なくなるし、逆に自分の感情に気づかないまま、取り繕ったような態度を取れば失敗する。

「彼が内面では、あるいは無意識の水準では別の感情を経験しているのに、外面にはある態度または感情の見かけを示している程度だけ、成功的なセラピィが起こる可能性は減少する[15]」

要するに自己一致とは、十分に自分を内省し、自分の感情・思考に気づくことによって、言動に矛盾が生じない状態にあることなのである。

セラピーやカウンセリングにおけるクライエントは、自己不一致の状態にある人たちであり、自分の感情を抑制しているため、感情に気づくことが難しく、感情と言動の間にずれが生じている。だからこそ、誰かが感情に気づかせ、自己一致へと導くことが必要になる。そこでロジャーズが重視したのが、ここに挙げた三つの条件（無条件の肯定的配慮、共感的理解、自己一致）であった。特に自己一致は重要であり、どんなに知識があって分析力のあるセラピストでも、自己一致していなければ信頼関係は築かれない。表面的には共感しているような話をしながらも、身体は微妙に引いていたり、居心地が悪そうにムズムズしていたりすれば、クライエントは疑問を抱き、信頼関係は崩れてしまうだろう。

セラピストの言動が一致しているからこそ、クライエントはそこに信頼と偽りのない関係を認め、セラピストの意見を重視するようになる。そして、自らが感じていることを自覚できるようになる。

その際、来談者中心療法では、クライエントの感情を解釈し、それを積極的に教えたり、どうすべきかを指示したりせず、話を聞くこと（傾聴）が中心になる。指示や解釈といった積極的な介入をしなくても、人間にはもともと成長に向かって前進する力と傾向があるため、セラピストの三つの条件が整っていれば、クライエントは自己防衛的な態度をゆるめ、自然とその力を発揮するようになる。

「成長の傾向、自己実現への欲求、あるいは前進していく傾向、といったどんな言葉で呼ぼうと、それは生命というものの根本的な動機である。最終的にすべての心理療法が頼りにしているのはこの傾向なので

15 C・R・ロージァズ『クライエント中心療法の最近の発展（ロージァズ全集15）』伊東博編訳、岩崎学術出版社、一九六七年、42頁

ある[16]」

無論、ただクライエントの話を聞くだけでなく、共感を示したり、クライエントの言葉を繰り返して明確にすることが必要になる。そうすればクライエントは、自分が本当は何を感じ、どうしたいのかが見えてくる。気づかなかった自分を発見し、自己像が修正される。自己理解によって、自己一致の状態に至るのである。

フォーカシングと体験過程

来談者中心療法の「指示や解釈といった積極的な介入をしない」というやり方は、「カウンセリングは指示を与え、指導するもの」という当時の常識を覆すものであり、多くのカウンセラー、セラピストにとって驚くべき考え方であったはずだ。もちろん、表情や身体反応に注意しながら、適切なタイミングで意見を出すことはあるのだが、それは解釈や指示ではなく、セラピストがどう思ったかを知ることで、クライエント自身が自己像を見直し、自己一致できるように促しているのだ。

しかし、人は自分の理解している自己像に執着し、その自己像に見合わない感情は抑圧しがちなものである。自分は勇気があり、誰に対しても公正で偏見を持たない、というような自己理解をしていれば、不安や恐怖が生じても、誰かに嫌悪感を抱いても、そうした感情はなかなか認めることができない。何となくムカムカしてきたり、胃がキリキリするような感覚はあっても、それが不安や嫌悪感からきている、と自覚するのは難しいだろう。

この言葉にならない身体感覚に注意を向け、その感覚の体験過程から意味をはっきりさせてゆく方法、感情を了解するための技法がある。ロジャーズの弟子、ジェンドリンが開発したフォーカシング（焦点づけ）がそれである。

フォーカシングとは、「今、ここ」で起こっている感情の過程（体験過程）、言語によって概念化される以前の身体的な過程に焦点を合わせ、意味を見出す技法だ。身体で感じられたこと（フェルトセンス）に注意の焦点を合わせ、感じたことはすぐに合理的に解釈したり忘れようとしたりせず、とりあえずは後で考えてみることにして置いておく。そして、リラックスした状況の中で、もう一度その感覚を思い起こし、そのときに感じられた意味に注意を向けてみる。そうすれば、自分が何を感じているのか、何を望んでいるのかがわかり、言葉にできるようになってくる[17]。

ジェンドリン

ある人が「今夜、パーティに行かねばならないのだが、自分でもよくわからないけど、どうも行きたくないな」と思ったとしよう。このとき、彼は自分の中で生じている感情、気持ちの動きを言い表そうとしているのだが、その体験過程の潜在的な意味を認識していない。何となく感じることはできるのだが、その意味がはっきりとはわからないのだ。そこ

16　C・R・ロジャーズ『ロジャーズが語る自己実現の道』諸富祥彦・末武康弘・保坂亨訳、岩崎学術出版社、二〇〇五年、37頁

17　この考えはハイデガーの影響もあるのだろう。ハイデガーは情状性（気分）を了解し、語るということを、人間の日常的なあり方の本質として捉えていたし、ジェンドリンはハイデガーの翻訳もしているので、ハイデガー哲学が念頭にないとは考えにくい。

で、後でもう一度その感じを思い起こし、その潜在的な意味に注意を向けてみたところ、自分がパーティでスピーチしなければならず、それに対する周囲の失望や失笑を怖れていることに気づかされた。そんなことで不安になるほど小心な人間ではない、と自分のことを考えていたのだが、実は強い対人不安、承認不安が根底にあったことがわかってきたのだ。

これは病的な例ではないが、病理が深くなるほど、自分の感情に気づくことは難しくなる。だからこそ、セラピストの助けが必要になるのだ。セラピストの援助を介してフォーカシングを実践し、クライエントが自分の感情とその意味に気づくことができれば、「本当の自分」の気持ちを理解することができる。

この場合、解釈による知的な理解が問題なのではなく、そこにともなっている感情が重要なのであり、体験過程そのものが治療効果を有している、とジェンドリンは述べている。

「どういうときに治療的効果があるのであろうか。それは患者が何かを言うだけであったり、何かを知るだけであるときではなく、直接的に感じられる体験過程的シフトがそれに伴ったときである[18]」

このように、フォーカシングによる体験過程を中心に据えたセラピーを「フォーカシング指向心理療法」と呼ぶのだが、フォーカシングはクライエントだけでなく、セラピスト自身が自分を理解し、自己一致しておく上で、とても有効な技法だと言える。セラピストがフォーカシングに習熟すれば、自らが抱えている問題を解消するだけでなく、自己一致できるようになり、クライエントとの信頼関係も築きやすくなる。そして、クライエントの話、声のトーン、身振り、表情、服装などにも敏感になり、クライエントの感情をより適切に察知して、クライエントに示唆することも可能になる。

感情に注意を向け、それを言葉にすることができれば、では自分はどうしたいのか、どうするべきなのか、新しい可能性が見えてくるだろう。つまり、自分の意志で主体的に生きる自由を取り戻せるのである。

パーソンセンタード・アプローチから感情焦点化療法へ

一九四五年、ロジャーズはシカゴ大学でカウンセリング・センターを創設し、心理療法の効果を本格的に研究している。ジェンドリンはシカゴ大学で教えていた頃の弟子であり、一九五七年にロジャーズがウィスコンシン大学へ移ってからも、共同で研究を続けていた。それはセラピーをやっているときのクライエントの体験過程に関するもので、そこで開発されたのがフォーカシングであった。この技法はロジャーズも高く評価し、以後、ロジャーズ派の心理療法は、来談者中心療法とフォーカシングの二つを軸として展開することになる。

たとえばプラウティは、ロジャーズとジェンドリンの考え方を統合失調症や自閉症などに応用し、プリセラピーを考案している。これはコミュニケーションが困難なクライエントに対して、関係を築いて心理的な接触を可能にしようとするものだ。また、ロジャーズの考えを子供の心理臨床に応用した技法として、アクスラインの遊戯療法も、今日、広く使われている。

18　E・T・ジェンドリン、池見陽『セラピープロセスの小さな一歩』池見陽・村瀬孝雄訳、金剛出版、一九九九年、99頁

ロジャーズ（右から2番目）がファシリテーターを務めたエンカウンター・グループのドキュメンタリー映画『Journey Into Self（出会いへの道）』より

ロジャーズ自身は、一九六四年にカリフォルニアに移って以降、来談者中心療法を新しい領域に広げようとしている。心理的な治療関係に限らず、親子関係、リーダーと集団の関係、教師と学生の関係、管理者と職員の関係などにも適用が可能である、という主張を前面に押し出すようになったのだ。特に力を入れていたのは、来談者中心療法をグループに応用した「エンカウンター・グループ」であり、それは参加者の「出会い」と共感的な交流を通して、自己理解や自己成長、人間関係の改善を促すことが目指されていた。エサレン研究所とも関わり、エンカウンター・グループは人間性回復運動の一翼を担うことになるのだが、これにともなって、ロジャーズは自らの方法を「パーソンセンタード・アプローチ」と呼ぶようになる。[19]

現在のパーソンセンタード・アプローチは、イギリスのように比較的盛んな地域もあるのだが、アメリカでは認知行動療法の強い影響力の影に隠れ、目立った展開は見られない。[20]これはロジャーズ派だけでなく、ヒューマニスティック・アプローチ全体にも同じことが言える。これらのアプローチは実存主義という哲学的な人間論が深く関わっているため、自然科学的な枠組みでは捉えがたく、治療効果についても、認知行動療法に比べて統計的なデータが取りにくいことも一因だろう。

とはいえ、実存主義的セラピーの中にも、治療効果に関する実証的な支持を得ているものはあり、レスリー・グリーンバーグの感情焦点化療法（エモーション・フォーカスト・セラピー）はその代表格と言える。

感情焦点化療法（ＥＦＴ）は感情に焦点を当てたプロセス指向の心理療法である。人間性心理学の強い影響を受けており、クライエント中心療法の「共感的理解」「無条件の肯定的配慮」「自己一致」を基礎とし、ゲシュタルト療法の実践的技法を応用しながら、フォーカシングと同様、体験プロセスを重視する。また、感情理論と認知科学の新しい知見を取り入れている点でも、より統合された技法と言える。

感情は最も根本的な要求とつながっており、生存にとって重要な状況を即座に知らせる働きを持つ。怒りや悲しみを感じていれば、自分の要求が満たされていないと気づくだろう。感情があるからこそ、私たちは自分の要求を満たすための行動を起こす準備ができるのだ。[21]

しかし、幼児期のトラウマや誤った学習によって、しばしば感情は否認され、感じることができなくなる。

19　Ｃ・Ｒ・ロジャーズ『人間尊重の心理学』畠瀬直子監訳、創元社、一九八四年、１０９頁

20　イギリスにおけるパーソンセンタード・アプローチの動向については、Ｄ・メァーンズ『パーソンセンタード・カウンセリングの実際』（諸富祥彦監訳、コスモス・ライブラリー、二〇〇〇年）、Ｐ・サンダース編著『パーソンセンタード・アプローチの最前線』（近田輝行・三國牧子監訳、コスモス・ライブラリー、二〇〇七年）などが参考になる。

21　感情への気づき（了解）によって、自らの求めるものが明らかになる、感情こそが適切な行動を生む、というＥＦＴの考え方は、フォーカシングと同様、ハイデガーの実存哲学と共通する。これは実存主義的セラピーの根幹に関わる考え方なのだが、グリーンバーグほど、こうした感情の働きを明快に説明しているセラピストは少ない。技法も洗練されており、高い治療効果が得られているのもうなずける。

グリーンバーグによれば、「EFTにおける基本的な考えは、『感情は基本的に適応的であるが、さまざまな理由から問題へと転じる』という点にある[22]」。そこで感情焦点化療法では、否認されていた感情に気づき、変容させることを重視するのだ。それもただ感情について考えるのではなく、感情を感じることが重要になる。否認されてきた感情を感じることができれば、過去の対人関係の体験から受けた傷が癒され、統制感を得ることができる。必要なのは、単に感情を理解することではなく、その感情を再体験し、感じることなのである。

感情焦点化療法は現在、各方面で広がりつつあり、実存主義的セラピーの中では最も注目されている。それは治療効果の実績があるというだけでなく、多様な技法の利点をうまく取り入れ、かなり完成度の高い理論となっているからだ。しかも、来談者中心療法とは異なり、「本当の自分」（真の自己）の発見を求めない。そこには、自己はその都度の状況や他者との関係の中で構成されるものだ、という構成主義の観点があるのだ。

フランクルとロゴセラピー

一方、人間の実存に焦点を当てながらも、マズローやロジャーズたちとは異なる独自の道を歩んでいたのが、ロゴセラピーの創始者であり、ユダヤ人強制収容所での体験を描いたことでも高名な精神科医、フランクルである[23]。

フランクルによれば、人間は様々な状況に縛られているが、それに対する態度を選び取る自由（意志の自由）を持っており、そこに生の意味を見出そうとする。意味を求める「意味への意志」は人間にとって最も重要なものであり、快楽や権力、自己実現への欲望を上回っている。

これは快楽への欲望を重視するフロイトや、権力への意志を重視するアドラーへの批判というだけでなく、自己実現を目標に据えるセラピー、特にマズローらの人間性心理学への批判でもある。[24] 自己実現は、あくまで自らの行為に意味を感じ、その価値を実感したときの副産物であり、自己実現そのものを目的化すれば、逆に得ることができなくなるのだ。[25]

フランクル

現代においては、人生の意味を見出すことができず、「意味への意志」が満たされない実存的欲求不満の人が増えている。フランクルはこれを精神因性神経症と呼び、「意味への意志」を取り戻すことが必要だと考えた。それゆえ、「ロゴセラピーは、人の主な関心事は快楽を探すことでも、苦痛を軽減することでもなく、むしろ人生の意味を見出すことである」[26] と述べている。それは患者の意味と価値についての見方を広げ、

---

22 L・S・グリーンバーグ『エモーション・フォーカスト・セラピー入門』岩壁茂・伊藤正哉・細越寛樹監訳、金剛出版、二〇一三年、25頁

23 強制収容所の体験を描いたフランクルの『夜と霧』は、世界中で大きな反響を呼び、ロゴセラピーは収容所体験から得た理論だと考えられがちだが、実際は、それ以前にロゴセラピーの理論は完成されていた。この独自の理論を世に問うまでは死ねない、と収容所でも考えていたらしい。無論、収容所体験がこの理論を強く確信させ、少なからず影響を与えたことは間違いない。

24 マズローは晩年、自己超越を重視するようになったが、これはフランクルの批判を受け、その重要性に気づかされたからと言われている。

25 フランクルによれば、自己実現が問題になる場合、それらはただ結果として達せられるのであって、意図してではない。「われわれが任務や要請を充足し、意味を充足し、そして価値を実現するその程度に応じてのみ、われわれはわれわれ自身をも充足し、そして実現するのです」（V・E・フランクル『精神医学的人間像』宮本忠雄・小田晋訳、みすず書房、二〇〇二年、55頁）。

26 V・E・フランクル『現代人の病』高島博・長澤順治訳、丸善、一九七二年、33頁

森田正馬

患者を意味へと方向づける心理療法なのだ。

また、フランクルは精神因性神経症だけでなく、強迫性障害やパニック障害、社会不安障害など、心因性の精神疾患に対する治療法も開発している。

たとえば、発汗恐怖症患者は人に会うとひどく汗をかくのではないかと過度に恐れている。汗をかくまいと過度に注意することで、ますますひどい汗をかいてしまう、という悪循環に陥っているのだ。フランクルによれば、これは汗をかいている自己を想像し、笑われている自分を考えてしまう自己観察、過剰な自己反省、それに「汗をかくまい」とする過剰志向に原因がある。

そこで二つの方法が考えられる。ひとつは、過剰な自己観察、反省をやめること。自分に対する注意をそらし、別のことに没頭すれば、悪循環は消失する。これは「反省除去」という方法である。自己実現を目的化すれば失敗するように、過度に自己を意識すれば何事もうまくいかないのである。

もうひとつは「逆説志向」という方法であり、こちらは過剰志向を逆向きにすることで悪循環を断ち切るやり方だ。この例で言えば、「これから一週間、会う人々にできるだけ多くの汗をかいてみせなさい」と助言するだけでよい。過度な注意が逆の事態を引き起こすため、汗をかこうと過度に注意すれば、かえって汗をかけなくなってしまう、という逆説的な事態が生じるからである。

こうした技法はかなり独自性があるように思えるが、実は森田療法を創始した森《もり》田《た》正馬《まさたけ》は、フランクルと同じような観点を持っていた。

森田によれば、ある感覚に対して注意を集中すれば、その感覚は鋭敏になってさらに注意を固着させ、この感覚を強大にする。不安や恐怖が起こり、それを避けようと注意を集中すればするほど、不安も恐怖も大きくなってしまうのだ。森田はこれを「思想の矛盾」と呼んでおり、「神経質の治療についてはこの思想の矛盾を打破することが、一面の着眼点でなくてはならない[27]」と述べている。

森田はこの思想の矛盾を打破するために、苦痛、恐怖は当然それを苦痛、恐怖し、煩悶《はんもん》はそのまま煩悶すべきだと考えた。たとえば、赤面恐怖症の患者には、無理に赤面を避けようとせず、「赤面を衆人にさらすように」と指示するのだ[28]。このような森田療法の技法がロゴセラピーに酷似していることは、もはや言うまでもないだろう。

ところで、なぜ過度の自己への注意（自己観察）が問題なのだろうか？

フランクルによれば、自己を忘れ、行為や他者に没頭できることは、自己超越[29]と呼ぶことのできる人間の

---

27 森田正馬『新版 神経質の本態と療法』白揚社、二〇〇四年、106頁

28 実際の森田療法では、もっと複雑な治療プロセスがある。最初は入院して面会や談話、読書などは一切禁止し、ただ寝て過ごす。その間、不安や恐怖が襲ってきても避けようとせず、感じるまま（あるがまま）にする。すると、激しい恐怖や不安はすぐにピークをすぎて次第に消失する。次に作業療法を行うのだが、仕事の段取りや結果、評価は一切考えず、できるだけ単純な作業に没頭する。結果や評価などを考えると、作業をしている自己に注意が向いてしまい、次第に過度の自己観察に陥ってしまうからである。

29 フランクルの自己超越は、自意識過剰にならずに行為に集中している状態であり、トランスパーソナル心理学の自己超越とは異なる。どちらも自己を意識しない点は同じだが、後者は自他の区別のない世界との一体感が強調されている。

重要な存在様式であり、意味のある生を実現するためには欠かせない。この実現にともなって初めて、自己の存在価値の実感、自己実現、よろこびが生じるのであり、最初から自己への評価ばかりを気にしすぎれば、意味の充足感は得られないし、かえって失敗しやすくなる。

このことは、フランクルが重視する態度価値の実現においては特に言えるだろう。

たとえば、不治の病になったとき、仕事のできない自分に対する評価ばかり気にしていれば、決して気の休まるときはない。しかし、家族を大切に思う気持ちがあれば、自分への評価とは無関係に、彼らにちょっとした配慮をすることに意味を見出すことができる。これが態度価値の実現であり、その人の態度次第で、状況の意味と価値は変わってくる。意味と価値の見方が広がり、苦悩を脱け出す道が見えてくる。

自己の価値を求めるのではなく、価値のある行為、意味のある行為を求めて自らの意志で態度を取ること。そこにフランクルは人間の自由を見出しているのである。

人間性心理学の問題点

ところで、人間性心理学の理論は、いくつかの検証し得ない仮説を含んでいるので、それについて少し検討しておく必要がある。

人間には潜在的な力や個性を発揮していこうとする傾向（実現傾向）があるのだが、現代社会では過度な合理主義によって、この自然な傾向、感情が抑圧され、心の病を生み出している。現代人は理性によって抑圧され、頭でっかちな、感じるままに生きられない、そんな病的な人間になっている。しかし、頭で考えたことよりも、身体で感じたことのほうが「本当の自分」なのであり、自然な感情や欲望を抑圧していない「本当の自分」を取り戻す必要がある。否認されていた感情に気づくことができれば、自分の求めていることを自覚し、（実現傾向によって）自分を成長させる方向へ、自己実現へ向かう道へ軌道修正できる。

これがロジャーズ派をはじめとする人間性心理学の基本仮説である。

確かに、社会に過剰適応し、周囲の人々の言動に対して過度に同調していれば、感情を必要以上に抑え込み、無理が生じてくるだろう。偽りの自分を演じているような、自己不全感を抱くに違いない。そういった人たちに対して、「今、ここ」での自分の感情や身体に注意を向けさせて、それが本当のあなたの気持ちだよ、「本当の自分」なんだよ、と言ってあげるのは、とても重要なことだと言える。

これによって、クライエントは頭で考えていた自分ではなく、今、ここで何かを感じている自分こそ、本当の自分なのだと実感し、体験的に自分を理解できるようになる。そして、クライエントは周囲に対する過度な気づかいや同調をやめ、自分の気持ちや考えを表明できるようになる。「ありのままの自分」であるという自由を感じることができるのだ。

しかし、自分の「したい」ことを自覚できても、私たちは即座にその「したい」ことが実行できるわけではない。単に抑圧されていた感情を解放し、感情の赴くままに行為すれば、周囲の人々との間に軋轢が生じる可能性もあるからだ。そこで、周囲に責められたり、自分の義務や道徳心に反しないかどうか、冷静に考えた上で、納得できる判断を下す必要がある。それでこそ、「自分の意志で決めたことだ」という自由を感じることができるだろう。

人間性心理学のセラピーが主張するように、「今、ここ」での感情に気づくことは大切であり、そこには「あるがままの自分」が受け容れられた充足感と、自由に行動する勇気がもたらされるかもしれない。しかし、そのようにして見出された自分を「本当の自分」として強調しすぎれば、その解放にばかり力点が置かれてしまうだろう。人間は複数の欲望を抱えた存在であり、周囲に認められたい自分も「本当の自分」であることに変わりはなく、無視するわけにはいかない。自由に生きる上で大事なのは、複数の自分の欲望を自覚し、納得のいく判断ができることなのだ。

そもそも「本当の自分」を客観的に存在するものであるかのように実体化し、自己実現を目的としている点にも疑問が残る。クライエントが「本当の自分」を実感することは重要だが、「本当の自分」であらねばならない、自己実現しなければならない、となれば、セラピーは義務となり、むしろ自由を感じることはできなくなる。フランクルも指摘したように、自己実現は何か意味のある行為をする過程で後から生じるものであり、自己実現そのものを目指してしまえば、それが新たな義務となり、自然な感情を抑圧してしまうのだ。

さらに言えば、欲望、感情を抑圧するのは、何も周囲のルールや世間的な価値観、社会規範ばかりではない。自分自身の作り上げた行動規範、価値観の歪みもまた、欲望の抑圧、感情の抑制を惹き起こす。認知行動療法ではこれを認知構造の歪みとみなし、その歪みを修正することが大きな課題となっているが、ヒューマニスティック・アプローチではこの点をあまり問題にしていない。

重い精神疾患の場合は、大抵、物の考え方や行動規範に大きな歪みがあり、その修正なくして治療は成り立たない。そして、こうした歪みに気づくためには、思考様式を捉えなおす必要がある。その点、認知行動療法は思考の歪みの修正が自覚的になされており、精神分析も抑圧された欲望だけでなく、自我の分析を介した超自我の自覚を重視している。しかし、人間性心理学のセラピストの多くは、健康な人や比較的軽度の精神疾患を対象としてきたせいか、行動規範、思考様式の歪みを修正する必要性についてはあまり語らないのである。

人間性心理学のセラピストから見れば、社会規範や世間的な価値観に沿った思考の修正は、結局は周囲の人々や社会への迎合であり、「本当の自分」の抑圧ではないか、と思えるかもしれない。だが、人間はただ「したい」ことができれば満足なのではなく、多少は「したい」ことをがまんしてでも、他の人々と共に生き、認められ、愛されることを求める存在であり、そのために葛藤し、悩み続けることになる。そしてこの葛藤において、納得のできる判断をするためには、思考の歪みは修正されなければならない。

来談者中心療法よりも認知行動療法や精神分析のほうが優れている、と言いたいわけではない。思考の歪みを修正するには、その歪みを認め、受け容れることが不可欠だが、ただ単に間違いを指摘されても素直に認められるものではない。セラピストとの信頼関係があってこそ、歪んだ思考に基づく感情があることに気づき、考えを変えても他人に受け容れてもらえる、と信じることができる。

そう考えると、信頼関係に基づく感情の気づき、という来談者中心療法のやり方は、実は思考の歪みを修正する上で、とても効果があると言える。実際、成功したケースの中には、セラピストの共感的な反応を介して、自己の感情だけでなく、思考の歪みにも気づき、自ら修正している場合もあるはずだ。

近年の認知行動療法や精神分析もそうした治療関係を重視しているが、来談者中心療法の登場した一九五〇年代では、サリヴァンらの対人関係学派を除けば、他にそうした観点はほとんど存在しなかった。その意味で、来談者中心療法における共感と治療関係の重視は、現在の心理療法の動向を先取りするものであったと言えるのだ。

実存主義的セラピーの可能性──ハイデガー哲学からの再考

来談者中心療法を含むヒューマニスティック・アプローチは、一九七〇年代までは勢いがあり、心理学出身のセラピスト、カウンセラーの多くが実践していた。ここ二、三〇年は認知行動療法におされているが、強い批判にさらされてきたわけではないし、セラピーとしての効果がなかったわけでもない。むしろ、実存主義的セラピーの共感、「今、ここ」での気づきなどは、現在、他の心理療法も重視するようになっている。

たとえば、コフートの自己心理学や関係精神分析では、治療関係、共感が重視されている。認知行動療法においても、スキーマ療法のように共感や自己理解を重視したり、第三世代の認知行動療法のように、マインドフルネスを取り入れ、「今、ここ」における感覚への気づきを重視している技法が増えている。こうした技法はすでに半世紀以上も前にロジャーズやパールズが実践していたことなのだ。

私たちは誰もが自由に、自分の望むように生きたいと願っているが、ときとして自分の気持ちに気づくことができず、何をすべきかがわからなくなる。自分のしたいことを自覚し、自分の納得できる行為の選択ができなければ、およそ自由に生きているという実感は得られない。だからこそ、自分の本当の気持ちを自覚することが必要になる。

自らの感情の動きに注意を向け、主観的な世界を内省すれば、自分が何を望み、何を怖れているのか、そうした本音、「本当の自分」に気づかされる。そして、自分が何をしたいのか、何をなすべきなのか、自分の主体的な意志によって行動、生き方を選び取ることができる。ロロ・メイの強調した「自己への気づき」、ロジャーズの「自己一致」などは、クライエント自身が「知らなかった自己」に気づくことに他ならない。それは自由に生きる上で、そして周囲に合わせすぎず、自分らしく生きる上で、とても大事なことなのだ。

ハイデガーは『存在と時間』において、気分が人間の存在の仕方の根底にあること、そして気分こそが自分のありようを教えてくれることを指摘し、次のように述べている。

「気分が現存在の根源的な存在様相であることを否認するようなことがあってはならない。現存在はこの存在様相において、いかなる認識や意志よりもさきに、またそれらの開示力の射程をこえて、おのれ自身にむかって開示されるのだからである[30]」

ハイデガー

人間（現存在）は自分のことを頭であれこれと考え、いま自分が何を望んでいるのかを認識しようとする。だが、そうした自己理解に先立って、すでに気分が自分の本当の気持ちを示している。自分が本当はどう

30　M・ハイデッガー『存在と時間（上）』細谷貞雄訳、筑摩書房、一九九四年、２９６頁

■実存主義的セラピーの相関図

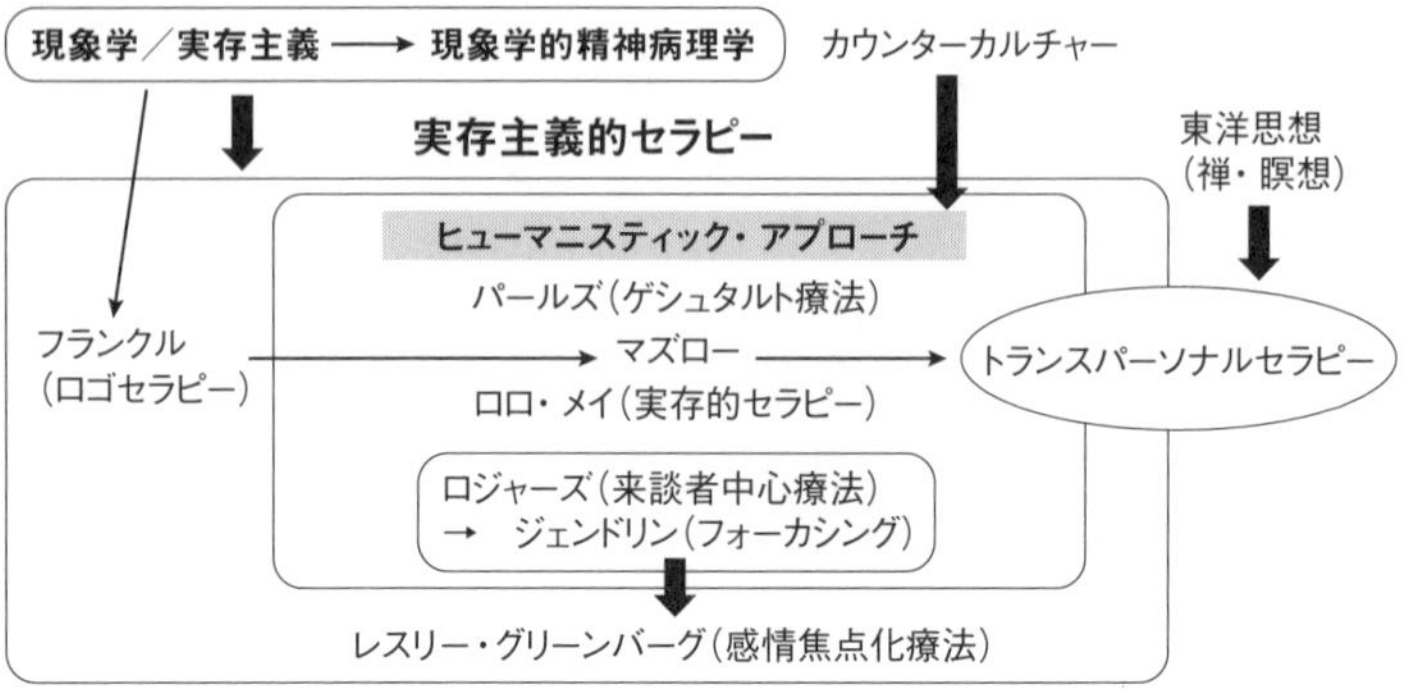

したいのか、感情が自分に教えてくれるのだ。そのため、感情に気づき、受け容れることは、自分にとってよりよい行動の選択につながり得る。

ハイデガーによれば、人間は自らの気分を了解しつつ、新たな可能性をめがける存在である。自分自身の感情に気づくとき、自分がどうしたいのか、どうすべきなのか、その可能性が見えてくる。そして、その可能性に向かって行動を起こしている。それはまた、その都度の自分自身の気持ちに気づき、自己を知ることによって、納得できる行動を選べる、自由に生きられる、ということでもある。人間は自己を了解しつつ、可能性をめがける自由な存在なのである。

こうしたハイデガーの考えは人間の存在本質を鋭く捉えており、彼が実存哲学の第一人者と目されているのもうなずける。したがって、「感情の気づき」を重視し、自己の内省を重要な方法とする実存主義的セラピーは、気分を了解しつつ可能性を求める、という人間の存在本質に基づくものであり、人間が自由に生きるための適切な方法と言えるだろう。

ただし、従来の実存主義的セラピーの中心を担ってきたヒューマニスティック・アプローチは「本当の自分」を実体化し、自己実現を目的にしている面があり、社会への適応には批判的で、歪んだ思考や行動の積極的な修正は行わず、「本当の自分」の解放こそ自由につながる、という考えから脱け出ていない。それでは自己実現が義務になり、過度な自己意識から不安が強くなるかもしれない。「本当の自分」をセラピストは知っていると考え、セラピストへの依存が生じる可能性もある。そうなれば、自らの意志で納得して行動を選ぶ、という自由の意識から遠ざかってしまうだろう。

フランクルは自己実現の目的化を批判し、過度な自己観察をやめるべきだと主張しているが、それは過度に自己を意識することが、「本当の自分」への囚われにつながり、思うように行動できなくなるからだ。過度な自意識は行為の遂行を妨げ、結果的にうまくいかなくなる。他人の評価ばかりが気になれば、自由に行動することができなくなるのだ。ただし、「自己観察をやめる」というのは、行為をする際に自意識過剰にならない、ということであり、「今、ここ」にある感情に気づくこと、「自己への気づき」を否定するものではない。私たちは感情に気づくことでこそ、自分がしたいこと、すべきことを自覚し、納得のいく行為を選ぶことができるのだ。

感情の気づきから自分の関心や欲望を知る、という方法は、より納得のいく行動を選択し、自由に生きることを可能にする。それは実存主義的セラピーにおいて核心的なことであり、心理療法の歴史全体で見ても大きな功績だったと言える。これによって、現代の心理療法は「自由に生きる」という目的を明確にし始めたのである。

第7章　心理療法の最前線――家族療法から構成主義のセラピーへ

対人関係に焦点を当てた第四の潮流

三大心理療法である精神分析、行動療法、来談者中心療法は、それぞれ同一の思想・枠組みに基づく心理療法のグループを代表する技法であり、本書ではそれを、深層心理学的セラピー、実証科学的セラピー、実存主義的セラピーに分けて論じてきた。二〇世紀前半は精神分析が心理療法の中心を担っていたが、一九五〇年代になると、行動療法と来談者中心療法が登場したことにより、それぞれを中心とする三つの潮流ができたのだ。

今日における心理療法の種類は膨大で、こうした三大潮流に属さないものも多いのだが、共通点を指摘できる技法も少なくない。

たとえば催眠療法では、暗示を使う場合はともかく、無意識の記憶を呼び起こす場合は精神分析に近いし、芸術療法では、表現された作品の中に無意識の欲望や不安を読み取る場合、深層心理学的な心理療法との共通性は明らかである。また、モレノの心理劇は即興劇を演じることで多くの気づきを得る集団療法だが、ゲシュタルト療法など他の心理療法に使われることもあるし、エンカウンター・グループや自助グループなどと共に、集団療法という枠組みで括ることもできる。

一方、三大潮流とは異なる観点で実践されてきた心理療法のグループもある。それは、患者、クライエントという個人の内面に原因を求めるのではなく、彼らの周囲の人々との関係に原因を求める心理療法の一群であり、対人関係に焦点を当ててアプローチする、という意味では「関係論的セラピー」として一括りにできるだろう。

対人関係に焦点を当てた心理療法として有名なのは、一九七〇年代に登場した、クラーマンの対人関係療法（IPT）である。この治療法は特にうつ病に有効とされ、治療効果の証明された心理療法のひとつとして、現在でも多くの国々で使用されている。

対人関係療法は短期的な治療法であり、問題を特定のものに絞り、その解決に治療目標を置いている。焦点となるのは、その時点での患者の対人関係であり、過去の対人関係、特に幼少期の親子関係は、対人関係パターンを理解するために振り返りはするが、そこにこだわることはない。クラーマンは次のように述べている。

「IPTの治療者は、治療経過中に、重要な他者に関する患者の歪んだ考えを裏付ける出来事が現れたときに、患者の注意をその考えに向けさせる。そしてそこから、不適応的な思考が対人関係に及ぼす影響について検討すべきだと患者に言うのである[1]」

1　G・L・クラーマン、M・M・ワイスマン、B・J・ランスヴィル、E・S・シェヴロン『うつ病の対人関係療法』水島広子・嶋田誠・大野裕訳、岩崎学術出版社、一九九七年、18頁対人関係療法では、配偶者、恋人、親、親友など、現在、親密な対人関係にある人（「重要な他者」）との関係における、役割の変化や不和、悲哀、対人関係の欠如のいずれかに焦点を当てている。たとえば、相手に求められている自分の役割や、相手に求めている役割にズレを感じている場合、私たちは強いストレスを感じやすい。しかし、自分が期待する役割、相手が期待する役割を自覚すれば、相手との関係を適切なものに修正することができる。

このように、対人関係療法がアプローチするのは、あくまで現在の対人関係であり、過去の産物とも言える内的な葛藤や認知、パーソナリティには焦点を当てていない[2]。

また、患者の対人関係に焦点を当てた関係論的セラピーとしては、家族療法も重要である。家族療法は患者の内面ではなく、家族関係に焦点を当てた技法であり、患者個人の内面ではなく、患者の家族関係を変えることで、問題を解決しようとする。現在の問題解決に焦点を絞り、短期間で解決を志向する点では、対人関係療法と共通しているが、家族関係をひとつのシステムとみなし、独自な技法を数多く編み出している[3]。

家族療法の歴史はすでに半世紀を超え、多様な学派、技法に分かれた一大勢力となっている。コミュニケーション派の他に、戦略派、精神力動的家族療法、多世代派、構造派、ミラノ派など、様々な学派、技法が存在するのだが、家族関係に焦点を当てている点では共通している。それは個人の心理的な問題、逸脱した行動の原因を、その人の内面に求めるのではなく、家族関係の中に問題があると考え、その関係性を改変することで問題を解決しようとする技法なのである。

また、一九八〇年代以降の家族療法は構成主義の影響が色濃くなり、そこから、ブリーフセラピー、ナラティヴ・セラピー、オープンダイアローグなども生まれている。家族療法の系譜を中心とした関係論的セラピーの一群は、いまや心理療法の第四の潮流とも言うべき巨大な影響力を有しているのである。

家族療法とシステム論

家族療法は、問題をクライエントだけのものとして治療するのではなく、家族における人間関係の問題として面接、指示を行うものであり、その始まりは一九五〇年代に遡る。

アッカーマン

当時は精神分析の全盛期でもあったが、アッカーマンは精神分析を家族に応用するという、新しい試みを始めていた。彼は家族と面接するだけでなく、家族内の個人に精神力動的技法を適用しようとしたのだ。その治療実践は、個人や家族生活の私的領域にストレートに入り込み、家族の関係に劇的な変化を引き起こしたと言われている。アッカーマンには並外れた臨床の能力があったのだが、それよりも家族関係に直接介入する技法を考案した功績こそ高く評価すべきだろう。彼はまさに家族療

2　精神分析も幼児期の対人関係（親子関係）を重視しているが、それは内在化された親子関係であり、超自我などに変化しており、転移として外部の対人関係に投影される場合もある。外部の現実の対人関係よりも、個人の内部に焦点を当てているのである。

3　対人関係療法の場合は、対人関係上の問題を話し合うことで患者に気づきを促すが、家族療法の場合は、患者の洞察は特に必要とされておらず、家族全員を巻き込んで関係を変えることが中心になる。

法のパイオニアと呼ぶにふさわしい人物であった。

アッカーマンの方法は精神力動的家族療法と呼ばれており、症状と家族構造の問題を結びつけるものであったが、これは後にミニューチンの構造派家族療法にも影響を与えることになった。一九六〇年代の初め頃、ミニューチンはアッカーマンの仕事に加わるように誘われている。そのことがきっかけで、家族療法を実践するようになったのである。

ミニューチンは家族の構造特性に着目し、家族を正常な状態へ戻すことを「再構造的な動き」と呼んでいる。構造派の家族療法では、家族システムにセラピストが積極的に参加し、母親と子供の融合を解体したり、両親の連合関係を構築したりするのであり、それによって問題のある家族の構造を修正する。機能不全に陥っている家族を再組織化し、機能している家族へと押しやるのである。

これはボーエンの多世代派家族療法にも同じことが言える。この学派では、家族との融合が世代間で伝達されているかどうかに焦点を当て、家族からの分離、自立を促している。家族関係は世代を超えて伝承されるので、ジェノグラム（家族の関係図）を作り、家族の関係性を自覚してもらったり、家族関係の構造に介入して変化させ、問題を解消しようとするのである。

ボーエンはまず、家族の三角関係に着目した。人間関係においては、第三者を排除するために二人組が形成されやすい。二者間に緊張が生じると、より不快感を抱いているほうが、第三者を巻き込んで緊張を解消しようとするのだ。たとえば、夫婦間の間で緊張が生じると、子供の話題をだしにして、緊張を解消しようとする。子供もこの関係に巻き込まれ、一定の役割を担うことになる。家族内で夫婦関係が悪ければ、それに耐えがたくなった子供は親に反抗的態度を取るようになり、それによって無意識のうちに両親の不和を解消しようとするのである。

ボーエンは、この三角関係の中で比較的自由のきく位置にある人物によって、全体の関係を変えようとする。不登校をめぐって母親と子供がもめても、父親が子供の味方をすれば、母親と子供の緊張は解消される、というように。

こうした初期の家族療法に共通しているのは、家族をシステムとして見る視点であり、ここには一般システム論の影響を見ることができる。

ベルタランフィの一般システム理論によれば、システムとは、ある目的のために集められ、組み合わされた諸部分からなるものであり、システム内に問題が起きても、システム自身が何とかしようとする性質＝自己制御性を持っている。この自己制御性がときに問題を大きくしてしまうのであり、たとえば家族というシステムの場合、家族の問題は家族内で解決しようとして、かえって悪循環に陥ることが少なくない。

家族療法においては、この家族システムの性格を利用し、その関係性に介入し、システム、構造を改変し、問題の収束を図ろうとする。[4] そのため、システムズ・アプローチと呼ばれることも多いのである。

■家族システムへの介入

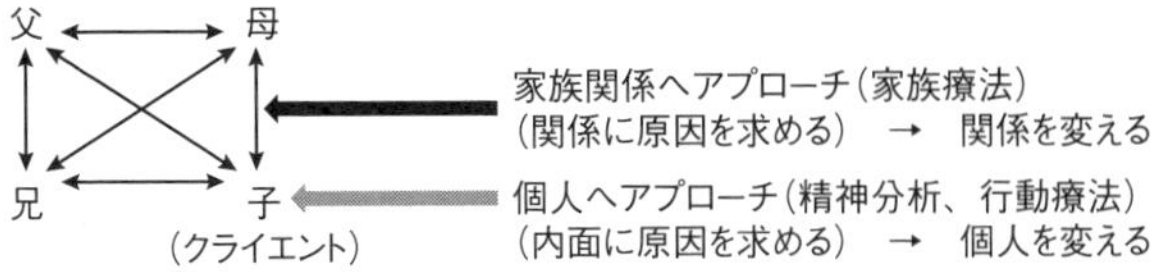

4　家族療法で有名なセラピストのほとんどは、家族の特性を「システム」として捉えていた、とリン・ホフマンも述べている（L・ホフマン『家族療法の基礎理論』亀口憲治訳、朝日出版社、二〇〇六年、38頁）。

コミュニケーション派の家族療法

アッカーマンを中心にアメリカ東海岸で家族療法が発展し始めたちょうど同じ頃、西海岸ではＭＲＩ（メンタル・リサーチ・インスティチュート）を拠点とする別のグループ（パロアルト・グループ）が家族療法の新しい形を示し始めていた。それは、家族の病理を家族内のコミュニケーションの問題として捉えるコミュニケーション派の家族療法である。

ジャクソン、ウィークランド、ワツラウィックらを中心とするこの学派は、文化人類学者であるグレゴリー・ベイトソンのコミュニケーション研究に強い影響を受けており、一九七〇年代以降、急速に広まっていくことになる。

一九五〇年代、ベイトソンらは統合失調症者の家族を研究するうちに、患者がよくなると家族の誰かの具合が悪くなることに気がついた。それはまるで、家族が病人を必要としているかのようだった。また、こうした統合失調症者の家族研究は、ダブル・バインドという独特なコミュニケーションに満ちていることも明らかになった。

たとえば、子供が母親に抱きつこうとすると、微妙に母親の身体が引き気味で、一瞬嫌そうな表情になった場合、子供はそれを見て抱きつくのをやめるが、母親は子供が抱きついてこないことを責め、私を愛していないのか、と言ったとしよう。この場合、抱きつけば母親に嫌がられるのはわかっているが、抱きつかなくても叱られ、嫌われてしまう。子供は母親の矛盾したメッセージによって身動きが取れなくなってしまうのだ。

これがダブル・バインド状況であり、このようなコミュニケーションが繰り返されれば、心身に不調をきたすようになる。それが精神疾患の原因だとベイトソンは考えたのである。そして、この精神疾患の原因をコミュニケーションの不調と見なす考え方が、コミュニケーション派の家族療法の土台となり、独特な技法の数々を生み出すことになった。

ここで、コミュニケーション派の方法を少し詳しく紹介しておきたいと思う。

まず、システム論の考え方を応用し、家族システム内の悪循環にだけ介入し、後は家族システムが自己制御性によって勝手に安定していくようにする。家族の間でのルールや行動パターンを変えることで、悪循環を繰り返す家族の現実を変化させ、その家族にとっての新しい現実を再構成するのだ。

ベイトソン。出典:C+Fコミュニケーションズ編著『パラダイム・ブック』（日本実業出版社、1986年、181頁）

治療、助言を求めて相談に来る人は、家族の中に必ず問題行動を起こす人物（IP）[5]がおり、解決しようとしてもうまくいかない、と訴える。しかも、そうした家族独自の解決方法は問題行動を止められないだけでなく、むしろその繰り返しによって悪循環を生み出し、家族にとって変えがたい現実だと感じさせている。そこで、まず面接においては、悪循環とその「例外」を発見することにポイントを置く。悪循環が生じなかったような「例外」の

5　家族療法では不適応な行動を見せている人物を「IP（Identified Patient：患者と見なされる人）」と呼び、「患者」「クライエント」とは呼ばない。それは、問題が個人にあるのではなく、関係にある、と考えるからだ。

状況は、悪循環を断ち切るための材料に使えるからだ。戦略が決まったら、クライエントに悪循環の図を書いて状況を説明し、その悪循環を断ち切るための方法を指示する。

介入方法には「例外」を利用する他に、様々な技法が複合的に組み合わされている。パラドックスを利用したパラドキシカル・アプローチ、意味づけを変えるリフレーミングなどがその代表である。

「パラドキシカル・アプローチ」とは、ベイトソンのダブル・バインド理論を応用（逆利用）し、パラドックスを含んだ指示を様々な形で与えるやり方だ。親にことごとく反抗する少年に向かって「反抗してもいいんだ、どんどん反抗しなさい」と指示すれば、この少年はダブル・バインドの状況に立たされる。反抗すれば治療者（または親）の指示どおりになってしまい、反抗できなかったことになるし、反抗しなければ、家族にとっての問題はそれで解決となるからだ。[6]

これは、最初から反抗する余地のない選択を迫っているのであり、パラドキシカルな指示によって特定の行動を取らざるを得なくなれば、悪循環は断ち切られ、問題を生み出していたコミュニケーションのルールが変わり、後はシステム論の原理によって、家族システムは自動的に安定化へ向かう、というわけである。

もうひとつ重要な技法に「リフレーミング」（再意味づけ）がある。これは、言語の意味が使い方や文脈によって決まるという、ウィトゲンシュタインの言語ゲーム論に基づく技法であり、起きた事実は事実として認めるが、その事実を背後から支えている枠組みのほうを変えることで、全体としての意味を変えてしまうやり方だ。コミュニケーション派以外の家族療法でも多用されており、構造派のミニューチンはリラベリング（再呼称）、ミラノ派のパラツォーリはコノテーション（言外の意味付与）と呼んでいる。

たとえば「毎日、子供のやることに対して怒ってしまうんです」と悩む母親に対して、「よほどお子さんを愛しているんですね」とか、「毎日って言いましたが、一日に一回しか怒っていないわけでしょう。日に何度も怒ってしまう方もたくさんいますよ」などと言えば、怒っているという事実自体は変わらないのだが、その事実の意味は肯定的に変化する。「優柔不断で、なかなか物事を決められないんです」という人には、「慎重な人なんですね」と言えば、ニュートラルな方向へ意味を変えたことになる。[7]

家族療法の目的は、家族にとっての困った現実を、新しい現実に変えること、それによって問題を解消することである。それも具体的な指示を与えることで、短期間での解決を目指しており、この点については催眠療法家として有名なミルトン・エリクソン[8]の影響が大きい。家族の現実は家族のコミュニケーションによって構成されているので、このコミュニケーションのパターンをパラドックスによってずらしたり、リフレーミングによって意味を変えてやれば、家族の現実は変更され、問題は解消されることになる。

ワツラウィックらの言葉を借りれば、「望ましい変化は、その基準からのずれを産み出すものと反対のこと

6　ベイトソン自身、ダブル・バインドが治療に応用できる可能性についても触れており、「ダブル・バインドとそのコミュニケーションの側面を理解することによって、治療技術に新機軸が打ち出されるかもしれない」と述べている（G・ベイトソン『精神の生態学（上）』佐伯泰樹・佐藤良明・高橋和久訳、思索社、一九八六年、３２６頁）。

7　リフレーミングとパラドキシカル・アプローチについては、長谷川啓三の『家族内パラドックス』（彩古書房、一九八七年）に豊富な例が挙げられている。この本はコミュニケーション派の家族療法を理解する上でとてもわかりやすい良書である。

8　臨機応変な臨床で、数々の技法を編み出した人物で、コミュニケーション派の家族療法や短期療法に多大な影響を与えている。

をすることで達成される」[9]のである。

コミュニケーション派の家族療法も、家族をシステムと見なし、そこに介入して変化を起こす、という点では構造派や多世代派などと同じだが、従来の家族療法が「健康な家族」という理想を設定し、「壊れた家族」の建て直しを図る、というものであったのに対し、「健康な家族」というものを想定していない。「健康な家族」「理想的な家庭」を治療目標におけば、どこかで無理が生じてしまうからだ。

コミュニケーション派の考えによれば、現実は人々の間で構成されたものであり、理想的な家族などというものは存在しない。家族において現実と思われているものは、家族の間で構成された物語が固定しているために、変えがたい現実だと錯覚されているにすぎないのだ。客観的で変わらない現実など存在しないのであり、家族の間でのルールや行動パターンを変えていけば、いつでも新しい現実の再構成が可能になる。

このように、客観的現実など存在しない、現実はコミュニケーションによって構成されたものにすぎない、という考え方を構成主義と呼ぶことは、すでに述べたとおりである。以後、この構成主義の考え方が、その後の家族療法に大きな影響を及ぼしていくことになる。

広まる構成主義の影響

コミュニケーション派の家族療法は、その後、多様な技法、学派を生み出しつつ、次第に影響力を持ち始めた。スティーヴ・ド・シェイザーのブリーフセラピー、解決志向アプローチはこの考え方から生まれており、例外を発見したり、違うことをしてみることで、問題の解決を図ろうとする。ヘイリーの戦略派家族療法も短期で問題解決を行う様々な技法を開発しているが、もともとベイトソンの研究グループに属していたため、コミュニケーション派と重なる部分が多い。

一方、コミュニケーション派から影響を受けながら、独自の家族療法を開発していったのが、ミラノ派を率いるパラツォーリである。彼はイタリアのミラノを拠点に、セラピストが攻撃せねばならないのは家族でも問題でもなく、家族ゲームだと考え、家族成員それぞれに、自分が他の家族にどのような影響を与えているか、どんなふるまいをしているのかを質問し、考えてもらうという方法を取っていた。それによって、家族の悪循環を引き起こしているコミュニケーションを明らかにし、それを修正させるのである。

一九八〇年代以降は、第二世代と呼ばれる新たな家族療法が登場し、さらに新しい考え方や技法が生まれている。構成主義的立場を鮮明にし、家族関係のみならず、治療者を含んだ治療関係を問題にし始めたのである。

たとえば家族療法の一部のグループは対話の姿勢を強調し、あまり問題解決ばかりを志向しない。システム論に対しても否定的で、家族に構造を仮定するような枠組みそのものに批判的である。ガルベストン・グループのアンダーソンとグーリシャンはその典型であり、彼らは解釈学や構成主義の立場から、対話を通した意味生成を重視する。従来のセラピーは隠された本当の意味を想定し、その発見を目指していたが、本当の意味など存在しない。ただコミュニケーションにおいて構成される意味があるだけだ、と考えるのである。このやり方は、協働的言語システムアプローチと呼ばれている。

9　P・ワツラウィック、J・H・ウィークランド、R・フィッシュ『変化の原理』長谷川啓三訳、法政大学出版局、一九九二年、51頁

■リフレクティング・プロセス

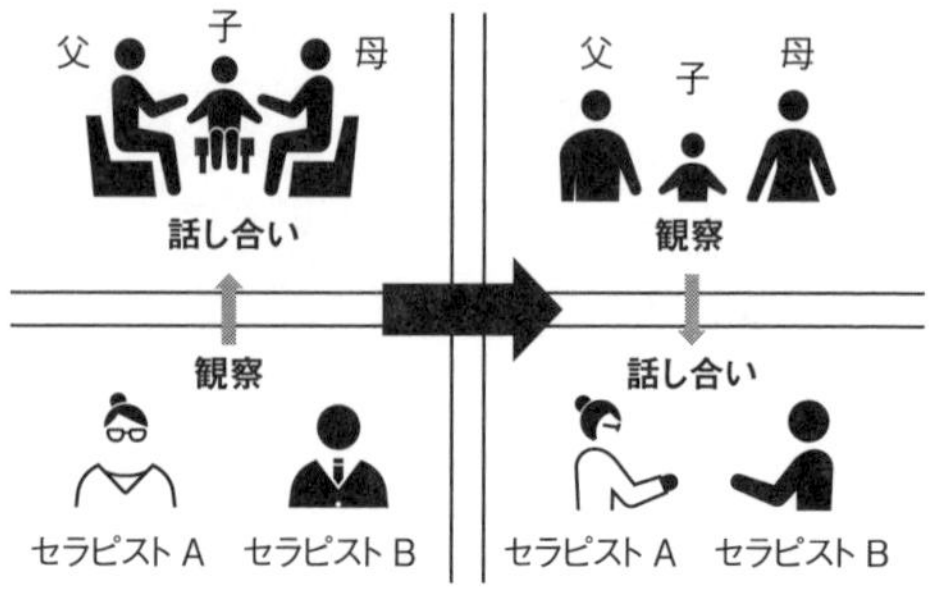

また、家族療法家のリン・ホフマンは、最初は家族パターンが症状を決定し維持するのだと信じ、そのシステムを変化させることが必要で、クライエントと個人的な関係を作る必要はない、と考えていた。しかし、そうしたやり方は次第にホフマンにとって不快なものとなり、クライエントに同情的な態度を見せたり、自分の話をすることもあり、質問も歓迎するようになったという。セラピストとクライエントは横並びの位置にあり、上下関係をつけて区別すべきではないと思い始めたのである[10]。

このとき出会ったのが、リフレクティング・プロセスのトム・アンデルセンであった、とホフマンは述べている。リフレクティング・プロセスとは、セラピストのチームが家族について話しているのを家族に聞いてもらい、コメントを求めるようなやり方だ。そこに専門家が優越した地位にあるという前提はない。自分たちの見解に対する評価を自分たち自身へ差し戻すのである。すると、相談者と聞き手との間で相互に影響し合うプロセスが重視されるようになる。

それまでにも、面談するセラピストとクライエントをセラピストのチームが観察し、その後、セラピストがこのチームと相談をし、結果をクライエントに伝える、という方法は存在した。ミラノ派には、ワンウェイ・ミラーを介して面接室の隣の部屋で観察する方法があり、トム・アンデルセンも最初はこれを実施していたが、彼はこの方法にやりにくさを感じ、話し合いの様子をオープンにすることにしたのだ。

　こうして、セラピストとチームの話し合いの様子を、面接の途中で照明スイッチを切り替えることによって、クライエントらに公開し、その後、話し合いについてのコメントを求め、面接を続けるという手法が定着した。これがリフレクティング・プロセスである。[11]

オープンダイアローグ

　構成主義に基づく第二世代の家族療法は、その後、次第に家族療法を超えた領域へ影響を及ぼし始めた。たとえば、リフレクティング・プロセスと協働的言語システムアプローチをもとに、セイックラが「オープンダイアローグ」という方法を開発している。これは重篤な精神疾患（主に統合失調症）に対する危機介入の方法であり、近年、注目を浴びている技法である。

　オープンダイアローグの基本はミーティングであり、依頼を受けてから二四時間以内に、患者、危機対応チーム、その他の重要な関係者全員（親戚、友人、他の専門家）で話し合いを行い、意見を交換する。そして、対話そのものが答えを出すか、問題がなくなる（危機的状況を脱する）まで、結論を急がず、何度も話し合い

10　L・ホフマン「家族療法のための再帰的視点」（S・マクナミー、K・J・ガーゲン編『ナラティヴ・セラピー』野口裕二・野村直樹訳、金剛出版、一九九七年、23－55頁）
11　T・アンデルセン「「リフレクティング手法」をふりかえって」（S・マクナミー、K・J・ガーゲン編『ナラティヴ・セラピー』野口裕二・野村直樹訳、金剛出版、一九九七年、89－114頁）

■オープンダイアローグのミーティングの様子（イメージ）

を繰り返す。

その際、どんなことでも話せるようにして、しっかりと聞くことが重要である。患者の話に耳を傾け、その意味を共有することができれば、患者自身が意味の共有に基づいて、他者とのつながりや自由を感じ、多くの気づきを得るだろう。セイックラも傾聴と語りによって内的対話（内省）が生じ、自分の考えがはっきりしてくる、と述べている[12]。

また、「同一化は、相互理解にとってなくてはならない[13]」と主張しており、共感の重要性も十分認識されている。同一化とは相手の身になること、相手への無意識的な模倣を介して、相手の感情を理解することであり、これは共感とほぼ同義と考えてよいだろう。つまり、この技法には共感を介した「自己への気づき」という要素もしっかり含まれているのだ。

オープンダイアローグの出発点は、コミュニケーション派の家族療法であり、徹底した構成主義の観点によるセラピーの発展型と捉えることができる。そこではもはや、家族の構造、システムに焦点を当てることはない。システムは対話の度に創造され、新たな現実を生み出しているからだ。また、患者の意見は治療者の意見と同等の価値があり、無理に合意を得ようとはせず、「理解と理解を結び合わせること」が目標になっている[14]。

現在、北欧においては統合失調症に対するオープンダイアローグの実践が広まりつつあり、しかも一定の成果を挙げている。今後、どのくらいの広まりを見せるのかは未知数だが、現代心理療法における最先端のひとつであることは間違いないだろう。

ナラティヴ・セラピー

一九九〇年代に入り、家族療法の基盤となった構成主義、ポストモダン思想の影響によって新たに登場したのが、家族療法家だったホワイトとエプストンが創始した「ナラティヴ・セラピー」である。これは現在、大きな注目を集めており、構成主義的な心理療法の代表格と言ってもよい。

ナラティヴ・セラピーでは、問題を抱えるクライエントのドミナント・ストーリー（苦痛の原因となっている支配的な物語）を解明し、違った新しいストーリー（オルタナティブ・ストーリー）を提供することで問題を解決しようとする。開発者のホワイトによれば、「この解明は、これらのストーリーと関連した否定的アイデンティティ結論の多くを脱構築する効果を持っていて、人々が世界における新しい行為選択に沿って自分たちに可能なアイデンティティ説明を手にすることを実現する」[15]。それまでの自己物語に付随する否定的な自己

12 J・セイックラ、T・E・アーンキル『オープンダイアローグ』高木俊介・岡田愛訳、日本評論社、二〇一六年、92頁
13 同前、49頁
14 この点について書かれたセイックラの論文「精神病急性期へのオープンダイアローグ」は、斎藤環著＋訳『オープンダイアローグとは何か』（医学書院、二〇一五年、99頁）で読むことができる。
15 M・ホワイト『ナラティヴ・プラクティス』小森康永・奥野光訳、金剛出版、二〇一二年、6頁

イメージを刷新し、新たな自己イメージ、アイデンティティを獲得するのである。

そもそも心理療法を受けようとする人には、打ち明けたいストーリーがある。それは、うまくいかない生活や人間関係についての、苦難のストーリー、当惑、傷心、憤怒《ふんぬ》のストーリーだ。セラピストが助言者的立場からそのストーリーの範囲内で改善方法を探し出すなら、問題の深層にある原因や仕組みを考慮しないため、行動の選択肢は限定されたものになりやすい。そのため一時的な苦痛の緩和剤にはなっても、原因はそのまま脅威であり続ける。

そこで、伝統的な心理療法や精神分析はこの深層に迫ろうとしてきた。これは自然科学における近代主義の立場からのアプローチであり、病理の背後にある原因を究明すれば、問題を診断して除去できる、という前提に立っている。

このような立場から見れば、人生についての物語も不正確で信頼できないものと見なされ、クライエントの物語は治療者の物語へと置き換えられる。それは、問題の多い物語を取り除けるという意味では効果もあるのだが、問題の原因を患者の内面のみに求める傾向があり、心理的困難が関係する環境、社会、文化状況に対する考察が欠けている。そして、こうした治療者の物語が正当化されることにより、クライエントの生活の選択肢は極端に縮小してしまうのだ。

これに対して、構成主義の立場にあるナラティヴ・セラピーでは、病理と治療を客観的事実と見なす物語は捨て去られ、問題の原因を患者の内面に求めない。原因は患者の外部にあることを強調し、「あなたのせいではない」と告げるのだ。[16] そして、セラピストは真実を理解している権威者としてではなく、クライエントと協力し、クライエントに合った現実的で新しい行為の道筋を示そうとする。つまり、クライエントの物語を協力して再構成するのである。

ただし、単一の物語に固執すれば、人との関係性を大きく制限してしまうため、特定の物語を理想化してはならないし、そもそも物語は真実を示すものではない。そこでナラティヴ・セラピーでは、アイデンティティを表現する際、徹底した相対主義の立場をとり、不変のストーリーにこだわったり、有限のストーリーを探したりする必要がないことを理解しなければならない。

構成主義の心理学者であるガーゲンは、ナラティヴ・セラピーについてこう述べている。

「クライエントが自己理解の多様な手段を開発するよう応援するのと同時に、そのいずれかひとつを「自己の真実」と思いこまないよう配慮する。物語の構成は流動的であり続け、状況の変化や豊かな生き方をもたらす〈ダンス〉に対して開かれている[17]」

クライエントとセラピストの二人だけで納得し、共通了解した物語は、第三者にも了解してもらえるかどう

16 原因を外部に求める方法を、ナラティヴ・セラピーでは「外在化」と呼ぶ。有名な例として、ホワイトは遺糞症（いふんしょう）の子供に対して、便を「スニーキー・プー」と名づけ、問題を子供ではなくプーのせいにして治療している（M・ホワイト、D・エプストン『物語としての家族（新訳版）』小森康永訳、金剛出版、二〇一七年、59-66頁）。

17 K・J・ガーゲン、J・ケイ「ナラティヴ・モデルを越えて」（S・マクナミー、K・J・ガーゲン編『ナラティヴ・セラピー』野口裕二・野村直樹訳、金剛出版、一九九七年、209頁）

かわからない。ひょっとすると、他の人間関係において見解の相違や軋轢をもたらすかもしれない。だからこそ、物語を固定せず、周囲の状況に合わせて絶えず変更する必要があるのだ。ガーゲンの言うように、自己理解の新たな形式を、クライエントとセラピストが二人で取り決めるだけでは不十分であり、「新たな意味の形式がセラピー以外の社会関係においても機能するかどうかが問題なのである」[18]。

確かに物語を固定することは、セラピストとクライエントの閉じた二者関係を強化するだけで、第三者を含む現実社会の中で、うまく対応できるかどうか疑問であり、セラピストの解釈に引きずられやすい面もあるだろう。これはラカンも指摘していたとおり、第三者の視点を排除した、想像的関係の問題点とも言える。

しかし、他の人々との関係で柔軟に物語を編み変えるようにする、と言っても、そう簡単なこととは思えない。強い承認不安を抱えたクライエントであれば、自己物語の不安定さに耐えられず、結局、周囲に迎合し、再び歪んだ物語を抱え込むかもしれない。現状のナラティヴ・セラピーは、この点についての原理、実践的方法についての考察が不十分なように思える。

家族関係か、治療関係か

以上、家族療法に始まる一連の関係論的セラピーの展開を見てきたが、アメリカの東海岸と西海岸から始まった家族療法の技法、考え方は、イタリア（ミラノ派）、フィンランド（リフレクティング・プロセス）、ノルウェイ（オープンダイアローグ）、オーストラリア（ナラティヴ・セラピー）へと広まり、世界中が強い関心を寄せるまでになっている。また理論的にも、システム論から構成主義へ、家族関係から治療関係へと、徐々に軸足を移している。

家族療法の基本は関係論にあり、原因をクライエントの内面に求めるのではなく、家族を中心とする対人関係の中に求めている点では共通している。といっても、関係精神分析や来談者中心療法のように、セラピストとクライエントの治療関係に焦点を当てていたわけではない。少なくとも初期の家族療法では、歪んだ家族の人間関係、構造に原因があると考え、正しい家族の構造、システムへの改変を目指していた。

だが一九八〇年代以降の家族療法では、正しい家族の構造を想定せず、現実は家族関係の中で構成される、という構成主義の考え方が広まっている。この考えは次第に治療関係にも及び、リフレクティング・プロセスのように、セラピストとクライエントの関係性が問題になり始めたのだ。ナラティヴ・セラピーにおいても、セラピストとクライエントの間で構成される現実が問題になっている。家族療法の関係論は、次第に家族関係から治療関係にまで及ぶようになり、同時に構成主義の考え方を強めていったのである。

このように、対人関係に焦点を当てる関係論的セラピーにおいても、患者の対人関係に焦点を当てるか、それとも患者と治療者の関係に焦点を当てるのかで異なってくる。

歴史的な流れを整理すると、一九五〇年代から始まる家族療法においても、最初はクライエントの対人関係に焦点を当てたアプローチであった。それはシステム論、構造論といった言葉が象徴しているように、家族関係をひとつのシステム、構造と見なし、それを改変することを目指していたのだ。

18　同前、205頁

■関係論的アプローチの展開

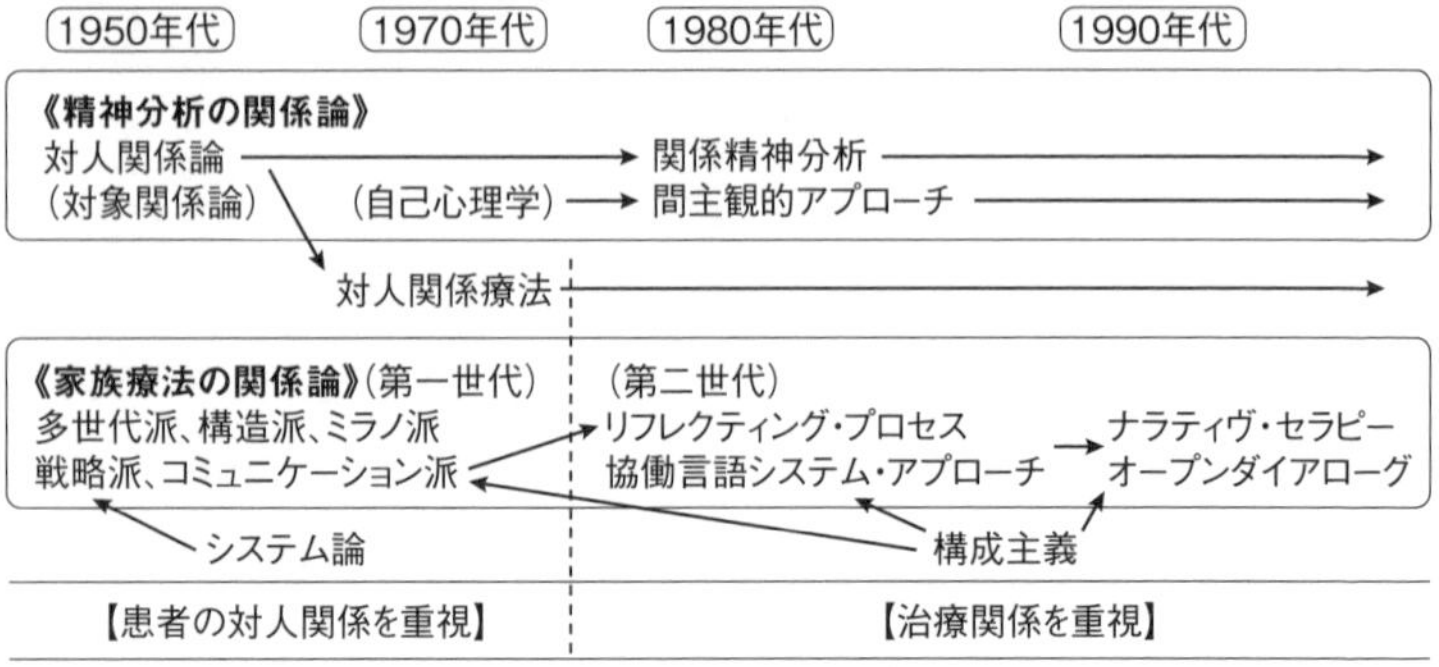

しかし、セラピストとの関係もクライエントにとっては重要な対人関係であり、無視するわけにはいかない。セラピストはクライエントの対人関係を客観的に分析する中立的な立場にいるのではなく、すでにクライエントの対人関係の一部であり、少なくとも治療期間中、クライエントにとってはきわめて重要な対人関係になっている。そこで一九八〇年代以降の家族療法において、セラピストを巻き込んだ形で治療が展開されるようになる。

治療関係を重視する視点は、今日、他の心理療法の領域においても増加の傾向にある。だが、すでに一九五〇年代において、ロジャーズの来談者中心療法がセラピストの関わり方に焦点を当て、受容、共感を重視していたし、サリヴァンが治療者の主観的な関わり、関与観察が必要だと主張していたことは、すでに述べたとおりである。

また、家族療法の第二世代が登場した一九八〇年代は、精神分析の領域においても、治療関係、構成主義が重視され始めた時期に当たる。ミッチェルらの関係精神分析など、関係論的な枠組みが治療関係を軸にした広まりを見せているし、ストロロウらの間主観的アプローチは治療関係を重視するだけでなく、明らかに構成主義の立場に立っている。無意識の解釈を真実とはみなさず、解釈された現実を患者と治療者の間で構成された物語（間主観的現実）として捉えているからだ。

　このように、精神分析の関係論が次第に構成主義の色合いを深めていったのと同時期に、家族療法も初期のシステム論的な関係論から構成主義的な観点が強くなっていった。患者の家族関係だけでなく、治療関係というセラピストを含んだ対人関係が重視されるようになり、しかも構成主義の考え方をはっきりと打ち出すようになったのだ。そこから家族療法の範囲を超えて、ナラティヴ・セラピーやオープンダイアローグなど、多様な構成主義のセラピーが生み出されていくことになる。

　治療関係の重視は、近年の心理療法全般の傾向と言える。おそらく理論的に治療関係に重点を置いていない心理療法の学派においても、「治療関係は重要ではない」と答えるセラピストは少ないだろう。無論、その中で構成主義の立場をとっているセラピストは決して多くはないのだが、それでも構成主義の影響が広まりつつあるのは明らかだ。感情焦点化療法のレスリー・グリーンバーグが構成主義の重要性を指摘していたこと、認知行動療法においても、マホーニーが構成主義の立場を明言していたことを思い出してほしい。

　いまや構成主義は学派を超えて、治療関係を重視する様々な心理療法に影響を与えており、多様なセラピーを統合する可能性をもたらしているようにさえ見える。だが、それは本当に心理療法が向かうべき未来なのだろうか？

ポストモダンの影響

構成主義は本質主義を否定し、真理は存在しないという相対主義を含んでいる点で、現代哲学、特にポストモダンの思想と共通点があり、そもそも構成主義を主張するセラピストの中には、ポストモダンの立場であることを明言している人も少なくない。

現代社会ではポストモダンの思想が広まっており、相対主義の考え方が強くなっている。それは真理主義や本質主義への批判を中心に、近代の考え方全体を否定的に捉える思想でもある。

第二次世界大戦におけるファシズム、そして戦後の共産主義国家の独裁化によって、特定の考え方を絶対視し、普遍的なものだと信じるのは危険である、という考え方が広まった。特定の思考の絶対化は自由の抑圧をもたらす、という危機意識が生じたのである。また、高度消費社会の到来によって、仕事も趣味も自由に生きる選択肢が拡がったため、多様な価値観を認める考え方は、自由に生きようとする人々にとっても受け容れやすかったと言える。一九七〇年代以降、フランス発祥のポストモダン思想の相対主義が広まった背景には、そうした事情があったのだ。そして、この思想は哲学のみならず、心理学や社会学、教育学など、人間科学の分野にも広く浸透し、心理療法の領域も例外ではなかった。

構成主義における真理批判はこうした時代背景の下、一九八〇年代以降、心理療法の領域で急速に広まっていったと言える。

それまでの心理療法では、原因を個人の中に求め、そこに過去の真実がある、まぎれもない現実がある、と考えられていた。それを解釈し、患者に伝えること、正しい思考や行動に修正することが、治療において重視

■心理療法と思想の関係図

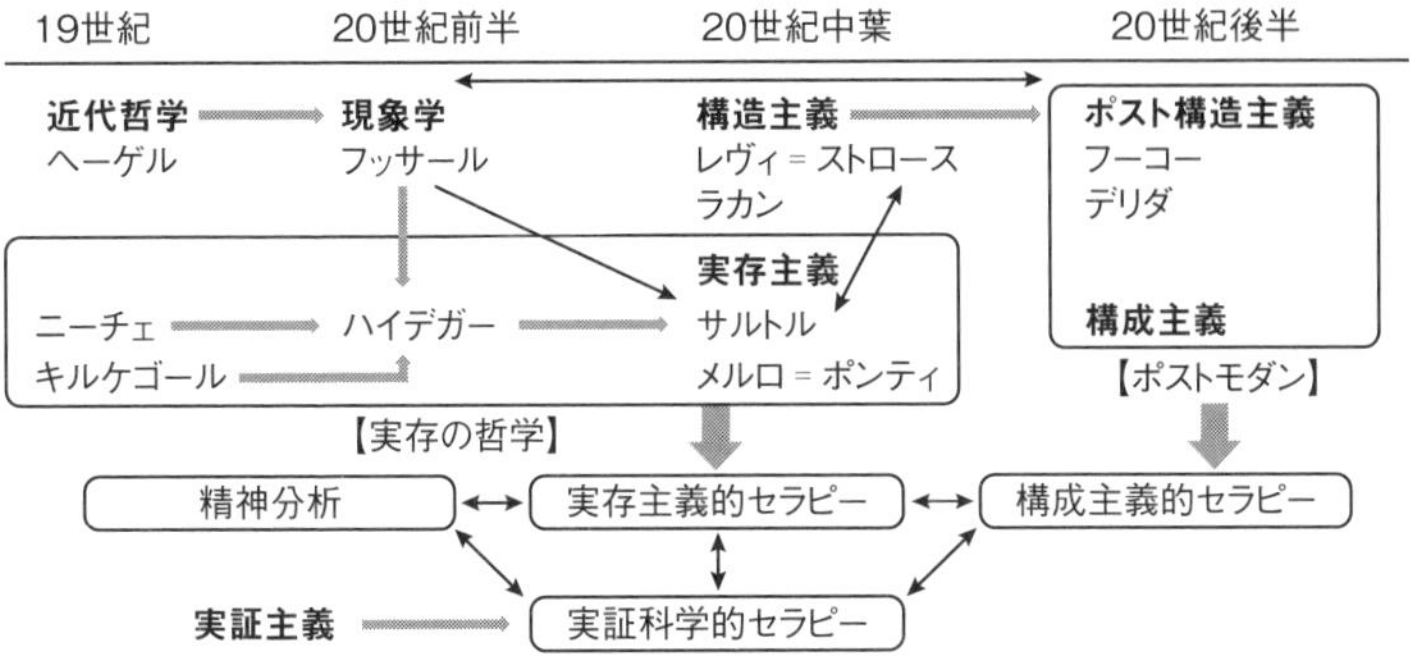

されていたのだ。それは無意識になっている「本当の自分」の発掘でもあった。

しかし、正しい思考、正しい行動への修正を絶対視してしまえば、そうした思考や行動に縛られてしまうため、自由を失う危険性がある。治療者の示す正しい思考や認知、行動、「本当の自分」に引きずられ、そうなることが義務のように感じられてしまうかもしれない。

また、無意識の真実や「本当の自分」、正しい認知・行動を想定すれば、患者はこう考えてしまうだろう。「治療者は自分の無意識にある真実を知っている、本当の私をわかっている」「正しい考え方や行動を理解している」と。治療者も「自分のほうがわかっている」と考えてしまいやすい。そうなれば、教えることのできる治療者の立場が上になり、患者は治療者に依存しがちになる。治療者の指示に従い、自由を感じられなくなってしまうのだ。

そこで構成主義の影響を受けた心理療法では、治療者は真実を知らない、というより真実などない、と考える。真実、現実は、治療者と患者の間で交わされるコミュニケーションによって構成されるのであり、治療者と患者はあくまで対等なのである。こう考えることで、構成主義を導入した心理療法では、治療者の権威化、解釈の絶対化を防ぎ、患者の自由を守ろうとする。患者が特定の考えに縛られ、自由でなくなることを防ごうとするのだ。

このような構成主義の考え方に、一定の有効性があるのは確かだろう。いち早く自由を重視していた実存主義的セラピーでさえ、「本当の自分」を実体化し、セラピーで認識された「本当の自分」を絶対視しがちであった。また、自己実現という目標を置くことで、自由な選択が狭まるリスクをともなっていた。だからこそ、「本当の自分」などなく、その都度構成される自己の物語こそ重要だ、と構成主義のセラピストは主張するのである。

無論、患者と治療者の二者関係において構成された物語は、第三者を含む複数の人間関係、学校、職場など、社会の中でも受け容れられるとは限らない。場合によっては、その物語によって新たな人間関係の軋轢、亀裂が生じる可能性もあるだろう。[19]

この点に関しては、構成主義のセラピストは患者との間で共通了解された物語が絶対性を持たないように、絶えず対話を続けるべきだと考えている。ナラティヴ・セラピーのガーゲンはそう公言しているし、オープンダイアローグもそうした工夫を凝らしているのである。

構成主義的セラピーの問題点

構成主義の考え方が従来の心理療法の問題点を鋭く捉えていることは否定できない。それは独断論的な心理療法の仮説、権威化しがちな治療者の解釈を批判し、より自由な治療関係の道を開いたように見える。しかし、そこに問題がないわけではない。

まず、構成主義の心理療法は、社会や権威、真理からの解放という点にこだわるため、絶えず自己像（自己物語）を絶対視しないように配慮している。だがこのやり方では、特定の自己像に囚われてしまうリスクは避けられるが、その一方で、自己像が定まらないため、自分が本当はどうしたいのか、何をなすべきなのか、混乱してしまうかもしれない。そうした自己像の不安定さの中で、自分自身に確信が持てず、納得して行為を選ぶという自由は感じられなくなるのではないだろうか。

私たちが自由を感じることができるのは、自分の感情を自覚し、納得して行動を決められるときであり、それは自分の気持ちの中に「本当の自分」を感じなければ難しいだろう。なるほど、そうやって見出された「本当の自分」が絶対に真実だという保証はない。だがそれでも私たちは、自分の気持ちを本物だと確信することでこそ、納得する行為を選ぶことができる。そして、そうした確信を得るためには、他者の共感、承認が必要になるのであり、そこに治療関係が重要になる理由があるのだ。

しかし、ナラティヴ・セラピーでは、権威や拘束からの解放という意味での自由には配慮していても、納得して行動を決めるような自由については考えられていない。

治療者との間で共通了解された自己像を絶対化しないこと、自己像について他者と対話を続けること、それがとても大事であることは間違いない。しかし、対話が必要なのは自己像の絶対化を避けるためではなく、他

19　精神分析において構成主義が登場した際にも、ドナルド・スペンスが鋭い指摘をしていたことを思い出してほしい。彼は相対主義に陥ることを危惧し、治療者と患者以外の人々もその解釈に納得すること、共通了解が得られることが重要だと述べている。

■関係論的セラピーの系譜

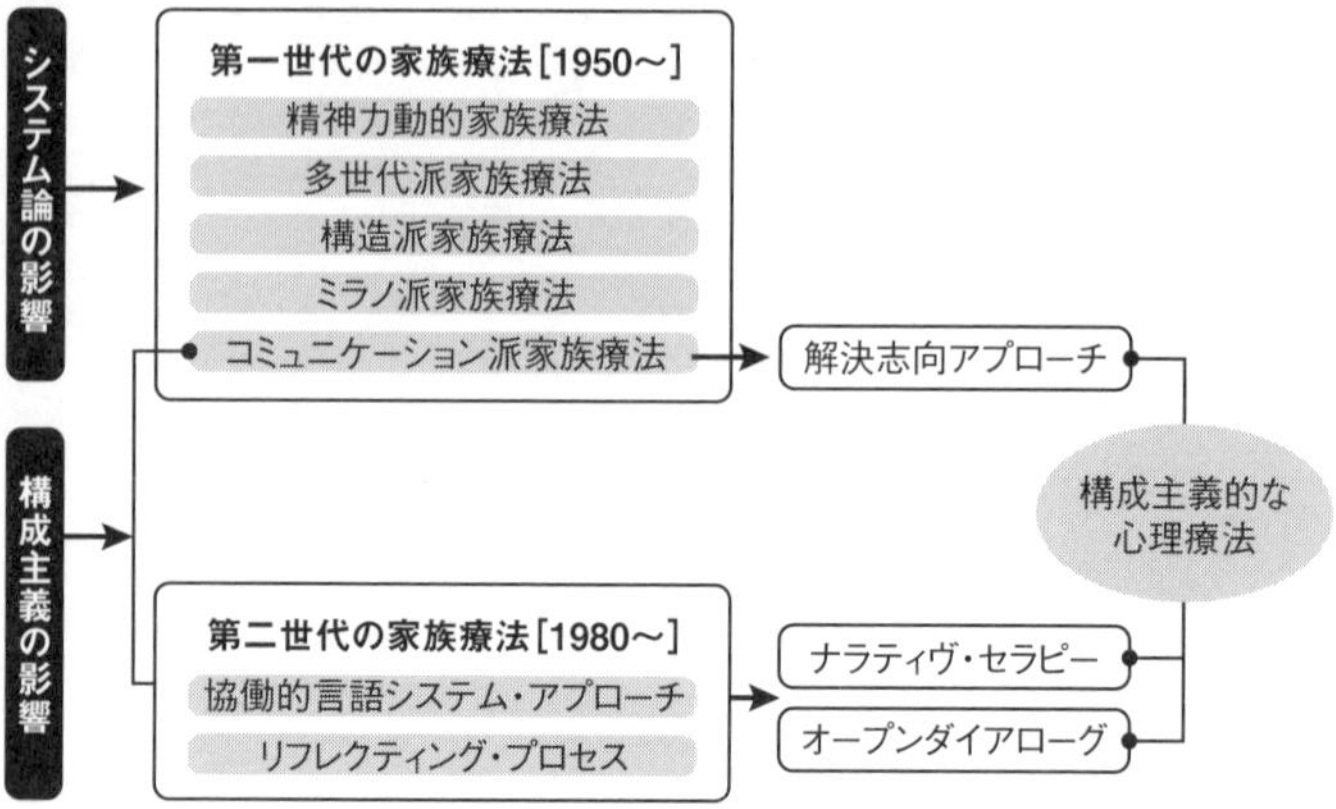

者の承認や批判を介してより深く自分を理解し、いま自分がどうしたいのか、どうすべきなのかを見定めるためだ。自分の求めていることに確信が持てれば、それだけ納得のいく行動ができるようになるし、自由を感じて生きられるようになる。

しかし、構成主義のセラピーにはこのように自由を捉える観点がなく、社会や権威からの解放としてのみ自由を捉えている。

実存主義的セラピーは感情への気づきを重視しており、この点では納得のいく行為への自由の道は開かれている。実存主義セラピストは「本当の自分」を実体化し、絶対視しがちな点で自由を狭めてしまう、という構成主義セラピストの批判は的を射ているが、構成主義的セラピーでは感情への気づきという観点がないため、自己像を絶対視しないという配慮によって、なかなか自己像に確信を抱くことができず、自己の不安定さを招いてしまうかもしれない。問題なのは、自由の本質を十分に捉えきれていないことなのだ。

人間は他者の承認、社会の承認を求める存在でもあり、自由を他者や社会からの解放として捉えるだけでは、納得のいく道筋は見えてこないだろう。ただ、構成主義の心理療法が自由に生きる上で重要な観点を持ち込み、一定の成果を挙げているのも事実である。それは実存主義の心理療法にも言えることだ。実存主義、構成主義の心理療法が登場したのも偶然ではなく、心理療法が自由への道を突き進んでいる証なのである。

第3部

心理療法はどこへ向かうのか?

第8章　理論対立から統合へ

理論対立の歴史

現代における心理療法の代表的な潮流、学派の歴史について、深層心理学、実証科学、実存主義、関係論と構成主義など、背景にある思想、理論的枠組みを念頭において、それぞれの技法の誕生と展開を追ってきた。しかし、学派間の関係や相互の影響関係については、まだ不明瞭な点が少なくない。そこで本章では、思想や理論の異なった心理療法同士の関係、その違いと共通点を検討しつつ、心理療法の対立から統合へと向かう展開に迫ってみることにしよう。

現代心理療法の発展期である二〇世紀後半は、それぞれの心理療法が批判し合いながら分裂を繰り返し、新しい心理療法が次々と生まれていた。その種類は膨大な数に増えながらも、長い間、共通原理が見出されることも、発展的な統合がなされることもなかった。

自然科学の理論であれば、理論仮説は実験や観察によって検証され、証明できなかった仮説、あるいは証明不可能な仮説は淘汰《とうた》され、正しいと証明された理論だけが生き残る。そうして、着実に発展の道を歩むのが普通である。近代の心理療法も科学的な証明を通して理論が精緻化され、より優れた心理療法が開発されていく、と信じられていたはずだ。やがて科学の力によって心理療法の理論対立も解消され、統一的な見解が生まれ、体系化されていくのだ、と。

しかし、二〇世紀の心理療法の歴史を見る限り、そのように進展することはなかった。それも当然のことかもしれない。心理療法における理論対立の多くは、科学的な仮説の真偽を競う対立ではなく、思想や人間観の対立であったからだ。

心理療法が患者の内面的な苦悩を対象としている以上、患者の主観的な価値観、意味の受け取り方を無視するわけにはいかない。そこには人間の存在様式に関わる実存的な問題が深く関わっている。ところが意味や価値の問題は、主観的なものだという理由から、科学では敬遠されてきた。少なくとも、自然科学では基本的に対象外となってきた領域であり、それゆえ心の治療を自然科学の観点から考えようとする人々は、心理療法に対して懐疑的な目を向けてきた。心理療法が人間の主観的な意味や価値の問題に関わる以上、その理論を科学的に実証するのは難しいように思えたからだ。

一方、心理療法家たちの多くは、こうした批判に対して十分な答えを出せないまま、心理療法は科学に基づくべきだと考えている。精神分析を創始したフロイトも例外ではなく、自らの治療論・技法を科学の成果として捉えており、やがて科学的に実証される日がやって来るものだと信じていた。ところが二〇世紀の後半になると、一向に実証されない精神分析理論を批判し、より科学的な枠組みの重要性を主張する心理療法が登場した。それが実証科学を基盤とした行動療法である。

行動療法の提唱者の一人であるアイゼンクは、精神分析を評して、「フロイトの科学的態度の完全な欠如、ほとんど仮説にすぎない解釈への素朴な信仰、観察された事実の無視と黙殺、他の理論の可能性を考慮しないこと、批判者への軽蔑、自分に誤りがないというメシア的信仰[1]」などと言いたい放題で、精神分析の非科学性を徹底的に批判している。

また、行動療法の登場とほぼ同時期に誕生した来談者中心療法に対しても、行動療法家の批判は厳しいものであった。クライエントの主観性を重視する実存主義的な心理療法は、科学的な客観性を重視する行動療法の立場からすれば、きわめて非科学的な理論のように見えたからだ。特に行動主義者のスキナーは、行動主義の考えを応用すれば、あらゆる行動の予測と制御が可能になると主張し、クライエントの主観を考える必要などない、という立場をとっていた。

来談者中心療法のロジャーズはスキナーを批判し、そのような制御は恐るべき管理社会に行き着くと主張。「責任ある個人的選択は人間として存在するときに最も本質的な要素であり、それがサイコセラピィにおける核心的経験であり、科学的努力に先行しているものでもあるし、われわれの生活の中で科学と等しく重要な事実である[2]」と述べている。実存主義的な立場に立つロジャーズにしてみれば、人間にとって最も重要であるはずの「自由な選択」が行動療法では無視され、すべての行動はコントロールが可能だというのだから、納得できな

■心理療法の理論対立

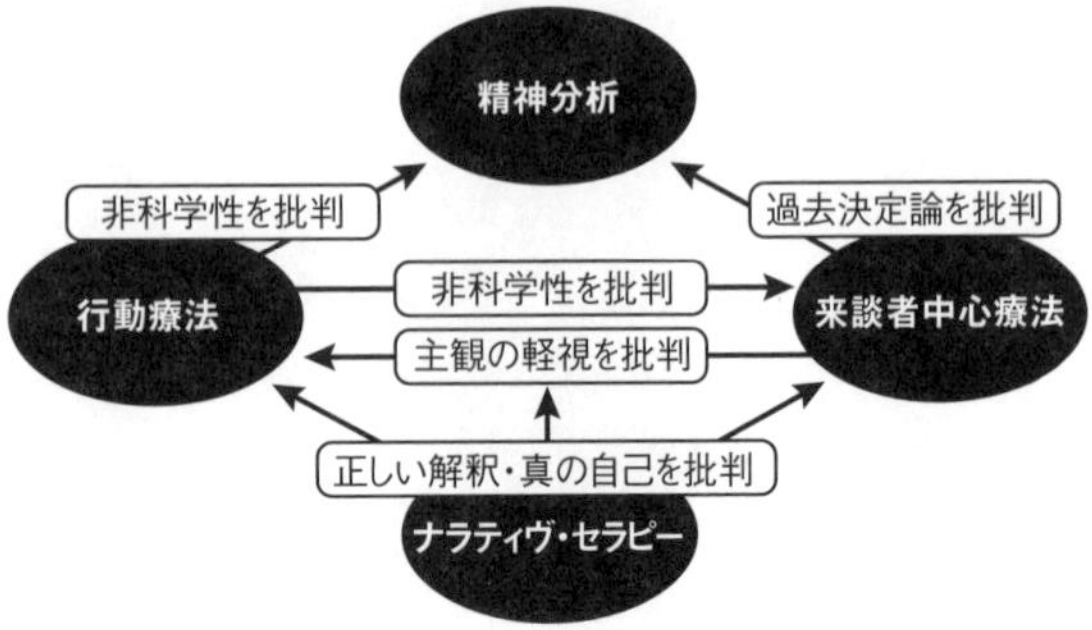

いのも当然である。

これに対してスキナーは、「私は科学の実践に、目標あるいはさきに価値の選択をする必要があるという考えにあまり賛成できない[3]」と反論している。これはロジャーズ・スキナー論争と呼ばれた有名な議論だが、心理療法の理論対立を典型的に示したものだと言える。また、この議論は心理療法が自由を重視するのか、社会適応を優先するのか、という問題を示している点で、近代の心理療法が徐々に自由に軸足を置くようになったことを示す議論としても象徴的なものであった。

また、構成主義のセラピーも自由を重視しているが、この考え方も行動療法が依拠する実証科学とは相容れない。実証科学は客観的な現実を実験・観察を介して解明するものなので、客観的現実など存在しない、現実は構成されたものにすぎない、という構成主義の考えが受け容れられるはずはない[4]。したがって、構成主義が広まりつつあると言っても、科学的な根拠（エヴィデンス）を重視する今日の心理臨床の世界において、認知行動療法ほどの影響力を持つことは難しいだろう。

このように、多様な心理療法の学派は互いに自らの正当性を主張し、批判し合ってきた歴史がある。近代心

1　H・J・アイゼンク『精神分析に別れを告げよう』宮内勝・中野明徳・藤山直樹他訳、批評社、一九八八年、１２５頁

2　C・R・ロージァズ『人間論（ロージァズ全集12）』村山正治編訳、岩崎学術出版社、一九六七年、２３６頁

3　同前

4　理論的には相容れないはずだが、心理療法の実践という現場では許容されている面もある。すでに述べたように、実証科学を重視する認知行動療法家であっても、マホーニーやマイケンバウムのように、構成主義の考え方が有効だと主張する者もいる。

理療法の歴史は、理論対立の歴史でもあったのだ。

心理療法のエヴィデンス

心理療法の理論対立を解消するにはどうすればよいのだろうか？

この問いに答えるには、どの心理療法の理論が正しいのか、また、どの心理療法が最も効果があるのかを調べてみる必要がある。近代以前の心理療法であれば、宗教の教えや儀式と密接に結びつき、誰もがその効果を信じていれば、そこに問題が生じることはなかったかもしれない。しかし現代のように宗教への信仰が薄れ、価値観が多様化した社会では、また科学的な合理性が重視される時代にあっては、心理療法の理論や効果についてもまた、合理性という篩《ふるい》にかけられざるを得ない。

だが、どの心理療法の理論が正しいのかを科学的に検証しようにも、その多くが反証不可能な仮説であるため、科学的な検証をすることが困難である。多くの心理療法の理論は科学的な理論とは言いがたいからこそ、理論対立はいつまでも決着がつかず、各々の心理療法は自らの正しさを主張し続けることができたのだ。

ただし、心理療法の理論については検証できなくとも、治療効果についてはそうではない。ある心理療法を実施した場合に患者の状態がどれだけよくなったのか、他の心理療法を行った場合や何もしなかった場合と比較すれば、治療効果がどの程度あるのかを検証できるからだ。これは心理療法の「効果研究」と呼ばれており、近年、特に心理療法のエヴィデンスが重視される傾向にともなって、頻繁に行われるようになってきた。理論の科学的根拠は示せないが、効果の根拠は示すことができるため、もっぱらこれを心理療法のエヴィデンスと見なすようになったのである。[5]

この研究に先鞭をつけたのはアイゼンクである。彼が一九五二年に調査したところでは、なんと神経症者の三分の二は二年以内に自然治癒していた。また、精神分析を受けた患者は44％改善し、折衷的治療を受けた患者は64％が改善したのに比べ、自然治癒率は72％であった。つまり、精神分析その他の心理療法を受けた場合よりも、心理療法を受けなかった場合のほうが、治癒率が高いという結果が得られたことになる。[6] 心理療法など受けなくても、自然とよくなるのだとすれば、もはや心理療法に存在価値はない。これは心理療法家にとってはショッキングな結果と言えるだろう。

しかし、この研究は調査の条件面で問題があり、その後、各方面から批判を受けている。そのため、アイゼンクは一九六〇年代に心理療法の効果を再度検証しているが、結果はやはり心理療法の効果に懐疑的なものであった。ただし、行動療法に関しては、精神分析や折衷的な心理療法より効果があったという結果が得られており、結局、行動療法以外の心理療法にはほとんど効果がない、という主張なのである。

5　心理療法のエヴィデンスと言えば、「効果のエヴィデンス」を意味するようになっているが、効果が実証されても理論の正当性が実証されたことにはならない。それは「理論のエヴィデンス」にはならないし、心理療法の理論に科学的な根拠があることにはならないのだ。この区別は大変重要であるはずだが、現在の心理臨床の世界では、理論のエヴィデンスが論じられることはほとんどない。

6　アイゼンクはこう述べている。「神経症患者の約三分の二が、たとえ心理療法的治療を受けようと受けまいと、発病後二年以内に回復、あるいは著しく改善することが示された。この成績は、治療された患者の種類、使用された治療の判定基準、用いられた治療法とは無関係で、いくつかの研究を互いに比較してもおよそ差がないかのように見える」（H・J・アイゼンク『心理療法の効果』大原健士郎・清水信訳、誠信書房、一九六九年、77頁）

もっとも、彼は行動療法を世に広めた一人であり、その意味で先入観がないとは言えない。それに、当時、心理療法といえば精神分析が主流であったため、彼の批判はもっぱら精神分析に向けられていた。それだけ、当時の精神分析は大きな影響力を持っていたし、二〇世紀の後半、何百種類もの心理療法が生まれ、発展していったのも、精神分析の継承、批判を介してであった。

ともあれ、アイゼンクの研究をきっかけに、心理療法家や精神科医、カウンセラーたちの間で、「心理療法は本当に効果があるのか？」という議論、研究が行われるようになった。その際、セラピーを受けていない集団（統制群）についての比較も慎重になされたが、それは心理的問題が時間と共に軽減されていく傾向があるからだ。問題の改善（治癒）がセラピーとは無関係ではないことを確認する上で、この比較研究（ランダム化比較試験）は不可欠であった。

こうして、心理療法の治療効果についての本格的な研究（「効果研究」）が開始され、過去半世紀にわたって数多《あまた》の実証的研究が積み上げられてきた。しかもそれらの研究はアイゼンクとは異なり、心理療法には確かに治療効果がある、実際に役に立っている、という結果を示している。セラピーを受けた患者のほうが、受けなかった患者よりも明らかに効果が見られたのである。

また、過去三〇年以上にわたり、何百ものメタ分析（複数の研究を多角的に比較、検討する分析）を行った結果、心理療法を受けた人の八割が、受けなかった人よりもよくなっており、カウンセリングやセラピーの効果は、内科的・外科的処置の平均的な効果よりも大きいこと、治療後に効果が持続する可能性は薬物療法よりも高いことがわかっている。

無論、すべての心理療法に効果があるわけではないし、中には治療効果がないだけでなく、むしろ害悪をもたらすような心理療法もあるかもしれない。しかし、行動療法や認知療法、来談者中心療法、精神分析など、長年にわたって数多くの治療者が実践し、一定の信頼を得てきている心理療法に関しては、いずれも治療効果があるという結果が得られている。

どの技法でも効果は同じなのか？

ところで、代表的な心理療法の治療効果に違いはあるのだろうか？

数多くの効果研究をまとめた心理学者のミック・クーパーによれば、認知行動療法は幅広い心理的困難に対する効力が示されているのに対して、その他の心理療法については、あまり効力を示す結果が得られていない。そのため、認知行動療法は科学的な根拠（エヴィデンス）のある心理療法として、近年、保険適用の面でも優遇され、精神医療の現場でも別格の扱いを受けている。

これは、認知行動療法の場合、効果の検証がしやすく、膨大な量の統計的データを持っているのに対して、他のセラピーの場合は効果の検証が簡単ではない、ということが深く関わっている。

症状の除去や逸脱行為の修正、不安の緩和など、当面の問題解決のみに焦点を当てるなら、短期間で効力を発揮する認知行動療法が明確な効果を示しやすいのは当然だ。これに対して、精神分析や来談者中心療法などは、人生全体に関わるような人格的な変容、生き方への洞察を含む場合が多く、その分、セラピーは数年という長期に渡り、治療効果を明確に示すことが難しくなる。そのため、効果研究がしやすい認知行動療法が「エ

ドードー鳥の裁定。出典：『不思議の国のアリス』（1865年）

ヴィデンスのある心理療法」として大きな信頼を得ているのである。

実際には、代表的なセラピーの間で治療効果の差はほとんどない、という研究もあり、クーパーによれば、「多様なセラピーの相対的な効力についてみてみると、さまざまな心理的セラピーの効力の程度にほとんど違いがないことを示す膨大な量のエビデンスが存在する」[7]。

心理療法の効果に差はない、という主張はかなり早くからあり、一九三六年、P-Fスタディの開発者でもあるローゼンツヴァイクは、これを「ドードー鳥の裁定」に例えている。『不思議の国のアリス』のドードー鳥は、湖の周りを走るレースを判定した後、「みんな優勝、全員にごほうびを」と宣言したが、それと同じことがセラピーにも言える、というわけだ。その後、四〇年近くを経た一九七四年に、効果研究で高名なルボースキーは異なった心理療法同士、心理療法と薬物療法、両者の併用などを比較検討した結果、どの心理療法も同じように効果がある、という結論に達している。

こうして、一体どの心理療法に一番効果があるのか、という議論には、一応の終止符が打たれたと言える。それ以後も数多くの効果研究が積み重ねられてきたが、どの心理療法も他の心理療法より確実に優れたものはなかった。どれも同じような治療効果を示したのである。

現在、心理療法の世界ではすでに対立や議論は少なくなっている。精神分析が批判され、多くの心理療法が生まれた一九六〇年代には、まだ各々の心理療法家は自らの理論的正しさ、方法的優位性を強く主張し、互いに論争を繰り返していたが、次第に激しい論争はなくなり、心理療法はお互いをあまり批判することがなくなったのだ。

理由はいろいろ考えられるが、心理療法の効果にあまり差がない、ということも原因のひとつかもしれない。心理療法は効果があるかどうかが一番大事であり、効果に差がないのであれば、個々の患者に応じて柔軟に心理療法を使い分ければよい、という折衷派のセラピストが増えるのも無理はない。また、学派の理論的な違いを強調するよりも、効果のある共通点を探ろうとするセラピストも少なくない。

結局のところ、治りさえすれば理論的な差異は気にしなくてもよい、という考え方が強くなっている。一般の人々にとっても、治るかどうかが関心事であり、理論などあまり気にしている人はいない。こうした状況において、効果研究ばかりが重視されるようになり、効果があることが、すなわち科学的な根拠（エヴィデンス）があることだと信じられるようになった。理論的な根拠を問う人は少なくなり、理論的な差異よりも効果の差異だけが関心事となっているのである。

心理療法の共通要因

特定のセラピーが、他のセラピーよりも効果がある、という証拠が存在しない以上、心の治癒に効果をもたらしているのは、各セラピーに独自な理論・技法ではなく、患者の性格や治療関係など、あらゆるセラピーに

7　M・クーパー『エビデンスにもとづくカウンセリング効果の研究』清水幹夫・末武康弘監訳、岩崎学術出版社、二〇一二年、63頁

■ランバートの円グラフ——心理療法の効果に対する貢献の割合

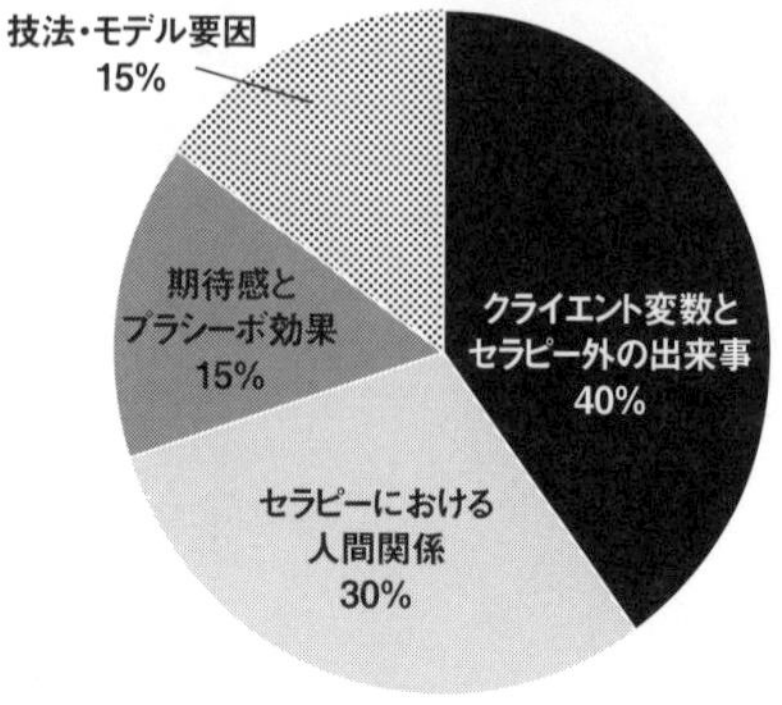

出典：M・クーパー『エビデンスにもとづくカウンセリング効果の研究』
清水幹夫・末武康弘監訳、岩崎学術出版社、2012年、70頁を元に再作図

共通する要因だと考えることもできる。事実、ランバートの研究によれば、心理療法による効果の85％は共通要因であり、特定の「技法・モデルの要因」は15％であった。[8] 心理療法それぞれの独自性よりも、各心理療法に共通する要因のほうが、治療効果への貢献度ははるかに高かったのである。

この85％の共通要因の内訳は、「クライエント変数とセラピー外の出来事」が40％、「セラピーにおける人間関係」が30％、「期待感とプラシーボ効果」が15％となっている。

治療効果への貢献度が最も高いのはクライエント（相談者）や患者であり、治療に協力的で、自発的な動機からセラピーを受けているクライエントほど、高い治癒率を示している。また、クライエントの性格、クライエントの強さ、苦しんでいた期間、生活環境など、クライエントの要因がセラピー全体に及ぼす影響はかなり大きい。

次に重要なのはセラピーにおける人間関係であり、これはセラピストのパーソナリティや価値観とはあまり関係がなく、どのようにクライエントに関わるかが問題になる。この調査結果は治療関係が治療効果に深く関わっていることを明確に示しており、近年、治療関係を重視する心理療法が増えているのも当然と言える。長年にわたる数多くの心理療法の実践により、多くのセラピストが治

療関係の効果を認めざるを得なくなった、ということだろう。

また、心理療法の儀式めいたやり方は期待感やプラシーボ効果[9]を高めており、これらも治療効果に関わっている。古代の心理療法が宗教的儀式と深い関係にあったのは、こうした期待感を抱かせる効果があったはずだ。

これらの共通要因に対して、何のセラピーを使用したかという理論・技法の要因は、セラピーがもたらす結果の15％しか貢献していない。技法の違いは、クライエントに適した技法かどうかだけが問題になるのである。クライエントの五割以上が七回目の面接までに症状がかなり軽減する、という調査報告もあるので、効果が見られない場合は別の方法を用いたほうが、セラピーへの期待を生み出せるかもしれない。

したがって、特定の心理療法、学派にこだわるのではなく、状況に応じて様々な心理療法を採用する折衷派のほうが、こうした効果研究の成果から考えると合理的だと言える。自分の属する学派や得意とする技法（心理療法）にこだわるのではなく、クライエントの人間性に応じた技法を選択し、治療者との関係性に配慮しつつ治療を進め、初期の段階で改善しなければ、別の技法に切り替える。そういった柔軟な姿勢で臨んだほうがよいのだろう。

ただ、こうした心理療法の効果と共通要因に関する研究は、なぜ心は治るのか、という疑問に対しては答えることができていないし、治療効果に貢献する要因は示していても、これらの要因がどのように治療効果をも

8 同前、70頁
9 偽の薬でも効果があると信じていれば、実際に効果が生まれるものであり、これをプラシーボ効果という。

たらすのか、そこにはどのような意味があるのか、そうした内実は解明されていない。それは、心理療法における治癒の本質を、実は何ら言い当ててはいないのだ。

ジェローム・フランクは、成功した心理療法に共通して起きているのは、「意味の変容」だと述べている。成功した心理療法の事例では、患者は治療者との関係の中で、自らの体験の意味を変えている。そして、こうした意味の変容によって、症状や不安が解消したり、問題行動がなくなるなど、明らかな好転を見せている。「患者の報告は意味深い物語であり、治療者との共同作業によって修正される」[10]と言うのである。

代表的な心理療法について考えてみると、確かに「意味の変容」が大きな役割を担っている。たとえば精神分析の場合、患者の無意識を解釈することで、患者が理解していた体験の意味を変えている。来談者中心療法も「本当の自分」に気づかせることで、自己理解（自分に対する意味づけ）を変えている。また、ナラティヴ・セラピーのような構成主義のセラピーにおいても、治療者と患者が共同で新しい物語を構成することで、現実の意味を変えているのだ。認知行動療法でさえ、認知や行動の変化にともなって自己理解は変化せざるを得ないだろう。

このように、成功した心理療法では「意味の変容」が生じており、それが治癒の重要な契機であることは確かだが、フランクの主張も十分な考察とは言えない。「意味の変容」は成功した心理療法の共通点と言えるのだが、なぜそれが治癒の効果をもたらすのかを示していないからだ。[11]

では、心理療法の共通要因は一体なぜ心の病を治すことができるのだろうか？

心理療法の統合への動向

心理療法の効果は、すでに長年にわたって調査され、実証的なエヴィデンスが積み重ねられている。それは心理療法の発展にとって大変有意義なことであり、こうした研究があったからこそ、非科学的と思われてきた心理療法も、公的に認められるようになったのだ。

また、学派間で効果に差がないという結果、技法の差よりも共通要因のほうが大きな効果を及ぼす、といった結果は、学派へのこだわりを弱めることにもなった。そのため一九七〇年代には学派間の対立を超え、統合しようとする動きが生まれている。杉原保史《すぎはらやすし》によれば、学派間の対立への疲れ、単一の理論に対する限界の認識、多様なセラピーを観察する機会の増大、エヴィデンス重視により学派の権威が弱まったことなども、統合への動きを加速させた原因と言える[12]。

こうした統合への動きから、統合的アプローチと呼ばれる方法も生まれており、それは次の四つに分けることができる。

まず、各学派の共通性に注目しながら新しい理論を作ろうとする「理論的統合」がある。ワクテルの循環的

10 J・D・フランク、J・B・フランク『説得と治療：心理療法の共通要因』杉原保史訳、金剛出版、二〇〇七年、95頁

11 結局、フランクは、心理療法の治療効果はプラシーボ（偽薬）の効果に似たものではないか、という曖昧な主張で終わっており、「説得の一形態として、心理療法は、行動科学よりも、むしろレトリック（雄弁術）やその近縁である解釈学とより緊密な結びつきがあるのかもしれない」（同前、341頁）と述べている。

12 杉原保史「概説―心理療法統合の考え方と歴史」（日本心理療法統合学会監修『心理療法統合ハンドブック』誠信書房、二〇二一年、3頁）

■心理療法の統合の動き

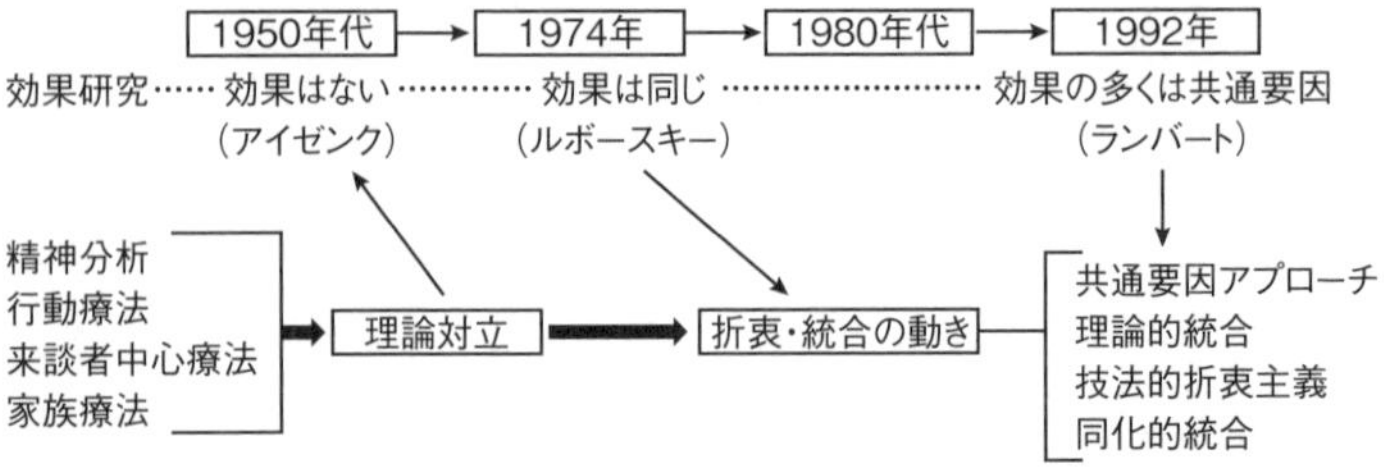

心理力動論などはそのひとつで、これは精神分析、行動療法、および家族療法の理論の統合を試みたものだ。技法よりも各学派に共通する要因を重視し、治療関係や共感、セラピーへの期待など、共通要因を中心とした実践を作ろうとする「共通要因アプローチ」という方法もあり、その代表は先に挙げたフランクだろう。また、クライエントや状況次第で、学派にこだわらず、技法を適切に使い分ける「技法的折衷主義」には、ラザルスのマルチモード・セラピーなどがある。最後に、特定の学派を中心にして、他の学派の技法を適宜取り入れる「同化的統合」という方法もある。[13]

すでに紹介した、感情焦点化療法、スキーマ療法、弁証法的行動療法などは、特定の学派のセラピーというより、複数の技法を取り入れた統合的心理療法として分類されることが少なくない。今後、こうした心理療法は増えていくだろう。

心理療法の統合は一九八〇年代に大きく発展し、一九八三年には「心理療法の統合を探究する学会」が創設されている。一九九〇年代になると、折衷、統合の立場を表明するセラピストは、単一の技法、学派に依拠するセラピストの数を上回っている。現在でも統合的アプローチは増加の傾向にあり、すでにアメリカでは多数派となっているのである。

したがって、心理療法の折衷、統合が加速する動きは、学派の壁を超えて、今後、世界へと波及する可能性が高いだろう。

人間像の違いがもたらすもの

心理療法の歴史が統合へ向かう傾向にあることは、大変望ましいことかもしれない。理論対立の時代を経て、いよいよ各心理療法が歩み寄り、協調路線に転じたのだとすれば、これは心理療法の世界だけでなく、医療、看護、介護、保育、教育といった心のケアに関わる領域全般において、緊密な連携、協力体制の構築が期待できるからである。

だがその一方で、統合の基盤となっている効果研究に対しては疑問も残る。効果があった、よくなった、というデータだけでは、そもそもなぜ治ったのかはわからないままであり、本当に「治った」と言えるのかどうかもわからないからだ。

技法の違いよりも共通要因のほうが効果は大きい、という統計的データがあるとしても、なぜ効果があるのかが解明されていない。また、治療直後に状態がよくても、数か月後、あるいは数年後には悪い状態になっていたとしたら、治っていたと言えるかどうか怪しくなる。では、効果研究において「治療効果があった」と見なされる場合、どのような状態を効果があったと見なすのだろうか？

たとえば、会社や学校への不適応が原因で心の病になり、社会適応を目的とした心理療法によって、社会生

13 杉原保史『統合的アプローチによる心理援助』（金剛出版、二〇〇九年、87-99頁）および、P・ワクテル『心理療法の統合を求めて』（杉原保史訳、金剛出版、二〇〇二年、３２９頁）を参照。

活が営めるようになったとしよう。行動療法で強迫症状がなくなったり、歪んだ行動が修正されたりすれば、症状の除去に成功し、一応、治ったと見なされる。しかし、会社や学校に適応し、まわりの人間とうまくやれるようになったとしても、今度は周囲に同調しすぎて、自分のしたいことを過度にがまんし、抑圧するようになるかもしれない。すると、自己不全感、不安が強くなり、以前とは異なった苦悩を抱えることになるだろう。

そこで今度は別のセラピストに相談し、周囲への過剰な同調をやめたほうがよい、と言われたとする。来談者中心療法によって、自分が本当はどうしたいのかを自覚し、本当の自分に気づくことができれば、自分の感情を抑制せず、思うままに行動できるようになるかもしれない。そうすれば、どこか重石《おもし》が取れたような気がして、これで本当に治った、と思えるに違いない。

しかし、そのような抑制されない感情や行動は周囲との軋轢を生み、批判されたり、敬遠される可能性もあり、再び強い承認不安に襲われる場合もある。

このように考えると、心理療法が対立する理由、この場合は行動療法と来談者中心療法が対立する理由が見えてくる。心理療法の想定する人間像によって、治療の方向性、目指すべき「治った」状態が違うのだ。フロイトは性欲と道徳心の葛藤、アドラーは優越性への欲求、ユングやロジャーズは自己実現への欲求を中心に心理療法を考えているし、行動療法では社会規範への適応を目的にしており、それが心理的に健康で幸せだと考えている。したがって、各々の心理療法にとって、治療の方向性、治療効果の基準が異なるのは当然と言えるだろう。

心理療法が人間の苦悩を解決し、その人の幸せを目指すものであるなら、人間という存在がどのようなことに苦悩し、何を望んでいるのか、そうした人間のあり方（存在）の本質を考えるのが先決である。そのため、各心理療法の創始者、研究者たちは、それぞれ人間のあり方を考え、独自な人間理解から技法を考案したのだが、その人間理解は彼らの生きた文化的背景や治療対象の階層、状況などによって異なっていたため、対立せざるを得なかった。

では、もし各心理療法の学派が納得できるような、共通の人間理解が可能であるとしたらどうだろうか。共通了解が可能な人間性の本質が解明されたなら、それは理論の妥当性を検証する重要な手がかりになるはずだ。つまり、「効果のエヴィデンス」ではなく、「理論のエヴィデンス」を考える上で、重要な意味を持つに違いない。それだけでなく、効果研究における共通要因の意味も明確になり、心理療法の目指すべき目的、効果の基準を共有し、協力し合うことができるのではないだろうか？

人間性の本質とは？――現象学の視点から考える

人間はそれぞれ異なる存在であり、共通の人間理解など不可能である。だから、それぞれの人間に合った人間像の心理療法を採用すればよいのではないか。そう思う人もいるだろう。価値観が多様化し、セラピーも文化に応じた対応が必要だと言われる現代では、そのように考えるのが普通かもしれない。

しかし、生き方は多様で求めている生活や理想が異なっていても、誰もが自由でありたいと願い、他人から認められたいと思っている点は同じであるはずだ。少なくとも、自由に生きる可能性がある現代社会に生きている人間なら、自由を求めるのは当然ではないだろうか？

フッサール

人間は自分の価値を確かめ、生きる意味を感じていたい存在であり、そのため他者の承認が欠かせない。これは古代から変わらない人間の欲望と言える。しかしその一方で、現代に生きる私たちは自由に生きることを求めている。そのため、自由と承認はしばしば対立し、葛藤を生み出している。周囲に認められるために、自分の気持ちに蓋をし、自由をがまんすることもあれば、自分の気持ち、自由な意志を優先し、他人に批判されることもあるだろう。自分で決めることに怖れを抱き、自由などないほうがいいと感じる人もいるが、これも多くの場合、他者への承認不安があるからだ。また、強い承認不安から自分の気持ちを抑え続けた結果、気づけば本来の自己を見失い、自由を感じられなくなることも少なくない[14]。

このように、人間がそれぞれ固有の存在であり、異なる存在であるとしても、同じ人間である以上、その欲望や不安には本質的に共通する点がある。そして、こうした人間のあり方に共通する意味、人間性の本質を考えていけば、人間理解を共有することは決して不可能なことではないと思う。

現象学の創始者であるフッサールは、事実と本質を区分し、実証科学は事実を明らかにすることはできるが、本質を明らかにすることはできない、と述べている。確かに、人間がある行動を取った場合、その行動を脳科学や条件づけの理論から因果論的に解明することはできるが、その行動の意味、本質を解明できるわけではない。では、人間性の本質を明らかにするには、どのようにすればよいのだろうか？

この点については、フッサールが本質を解明する思考法を提示している。[15] まず自分の経験を内省し、そこで見出される経験の意味について、異なる状況でも同じことが言えるかどうか、それは誰もが同じだと納得するような意味なのかどうか、十分に検討を繰り返す。そうやって、多様な経験の中にも共通する意味が見出せるなら、それが本質ということになる。

人間性の本質についても同じことが言える。人間の価値観、生き方は多様であり、夢も理想も目的も異なっている。しかし、そうした多様なあり方の中にも共通性は見出せる。それは、誰もが自分の望みどおりに生きたい、自由でありたいということ。そして、他人に認められたい、認められることで、自分が必要とされる存在だと感じたいということ。それを否定する人間はほとんどいないだろう。つまり、自由と承認を求めること、そこに葛藤や不安が生じ、その中で生きていること、それは人間性の本質と言えるはずなのだ。

この場合の「本質」とは、多くの人にとって共通了解が可能な意味ということであり、決して真理のように絶対的な真実ということではない。現象学における本質とは「絶対的な真理」や「真実の意味」ということではなく、多くの人がよく考えれば納得できる意味、共通了解が可能な意味のことであり、そこに普遍性を見出しているのである。

14　フロイトの強調した「性欲と道徳心の葛藤」は「自由と承認の葛藤」のひとつの現れであり、アドラーの「優越性への欲求」は他人に認められたいという承認欲求、ロジャーズの「自己実現への欲求」は、自由に自分の個性を発揮して生きたいという欲求と見ることができる。彼らの人間像は異なっているように見えて、実は自由と承認を求める人間のあり方が様々な形で現れているのである。

15　本質を洞察する現象学の思考法については、フッサールの『経験と判断』（長谷川宏訳、河出書房新社、一九七五年、３２８-３３１頁）において述べられている。

しかし、こうした現象学の考え方は十分に理解されておらず、本質を絶対的な真理とみなして批判する人も少なくない。ポストモダンの哲学者による現象学批判はその典型であり、彼らは真理の存在を否定しているため、現象学を真理主義として批判し続けている。構成主義のセラピストもポストモダンの影響を受けているので、当然、本質主義には批判的態度を取っている。さらに言えば、実存主義のセラピストでさえ本質主義には批判的なのである。それは、人間が個性を持った異なる存在であること、人間には多様性があることを重視するあまり、人間性の本質と聞くと、すべての人間を同じような存在と見なす危険な考え方に思えるからだろう[16]。

だが、こうした現象学を本質主義＝真理主義とみなす批判は、「本質」の意味に対する誤解に基づいている。現象学は人間の多様性を認めていないわけではないし、絶対的真実として本質を考えているわけでもない。固有な存在としての人間の多様性は認めつつも、それでも同じ人間である以上、共通するものは必ずある。差異や他者性を認めるとしても、理解し合える部分も必ずある。それを人間理解の土台に据え、共有できる人間像を見出そうというだけなのだ。

では、自由と承認の葛藤という人間理解が妥当なものだとすれば、心理療法は不安を解消し、自由と承認を取り戻すことが重要になるはずだが、実際にはどうなのだろうか？

16　実存主義のセラピストには現象学の立場を表明する人も多いが、主観性を重視する、といった意味で現象学を語っているだけで、本質を取り出す方法として現象学を理解している人は少ない。だから本質主義を批判するという、本来の現象学に反する主張が出てくるのである。

第9章 心理療法とは何か？

ここでは前章の問いを受けて、一体何が心理療法の治療の核心になっているのか、その意味を考えてみることにしよう。

なぜ「無意識」を解釈するのか？

すでに述べたように、もし人間が自由と承認を求めて葛藤し、不安を感じる存在だとしたら、そしてその不安が大きければ自己を見失い、自由を手放してしまうとしたら、不安を解消し、自由を取り戻すことが心理療法にとって重要になるはずだが、はたして実際の心理療法の内実はどのようになっているのだろうか。

まず手がかりにしたいのは、「無意識」という概念である。精神分析をはじめ、現代心理療法の多くは患者の無意識を明らかにし、患者に自覚させることの中に、治療の突破口を見出そうとしている。特に精神分析においては、自由連想や夢分析、抵抗や転移の解釈など、あらゆるものが無意識の分析に利用され、患者自身が自らの無意識を理解することで治療効果が現れる、とされている。

一九世紀に催眠療法が広まり、無意識への関心が高まって以降、無意識は心理療法にとって重要な概念であり続けた。精神分析以外でも、身体的反応、行動、絵画、箱庭、遊びなどの中に無意識の欲望や不安を読み取ろうとする技法は少なくない。精神分析の全盛期がすぎた現在もなお、様々な心理療法において無意識は重視されている。

では、一体「無意識」とは何だろうか？　なぜ無意識を知ることが治癒につながるのだろうか？

フロイトやユングの理論では、無意識は心の中に存在する領域として想定されているが、それはあくまで仮説であり、その存在を科学的に証明することはできない。無意識の本質を知るためには、こうした仮説を前提にすることなく、無意識だと感じた経験の意味を考えてみる必要がある。無意識を実体化するのではなく、多くの人が共有できる無意識の意味を洞察する必要があるのだ。

本質を解明する現象学の思考法に従えば、私たちは誰もが日常生活において、「無意識にそう考えていた」「無意識の欲望があった」などと感じる経験をしているが、こうした無意識を確信する様々な経験に共通する意味を考えてみなければならない。そこで取り出された意味が、どのような無意識の経験にも当てはまるのか、他の人たちも同意し、納得してくれるものになっているのか、他者の身になって何度も考え直してみるのである。そして、誰もが共通して了解できる、納得できるような意味を取り出すことができれば、それが無意識の本質ということになるだろう。

実際にこのやり方を実践してみると、次のことがわかってくる。

私たちは無意識を確信するとき、自分の本当の気持ちがそこにある、と感じている。無意識のうちに他人と会うのを避けていることを誰かに指摘されれば、他人と関わるのが不安だった自分に気づくだろう。あるいは、ある人に対して無意識のうちに気にしてしまう自分を意識すれば、その人を好きになっていたことに気づくかもしれない。そう考えると、無意識の経験とは、自分の不安や欲望に気づくことであり、自分の本音、本当の気持ちに気づくことでもある。

では、自分の本当の気持ちに気づくことには、どんな意味があるのだろうか？

自分の欲望や不安を自覚すれば、自分が本当に「したい」こと、「したくない」ことを理解した上で、納得して行動を選べるようになる。それは「自由な意志で行動が選べる」ということでもある。また、自分が何を怖れているのか、本当はどうしたいのかがわかれば、自分の行動や考え方を見直し、自分の本当の気持ちを大事にしたいと思うだろう。自分の思考や行動に歪みがあったことを自覚すれば、自分が無意識のうちにそうした思考に支配されていたと感じ、それを修正しようとするに違いない。

■「無意識」経験の本質構造

無意識の経験	➡	「本当の自分」の確信	➡	自己像の刷新
感情への気づき	……	知らなかった自分を知る	……	自己理解の修正

多くの人は日常生活の中で、自分の無意識的な部分を感じ取り、そこに自分の本当の気持ちを見つけ、自己理解を刷新しながら生きている。それは自分で気づく場合もあれば、他人に指摘されて気づかされる場合もある。特に他者の指摘による無意識の確信は重要である。

誰でも自分の持っている自己イメージ、自己理解に囚われがちで、想定外の自分の気持ちを受け容れるのは難しいものだ。そのため、自分では気づかない、というより無自覚のうちにスルーしてしまうところがある。しかし、親友や家族など、信頼できる人間から自分の気持ちについて指摘されると、それは真実のように思えるし、そもそも彼らに承認されたい欲求もあるため無視できない。だからこそ、他者の指摘による無意識の確信は、歪んだ自己理解を修正する大きなチャンスなのである。

このように、私たちは自分の気持ちに気づくことで、自分の問題点を解決したり、考え方や習慣化した行動を変え、納得のいく行動、生き方を選び取ろうとする。無論、そうやって気づいた欲望や不安が、絶対に自分の本心だという保証はない。しかし、それでも私たちは、その都度、自分の本心に触れたように感じる瞬間があり、それを「本当の自分」だと信じて行動を起こしている。それが本心だと思えれば、たとえ構成主義者たちの言うように、無意識の真実、「本当の自分」ではないとしても、納得して行動を選べるはずである。

それは、自由を感じて生きるためにはとても大事なことだと言える。なぜなら、私たちが自由を感じるのは、自分の本心を偽らず、自分の意志で行為や生き方を選び取っている、と感じた場合であるからだ。自分を知ることは、自由に生きることに直結しているのである。

精神分析の本質

さて、こう考えてくると、精神分析をはじめとする深層心理学的セラピーの本質が見えてくる。

精神分析では分析家が患者の行動や夢を分析し、無意識の解釈を患者に伝えるのだが、それは患者が知らなかった自分の感情に気づくこと、本当の自分の不安や欲望を自覚することに他ならない。精神分析以外の深層心理学的セラピーでも、絵や図形、遊びなどの中に無意識の欲望や不安を読み取り、その解釈を介して患者は自分の本心に気づくことが少なくない。

このように、無意識の解釈を介した深層心理学的セラピーの多くは「自己への気づき」を内実としているのであり、無意識の本質である「自分の感情への気づき」「欲望や不安の自覚」こそ、治療プロセスの要となっている。

言うまでもなく、治療者による無意識の解釈が間違っている可能性はあるし、患者が解釈を受け容れないこともある。フロイトの指摘した「抵抗」が生じる場合も少なくないだろう。しかし、治療者が信頼できると感じられていれば、患者はその解釈を最終的には無視できない。私たちが日常の中で、他者の指摘によって自らの無意識を認める場合でも、信頼できる相手、親密な関係にある相手でなければ、容易にその言葉を信じないはずだ。それと同じで、治療者への信頼は解釈への信用を生み、患者は無意識の解釈を受け容れる。専門家であることと、話し合っている際の雰囲気、言動が、こうした信頼を生むのである。

無意識を受け容れれば、自分の本心である感情や、習慣化した思考や行動の歪みにも気づかされる。そして自己理解は見直され、自己像や思考の歪みを修正することになる。ここには、抑圧された無意識の欲望と、習慣化した無意識の思考と行動、という二つの無意識があり、フロイトはこの重要性にいち早く気づいていた。フロイトがエス分析と自我分析の両方を重視していたことを思い出してほしい。

たとえば「他人と会うのを避けねばならない」「自己主張してはならない」と無意識のうちに考えてしまう人がいて、本当は「他人と会いたいし、話がしたい」「自分の意見を言いたい」と感じているのだが、自分では自覚できていないとする。

この場合、抑圧された「他人と会いたい」「意見を言いたい」という無意識の欲望を明らかにするのがエス分析だとすれば、自我分析では、「会わないようにしよう」「自分の意見を言ってはならない」と考えてしまう根拠を考える。たとえば過去において、自分の意見を言ったばかりに批判されたり、軽蔑された過去があったとすれば、他人と会うこと、意見を言うことは危険な行為として感じられる。そこで、他人に会わないように、自分の意見を言わないように、気をつけるようになり、その思考と行動が習慣化してしまったのかもしれない。それを明らかにするのが、フロイトの自我分析だったのだ。

　これはフロイトが、人間を複数の欲望の間で葛藤する存在と見ていたからこそ、可能になった考え方だと言える。抑圧された性欲の分析、という側面ばかりが注目されがちだが、フロイトの人間理解はそれほど単純ではないのである。

　また、さらに重要なことだが、無意識を介した自分の感情、思考への気づきだけが治療効果をもたらすわけでもない。

　患者が自分の欲望や不安、自己像や思考の歪みに気づき、それを修正するためには、そのような欲望や不安を抱えた自分であっても、あるいはこれまでの考え方や行動を変えてしまっても、周囲の人間が受け容れてくれる、という保証が必要になる。無意識の解釈から、自分が不安だらけの小心者、不道徳な欲望を抱えた人間だと知らされても、また、これまでの行動を変えてしまっても、自分を見捨てないでいてくれる人間、受け容れてくれる人間がいなければ、そうした自分を認めることなどできないだろう。

　そのため、治療者は患者と信頼関係を結び、決して見捨てないという態度、そして共感的な態度が必要になる。患者にとって、「無条件に承認されている」という実感を経験することが必要なのだ。頭だけで自分の感情や自己像の歪みを理解するのではなく、その自己像が周囲に受け容れられる、という実際の経験があってこそ、強い確信を得ることができる。必要なのは、治療者の共感的・受容的態度によって生み出される承認の実感であり、ありのままの自分が認められ、受け容れられている、という確かな感触なのである。

そう考えると、近年の精神分析において、共感や転移、逆転移、治療関係を重視する精神分析家が増えているのは当然と言えるかもしれない。

まず、共感が患者の無意識を理解する鍵になる、という考え方そのものが、治療者の主観的な関わり、治療者と患者の相互作用が重要であることを意味している。治療者が患者に対して何かを感じるとき、それを患者の感じているものと同じだと思えれば、それは共感的な理解となる。厳密に言えば、治療者が感じたものが、患者の感じたものと同じであるという保証はないのだが、治療者が自らの判断を過信せず、自分はこう感じたのだと伝え、患者の思いを丁寧に尋ねていけば、理解は必ず深まっていくだろう。患者は治療者の共感によって承認と信頼を実感し、治療者と共に自らの無意識を知ろうとするに違いない。

かつての精神分析は中立性を重視し、あまり治療者の共感、情動的な関わりを肯定していなかったが、もともと治療が成功するケースでは、信頼関係や情動的交流があったのではないだろうか。

近年では、愛着理論に基づく精神分析も注目されており、フォナギーは心へ注意を向け、内省するメンタライジングの重要性を主張しているし、ホームズは共感的に波長を合わせることで、患者の不安を緩和し、心に目を向けさせることができると述べている。またホームズは、マインドフルネスやメンタライジングが注目され、多くの心理療法において「広い意味での気づきの向上が治療目標」となっていることさえ指摘しているのである[1]。

精神分析だけでなく、多くの深層心理学的セラピーにおいて、治療関係の重要性が共通して認識されつつあるのは、おそらくこのような意味があるに違いない。そこに共通しているのは、治療者の共感、承認を介して、知らなかった自分に気づくことであり、それによって「本当の自分」を知り、自己像や思考の歪みを修正することができる。すると、自分が本当に望んでいることを理解し、自分の意志で自由に行動を選択することができるようになる。

これこそ、精神分析、深層心理学的セラピーの本質なのである。

「本当の自分」を発見するセラピー

来談者中心療法をはじめとする実存主義的セラピーでは、クライエント（患者）の過去を分析し、無意識を解釈するようなことはあまり行わない。「今、ここ」における感情にクライエント自らが気づくことができるよう、セラピストは鏡のような役割を果たす。クライエントは鏡に映し出された自分の姿を見て、真の自己（「本当の自分」）を知るのである。

しかし、「自己への気づき」を重視している以上、これは無意識の解釈を与えた場合と同じことが起きていると言えそうだ。

来談者中心療法においては、クライエントが語る内容を傾聴しながら、声のトーン、身振り、表情、服装など、あらゆる徴候に感覚を集中し、セラピスト自身が感じたことを言葉にしてクライエントに返している。クライエントの話し方、雰囲気に苦悩が感じられ、その苦しみに共感が生じれば、クライエントの言葉を繰り返したり、感じたままを伝えるだろう。すると、クライエントは苦しみの大きさやその意味についてあらためて気づかされる。

このような感情への気づきは、これこそ「本当の自分」だという確信を生む。気づかされた感情、苦しみを抱えた自分こそ「本当の自分」であり、それまでの自分は周囲に合わせて演じていただけの「偽りの自分」にすぎない、と感じさせるのである。

なるほど、精神分析ほど「無意識」という言葉は使わないし、過去の出来事、親子関係を分析するのではなく、セラピーの場で生じている感情に焦点を当て、それに体験的に気づかせるという違いはある。しかし、知らなかった自分に気づき、それを「本当の自分」だと確信すること、自己像が修正される点では同じだと言える。[2]

また、セラピストの共感、関係性が重要な鍵になっている点も見過ごせない。

ロジャーズはセラピストの条件として、①クライエントを無条件に受け容れる姿勢で臨むこと（無条件の肯定的配慮）、②クライエントの身になって感じ、それを伝えようとすること（共感的理解）、③自分の感じていることを自覚し、言動に矛盾がないこと（自己一致）、という三つを挙げていた。これらは信頼関係を維持す

1　J・ホームズ『アタッチメントと心理療法』細澤仁・筒井亮太訳、みすず書房、二〇二一年、69頁

2　無意識を認める経験は「本当の自分」の確信につながっているため、深層心理学的セラピーにおいても同じことが生じる可能性は高い。新フロイト派のホーナイやフロムが「真の自己」を重視していたのも、こうした経験に基づいているのかもしれない。

る上で不可欠なものであり、セラピストの共感的態度、受容的態度があるからこそ、クライエントは「本当の自分」を認め、受け容れることができる。どんな自分であっても、この人は受け容れてくれる、という安心感がなければ、自分の真の姿を直視することは難しいからである。

このように、信頼関係、共感性を媒介にして「自己への気づき」を促すこと、それはフォーカシング[3]やゲシュタルト療法[4]など、他の実存主義的セラピーにも共通する。この種の心理療法が真の自己（「本当の自分」）の発見を重視し、自己実現を目的としているのは、自分の感情に気づき、これこそ「本当の自分」だと感じることで、自分が本当はどうしたいのか、進むべき道が見えてくるからだ。

来談者中心療法をはじめとする実存主義的セラピーは、自己洞察、「自己への気づき」が大事だと主張しているので、精神分析や行動療法といった他の系統の心理療法に比べ、かなり自覚的に「自己への気づき」を重視したセラピーであり、治療関係や共感を早くから重視していた点でも高く評価できる。ただ、実存主義的なセラピストたちは、なぜ共感などの治療関係が重要なのか、なぜ「自己への気づき」が重要なのか、あまり明確にはしていない。

すでに論じたように、何のために「自己への気づき」が必要なのかと言えば、それは「自由に生きるため」である。実存主義的セラピーでも自由は重視されているが、それは「本当の自分」が抑圧から解放されることで得られる自由、というニュアンスが強い。それも自由の重要な側面ではあるが、むしろ自分の欲望に気づき、納得のいく判断ができたときに感じられることこそ重要である。抑圧された欲望を満たすことより、その欲望を知った上でどうするかを判断できること、そこに自己決定できる自由がある。

いずれにせよ、来談者中心療法を中心とする実存主義的セラピーは、クライエントの自由をセラピーの軸に据え、「自由に生きるための技法」としての性格を明確にした最初のセラピーだったと言えるだろう。

認知行動療法に「気づき」は必要か？

精神分析その他の深層心理学的セラピー、そして来談者中心療法などの実存主義的セラピーの本質は、治療者の共感、承認を介した「自己への気づき」であった。では実証科学的なセラピーである行動療法、認知行動療法についてはどうだろうか？

行動療法は心理学の学習理論に基づく心理療法であり、自然科学的な因果論（刺激—反応の因果関係）に基づく考え方を持っている。その種類は多岐にわたるが、苦悩をもたらしている行動、身体的な反応に直接働きかけて、その行動、反応様式を修正する点では変わらない。たとえば、不安や恐怖の対象を少しずつ提示して慣れさせたり、段階的にリラックスできるように練習し、不安や恐怖の対象を前にしてもリラックスできるよう条件づけたり、望ましい行動をしたときに褒美や称賛を与え、その行動を起こす動機づけを強化する。

そもそも強迫行為や過剰な恐怖、不安など、不適切な行動や反応は、ある対象（刺激）に対して条件づけら

3　フォーカシングでは身体感覚の意味に注意を向けさせ、「本当の自分」（本来の自己）に気づかせる（E・T・ジェンドリン『フォーカシング』村山正治・都留春夫・村瀬孝雄訳、福村出版、一九八二年、29-58頁）。

4　パールズは次のように述べている。「セラピストがクライエントの何らかの自己実現を援助するつもりであれば、自己実現を妨げているパターン（神経症）を少しでも満たすことを、きっぱりと止めさせ、クライエントが発見しようとしている本来の自己を表出することを勇気づけねばならない」（F・S・パールズ『ゲシュタルト療法』倉戸ヨシヤ監訳、ナカニシヤ出版、一九九〇年、１３３頁）

れている。公衆の面前で「汚い」とひどく罵られた経験があれば、汚れという刺激に対して強い不安の反応が生じるようになり、汚れを落とそうと何度も手を洗うようになったり、人前に出ることが怖くなる。対人不安や不潔恐怖、強迫行動が条件づけられるのだ。しかし、病的な感情反応や行動が条件づけによって習慣化されるなら、逆の条件づけによってその反応や行動を修正することもできる。

こうした行動療法の原理において、「自己への気づき」は強調されていないし、治療関係も重視されていない。行動療法は自然科学の枠組みを重視するため、患者の行動、感情反応を客観的に捉えることが重要で、患者の主観的な意識には目を向けていないのだ。そもそも行動療法家は社会への適応に重点を置いている場合が多く、患者の自由な意志はあまり問題にしていない。

しかしそれでも、行動療法において「自己への気づき」がまったく生じていない、とは言えないと思う。行動療法の実践に入る前、患者は治療者との面接において、自分に対する多くの気づきを得て、治療者との信頼感が生まれているかもしれない。まして認知的技法を取り入れた認知行動療法においては、「自己への気づき」は不可欠な要素でさえあるだろう。

行動の歪みは思考の歪みに起因するため、歪んだ思考（誤った信念や価値観）を変えれば歪んだ行動も変えることができる。ベックも、「私自身の臨床観察や体系的研究からは、行動療法が効果的なのは、それによって心的態度や認知が変化するからである[5]」と述べている。認知行動療法では思考の歪みに気づかせることで、より効果的に思考と行動を変えさせるのである。

また、歪んだ思考を修正するには、その間違いを指摘する治療者との間に信頼関係が必要であり、歪んだ思考の自分を優しく受け止め、承認してくれる存在がいなければ、なかなかその間違いを認められるものではない。行動療法であっても、治療者が自分の苦しみを理解していると思えなければ、なかなか治療者と一緒に行動を変えようと思わないかもしれない。

近年、認知行動療法の最前線では、マインドフルネスやアクセプタンスを導入した技法が注目を集めているが、それは思考（認知）の修正よりも、思考や感情、身体感覚に対する「今、ここ」での「気づき」を重視し、あるがままの自分を受容させようとする。マインドフルネス瞑想などの訓練により、自分の内的な体験（思考、情動、身体感覚）に対する気づきを増やし、それらの体験との関わり方を変えようとする。

こうした認知行動療法の展開は、より「自己への気づき」に重点を置き始めたことを物語っている。正しい思考へ修正するのではなく、その思考がどのような文脈で働いているかに注意することで、より納得のいく行為の選択ができるようになるからだ。それは結局、自由な意志で行動を選び取ること、自由な生き方を可能にする。

第一世代の行動療法の段階では、どちらかと言えば社会への適応を主眼とし、患者にとっての「自由な生」という観点は弱かった。それは、近代以前の心理療法が社会秩序への復帰を目指していたことと共通性がある。しかし、第二世代の認知行動療法になると、自己の思考・認知への自覚、自己理解が必要になり、第三世代になると、はっきりと自分自身で気づくことが重視されている。それは、患者自身が自分の感情、行動を抑制し、

5　A・T・ベック『認知療法』大野裕訳、岩崎学術出版社、一九九〇年、274頁

自由に生きられるようになることを意味しているのである。

　したがって、認知行動療法は徐々に「社会適応」より「自由」に重心を置くようになってきた、と考えることもできる。しかも近年では、治療関係や共感を重視する認知行動療法も現れており、治療者の共感、承認を介した「自己への気づき」はますます重要になりつつある。現代社会においても社会への適応は必要であり、承認の不安、生きづらさを緩和する上で欠かせない。しかし価値観が多様化し、より自由に生きる可能性が増している現在では、社会への過度な適応は自由の喪失感に直結するため、自分の意志で行動を選択できることが重要になっている。認知行動療法の変化は、こうした時代状況の変化を反映しているのである。

なぜ関係論、構成主義が広まりつつあるのか？

　精神分析、来談者中心療法、認知行動療法という代表的な心理療法には、治療者の共感、承認を介した「自己への気づき」という共通性があった。少なくとも、各心理療法がそうした方向へ向かいつつあるのは間違いない。初期の精神分析は共感をタブー視していたし、行動療法も気づきや治療関係を軽視していたが、長い年月をかけて発展する間に、信頼関係に基づく共感と承認、自己への気づきが重視され始め、今日に至っている。

　このことは、深層心理学、実存主義、実証科学という、まったく異なった思想・理論背景のあるセラピーの多くが、実は共通の本質を持っていたことを意味する。より正確に言えば、最初は異なる部分も多かったが、それぞれが発展する中で徐々に接近していったと言える。そう考えると、激しい理論対立が減り、統合を志向するセラピストが増えてきたのは当然だったのかもしれない。

無論、すべての心理療法がこうした原理を持っているわけではない。アニマルセラピーで動物と接したり、音楽療法で落ち着いた気分になれば、確かに不安は鎮められる。この種のセラピーには枚挙にいとまがないし、治療関係や「自己への気づき」とは無関係に、リラックスや癒された気分をもたらすセラピーはいくらでも開発されている。また、マッサージや呼吸法などを駆使し、身体に働きかけて心身の変容をもたらすボディワークも、身体感覚への気づきをもたらす面もあるが、多くは不安を緩和し、心の緊張をほぐす、といった効用がメインである。

ただ、これらのセラピーも「自己への気づき」につながる可能性は持っている。強い不安、緊張状態の中では、他者と信頼関係を結んだり、自己を見つめ直すことなどできないため、不安を鎮め、緊張を緩和する効果をもたらすだけでも、信頼関係の構築や「自己への気づき」に至る準備段階として十分役立つからである。

では、家族療法のように関係に焦点を当てたセラピーはどうだろうか？

周囲の人間関係やその関わり方を変えるタイプの心理療法については、当面の問題を解決することが目的であり、精神分析や来談者中心療法のように、人生に関わるような大きな内面的な変容は目的としていない。個人の思考や感情に直接アプローチしなくとも、人間関係におけるパターンを変化させれば、当面の問題は解決するからだ。しかし、関係性が変化するなら、そのとき患者の内面に変化が生じ、「自己への気づき」が生じる可能性もある。

ひきこもりという問題を解消するために、母親、父親、兄弟がそれぞれ従来とは異なった対応、行動をとるように工夫し、それによって当人が学校へ通い始めたとしよう。当人の内面にアプローチすることなく、当面の問題は解決されたわけだが、このとき、当人の意識には何の変化も起きない、とは限らない。むしろ、これまでとは異なる関係性の中で、自分が何を感じていたのか、何を怖れ、本当はどうしたかったのか、そうした自分の感情や思考に気づかされる部分も多いだろう。それに、家族の関係が変化したことで、自分のあり方が変わっても家族は受け容れてくれる、と感じることができれば、自分の感情に注意が向かうようになり、「自己への気づき」も生じやすくなる。

構成主義のセラピーでは、より一層、「自己への気づき」が重要になる。

たとえばナラティヴ・セラピーでは、患者を苦しめている支配的な自己物語を自覚させ、それとは異なる新しい物語を話し合いの中で構成する。このとき、自己の物語は刷新されるのだが、そこには対話によって「自己への気づき」が生じているはずだ。

ただし、そこで得られる新たな自己像や物語を、構成主義のセラピストは真実とみなさない。抑圧されていた無意識や「本当の自分」とも考えない。特定の自己像や物語を真実だと考えてしまうと、それに執着して自由の幅が狭くなるし、セラピストが真実を知っていると感じ、上下関係、依存性を生みやすいからだ。そのため自己の物語を固定せず、周囲の状況に合わせて変更する柔軟性が大事にされている。

これは近年の対人関係を重視する精神分析でも同じだが、構成主義の立場に立つセラピーでは、自己像（自己の物語）や思考はその都度の人間関係、状況において構成されるのであり、それを真実とは見なしていない。それは患者がセラピストに依存したり、行為の選択を限定してしまわないように、自由を守るためなのだ。

ナラティヴ・セラピーでは、感情や無意識に焦点化した「気づき」に重点を置いておらず、しかも自己理解の絶対化を避けている。そのため、理論的に言えば、それで自己理解に基づいた自由な行動につながるのかどうか、やや疑問が残るところはある。しかし、自己像が刷新される以上、「自己への気づき」がないとは考えにくい。おそらく成功したケースでは、治療者の共感や承認を介して「気づき」が生じ、新しい自己像への確信が生まれているのだろう。そして、その自己理解を信じて行動してもよい、と感じられているのではないだろうか。そうでなければ、自由に行動できるようになるとは思えない。

いずれにせよ、心理療法の領域に構成主義が広まっているのは、患者の自由を重視する意識が高まっている証であり、治療関係における自由の問題に重要な問いを投げかけたことは間違いないだろう。

自由に生きるための心理療法

多くの心理療法に共通している「自己への気づき」とは、一体どのような意味を持つのか、ここでいま一度確認しておきたいと思う。

自分の感情、思考に気づくということは、自分自身の言動の意味を知り、自分が何を怖れ、何を求めていたのか、そうした「本当の自分」の欲望や不安を知ることでもある。すると、自己理解は深まり、これまでの自己像、自分はどんな人間なのかという物語は刷新されることになる。心理療法の領域でしばしば重視されてきた「無意識」「本当の自分」の発見とは、そうした意味を持っていたのである。

自分が何を求めているのかがわかれば、ではどうすべきなのか、その可能性が見えてくる。つまりそれは、自由に生きる可能性をもたらす、ということに他ならない。

ハイデガーは人間の存在本質を、気分を了解しつつ可能性をめがけることだと述べていた。私たちは自分の感情に気づき、受け容れることで、自分がどうすべきなのかを理解し、それを実現する可能性に向けて行動する。無意識のうちに行動し、後からその意味を理解する場合も少なくないのだが、こうした感情への気づきが自覚的なものになれば、よく考えもせずに無意識のうちに行動する、というようなことは減り、熟考して納得のいく行動の選択ができるようになる。それは自分の意志で選んだ行為として、自由の意識をもたらすに違いない。

そうだとすれば、多くの心理療法に共通する「自己への気づき」は、自由な行動の選択を可能にし、「自由に生きている」という意識をもたらすものだと言える。逆に言えば、心を病んでいる人は自由に生きられていない、自由を感じられていない、と考えることもできる。

心の病には多様な症状、多様な苦悩が存在する。強迫症状や不安に悩まされることもあれば、身体的症状、妄想に苦しめられることもある。感情のコントロールができなかったり、抑うつ症状に苦しんだり、歪んだ思考や行動をやめられない場合もあるだろう。だが、こうした多様な症状においても、自分で自分のことがわからない、自分自身が思うようにならない、という苦しみは共通しているように思える。それは、自分の意志で納得できる行動ができていないということ、つまり「自由を感じられない」ということである。

フロイトは神経症における症状の本質を、「不安への防衛反応」だと考えていた。不安は危険を知らせる信号であり、この信号を受け取ると、人間は危険を避けようとする。そうした避けようとする行為が合理的でうまくいく場合は問題ないのだが、不安が大きすぎるゆえに、不合理な行動に走ったり、無自覚な身体反応に転

■心理療法に共通する《自己への気づき》

精神分析	→	無意識の解釈による内省・気づき	＝	自己への気づき（欲望・関心の自覚） ⬇ 納得のいく行動選択（＝自由）
来談者中心療法	→	感情・本当の自分の気づき		
認知行動療法	→	認知の内省による歪みの自覚		

化する場合もあり、フロイトはこれを「症状」と呼んだのだ。

たとえば、他人に嫌われる危険を感じたら、不安が生じ、嫌われる言動は避けるだろう。場合によってはひきこもり、誰とも会わなくなるかもしれない。また、自分が汚染される危険を感じたら、強迫的に手を洗い続ける。このとき、自分が汚染されるという自覚があまりないのに、手洗いをせずにはいられず、本人が苦しみを感じているなら、強迫性障害と診断されることになる。この強迫行為は汚染される危険への過剰な防衛反応なのである。

これと同じように、習慣化した歪んだ行為の多くは、不安への防衛反応である。その行為の理由を当人もわからず、耐えがたい苦しみになっているとしたら、それは心の病気ということになる。すべての心の病の原因が不安とは言えないが、どのような原因であろうと、それによって二次的に不安が生じれば、その不安に対する防衛反応が生じ、悪循環に陥る可能性はつねにある。

不安が大きすぎると余裕がなくなり、冷静な判断ができなくなる。また、過剰な防衛反応、歪んだ防衛行動を生み出し、多くの場合、自分でもその理由がわからない。そのため、自分の身体反応、行動を制御できなくなり、自分の思うような行為ができなくなる。四六時中、不安を追い払うことだけが日常になり、自由を感じることができなくなるのだ。

そこで心理療法は、治療者の共感、信頼関係を介して不安を緩和し、患者が自己と向き合えるような場を作る。たとえ「自己への気づき」に重点を置かない心理療法でも、不安を緩和することは重視しているものであり、それだけでも自由を感じるための第一歩となるだろう。さらに、患者が自分自身の感情、思考に対して気づけるように促し、歪んだ自己像や思考を修正できるように援助すれば、患者は自分で納得できる行為を選べるようになってくる。つまり、自由に生きる可能性が拡がってくるのである。

第10章　現代社会と心理療法の未来

心理療法の歴史的な意味

今日における多様な心理療法を検討した結果、それは「自由に生きるための技法」という性格を強めていることがわかってきた。代表的な心理療法に共通する「自己への気づき」は、自分の欲望や関心を知ることであり、納得のいく行動を選び、自分の意志に従って生きる上で必要なものであった。このような「気づき」のレベルまでいかないセラピーにおいても、不安をやわらげることで、自分を見つめ直したり、考えるゆとりをもったり、自由に生きる可能性を開いている。

しかし、人間が自由に生きることができるようになったのは、近代社会において民主主義の考えが広まって以降のことである。それ以前の長い期間において、多くの社会ではほとんど自由が存在しなかった。だとすれば、近代以前の心理療法が「自由に生きるための技法」だったとは考えにくい。その違いは何だろうか？

ここで近代以前の心理療法の特質を、もう一度振り返ってみることにしよう。

レヴィ＝ストロースによれば、患者と治療者、周囲の人々が共同で、「原因がわかった」「元凶となるものが取り除かれ、解決された」と信じることが、治療効果を生み出している。シャーマンなどの治療者は、理由のわからない苦しみに対して、神話に基づいた言葉を与え、思考可能なものにする。それによって、患者の苦痛は理解できるものとなり、緩和され、耐えられるものとなる。原因不明の苦しさに対して原因を指し示すこと、言葉で言い表すことで、苦しみは大きく改善されるのだ。レヴィ＝ストロースはこれを「象徴効果」と呼んでいた。

この場合、神話に基づく治療者の解釈が真実かどうかは問題ではなく、患者がその神話を信じる集団の一員であれば、真実だと感じることになる。患者の苦痛がその神話と無関係であるとしても、治療者がその神話に沿って問題を意味づけ、患者がそれを信じれば、症状は緩和され、苦痛は軽減されるのだ。

無論、治療者が尊敬され、信頼されていなければ、患者が治療者の言葉を信じることはできないが、近代以前の治療者たちは宗教的に権威のある人々であり、信頼と尊敬の対象となっている。そして、患者の奇異な言動が所属集団からの逸脱を意味し、それが不安や苦悩をもたらしているとすれば、治療者による所属集団の神話（価値観）に基づく意味づけは、患者を所属集団に引き戻す役割を担っている。理由のわからない行為を周囲の人々は受け容れられないが、権威ある者がその行為を意味づけることで、人々は納得し、その理由を受け容れる。それによって、患者の不安や苦悩は軽減し、治癒へと向かうのである。

レヴィ＝ストロースは、原始的治療も精神分析も、また他の多くの心理療法も、象徴効果によって症状が改善される点は同じだと考えていた。なるほど、心理療法によって治療仮説や人間観が異なっていても治療効果にあまり差が出ないのは、患者がそうした治療仮説や人間観に基づく解釈を受け容れ、信じるからかもしれない。

人間は自分に存在価値があることを必要とする存在であり、そのため周囲の承認を求めている。認められることで、自分が必要とされ、価値のある存在だと実感できるからだ。自分の所属する集団の中で、みんなの認める役割を担い、みんなの信じる価値観に沿って行動することで、仲間として認められ、必要とされ、自分の立ち位置が確認できる。すると、アイデンティティも定まり、安定した生活を送ることができるだろう。他者の承認は私たちが不安なく安心して生きる上で、とても重要なものなのである。

このことは、いつの時代も変わらない普遍性があり、心理療法の本質に関わっている。

古代や中世の社会において、社会集団から逸脱した状態、集団の価値観にそぐわない言動から、孤立を深めて不安が増大し、大きな苦悩を抱えていた患者がいたとする。これに対してシャーマンや宗教の祭司は、集団の神話（物語）、教典、価値観に基づく解釈を与え、これを患者、周囲の人々と共有することで、患者は自分の集団における居場所を見出し、その集団に認められ、受け容れられていることを実感する。治療者と周囲の人々の承認によって、不安は緩和され、集団の価値観に沿った日常生活へ立ち戻ることができるのだ。

これは現代においても同じことが言える。社会への適応がうまくできず、人間関係、孤立感、承認の不安に苦しむ人は少なくない。そこで、社会適応を目標としたセラピーが必要になる。行動療法の条件づけなどは、その典型と言えるかもしれない。認知療法も歪んだ認知・思考の修正により、社会でうまく生活できるようになるための優れた技法である。一九世紀の精神医療で重視された治療法も、道徳、規範、規律など、モラルによる自己管理を重視するものであり、社会的な秩序への再合流を目指すものだったと言ってよい。

だがすでに述べてきたように、近代以降の心理療法においては患者の自由を重視する視点が現れ、自由の回復を基軸に据えた技法が次第に増えている。特に二〇世紀以降、社会の抑圧から解放し、抑圧された欲望の充足を目指したり、「本当の自分」の発見、自己実現を目標とした心理療法では、自分の「したい」ことを第一に考える生き方、自由をはっきりと目的に据えている。それは、自由に生きられる時代になったからこそ現れた心理療法なのである。

パラダイムシフトを起こした精神分析

近代以降、私たちの社会には「自由」の理念が広まり、人間には自由に生きる権利がある、と誰もが考えるようになった。ロック、ルソーらの理論が革命を通して現実化し、民主主義の社会が築かれ、その後、徐々に自由に生きるための条件が整っていったのだ。現在では多くの社会で民主主義が広まり、価値観も多様化し、個人の自由が尊重される時代になっている。

一八世紀末、ピネルは精神病者を施設から解放したが、それは精神病者に自由をもたらす近代的な考え方からであった。だがその反面、フーコーが述べたように、精神病者を合理的な秩序に適応させるために、精神病院という新たな施設に閉じ込めた、という見方もできる。それは少し言いすぎだとしても、当時の精神科における治療法は、道徳や規律を守るようにさせる、規則正しい生活をさせる、といった教育的方法が主流だったので、患者の自由が少なかったのは事実だろう。

二〇世紀に入っても、精神科の医療はインスリン療法、電気痙攣療法、ロボトミー手術など、症状を抑えるための身体技法が中心で、患者の自由を意識したものではなかった。無論、症状が抑えられれば、ゆとりができ、多少の自由は感じられるかもしれないが、精神病院の中で医師から指示されるままに日々を送るため、自由のある生活とは言えない。そこでは医師の判断が絶対視されやすく、しばしば強い権威に服従する上下関係も生じていた。そのため二〇世紀後半に入ると反精神医学の嵐が吹き荒れ、患者の自由、精神病院からの解放を主張する人々が現れたのである。

ただ、一九七〇年代になると薬物療法が飛躍的に発展し、反精神医学運動も沈静化している。薬によって症状が大幅に改善されるようになると、薬で症状を抑えながら日常生活を送れる人も増え、精神病院の入院患者は減っていくことになる。見方を変えれば、精神病者の自由が尊重されるようになったとも言えるだろう。

しかし、これはあくまで拘束から解放される身体的な自由が中心で、患者が自分のしたいことを実現する自由、納得のいく行動の選択ができる自由、というわけではない。このような精神的な自由こそ、現代心理療法を特徴づけるものなのだ。

近代の心理療法も一九世紀までは、社会への適応が中心にあった。道徳療法などもそうだが、催眠療法にしても、暗示による行動の修正が中心で、患者の自由な意志は関係がなかった。そもそも一九世紀の段階では、まだまだ多くの人々は自由に生きられる状況ではなかったし、それが当然だと感じていただろう。既存の価値観に反して自由に行動すれば、強い批判にさらされ、人間関係も壊れてしまう可能性がある。それは今日においても同じだが、かつては現在よりはるかにその傾向が強く、多くの人にとって、自由に生きることは現実的ではなかったのだ。当然、心理的な治療の領域でも、患者の自由を重視する技法はまだ存在せず、社会への適応を目指した方法、社会規範に従って生きるための技法が中心となっていた。

しかし、一九世紀末に精神分析が登場したことで、心理療法による自由の獲得という道は、徐々に切り開かれていった。なぜなら、フロイトこそが、無意識という概念を用いることで、「自己への気づき」を中心に据えた心理療法を開発したパイオニアだったからだ。精神分析の登場は、心理療法のパラダイムシフトを象徴する出来事だったのである。

二〇世紀前半に精神分析が飛躍的な発展を遂げたのも、自由に生きる可能性が大衆に広まり、多くの人が無意識に関心を向け、自分自身のことを知りたい、と望んでいたからだ。自由に生きる可能性が生まれると、私たちは自分がどうしたいのか、どうすべきなのか逡巡し、自らの内面を見つめようとする。社会に過剰適応し、同調した自分が偽りのように思え、「ありのままの自分」を受け容れてほしいと望むのだ。そして、過度に自分の感情を抑えるのではなく、「本当の自分」の人生を生きたい、そう思うようになる。

心理療法が次第に「本当の自分」の発見、自己理解、自己実現を重視するようになったのも、社会の中で自由に生きるための条件が整い、自由に生きたいと感じるようになった半面、社会や世間、親、周囲の人々からの期待や要求、義務などもあり、自分の欲望を抑えたり、まわりに同調せざるを得ない場面に遭遇し、「本当の自分」を見失ってしまう人が増えてきたからだ。

二〇世紀前半において、ユングは早くから「自己」の実現（個性化）を主張し、一九五〇年代になると、新フロイト派のフロムやホーナイ、フロム＝ライヒマンらも「真の自己」を見出す必要性を述べている。ロジャーズもほぼ同時期に自己洞察の重要性を主張し、一九六〇年代には、マズローをはじめとする人間性心理学、実存主義のセラピストたちが、「本当の自分」の発見、自己実現を声高に主張するようになった。

このことは、生活が豊かになり、価値観が多様化していった社会状況と無関係ではない。第二次世界大戦後、古い価値観が壊れ、経済の発展にともなって急速にライフスタイルや価値観が変化する中で、人々は自分がどう生きるべきか、どう生きたいのか、悩み、考えるようになった。自分が望む人生を思い描き、自分の力と個性を発揮し、納得できる生活を送りたい、そう強く感じるようになったのだ。

決められた人生ではなく、自分で人生を選べるからこそ私たちは悩む。それは「自分のやりたいことを見出せない」という自由であるがゆえの悩みであり、それと同時に、自分が何者であるのか、何をなすべき存在なのか、というアイデンティティの不安から生じた悩みでもある。[1] そこに、自分が本当に望んでいることを知りたい、自分に適していること、自分自身のことを知りたい、という「自分探し」が始まるのである。

セラピストに権威は必要か？

現代社会において「自分探し」をする若者は多く、「自分らしく」「ありのままの自分」「本当の自分」という言葉をよく耳にする。それは、よりよく生きたいという私たちの気持ちを示す、時代のキーワードでもある。一九七〇年代にアメリカ西海岸で生じたニューエイジ運動、人間性回復運動は、こうした時代の空気に呼応し

1　社会学者のギデンズによれば、こうしたアイデンティティの不安ゆえにセラピーが必要になる。「伝統がすたれて、各自がライフスタイルを自由に選択するようになると、自我の確立を避けて通れなくなる。人々は、これまで以上に能動的に、自己同一性の構築をないし再構築にはげまなければならなくなる。だからこそ、欧米諸国で、さまざまなセラピーやカウンセリングが繁盛するようになったのである」（A・ギデンズ『暴走する世界』佐和隆光訳、ダイヤモンド社、二〇〇一年、99頁）

た活動であった。そうした状況の中で、自己発見、自己実現を標榜《ひょうぼう》する各種のセラピーも開発されている。
一九八〇年代以降に流行した自己啓発セミナーも、自分がどうしたいのか、どうすべきなのかを教えてくれる役割を果たしている。自己啓発セミナーの中には、集団療法や身体技法など、様々な心理療法のテクニックを巧みに取り入れているものも少なくない。比較的質の高いセミナーもあるかもしれないが、マインド・コントロールを用いた悪質なものが多く、世間のイメージはあまりよいとは言えない。

そもそも自己啓発セミナーの指導者に従い始めた時点で、自分で人生を決める自由は失われてしまうだろう。自分の人生を自分の意志で決めたい、「本当の自分」を見出したい、そう思っていたはずなのに、他者の命令に従って行動を選び、自己実現が義務のように感じられてしまうからだ。皮肉なことに、社会に迎合せず自由に生きたいという当初の望みとは逆に、自由を手放してしまうのである。

これは、心理療法においても生じやすいリスクだと言える。

患者は治療者を信頼し、治療者の言葉を信じやすい。それは自己の無意識に気づく上で大事なことではあるのだが、過剰な信頼は依存につながり、治療者に教えを乞う生徒の役割に甘んじてしまうかもしれない。そうなると、自分の意志で行動する自由より、決めてもらうことで責任を軽くするほうを選び、自分の自由な意志で行動することができなくなる。

ラカンやバリント、ウィニコットが述べていたように、治療者の能力を過大視し、治療者は何でも知っている、と想定してしまうことは、結果的に治療者への依存を深め、患者の自由を奪うことになる。治療者が無意識を解釈する場合でも、それを患者が熟考することもなく無条件に受け容れ、絶対視してしまえば、患者の進むべき道は限られてしまい、自由な行為の選択はできなくなる。これは、治療者―患者という二者関係が陥りやすい罠《わな》であり、患者の自由を守るためには、治療者はカリスマ的な存在であってはならないのだ。

近代以前の自由を重視していない心理療法ならば、治療者はカリスマ的な信頼があったほうが、都合がよかったかもしれない。古代のシャーマンを考えてみれば、それは容易に想像がつく。集団の秩序に戻り、認められることだけが重要なら、その集団の秩序、価値観、リーダーを信じ切ったほうが楽に決まっている。だが、集団の承認だけでなく、個人の自由を求めるなら話は別である。

来談者中心療法などの人間性心理学、実存主義のセラピーは、セラピストがクライエントより優位に立たないように、指導者として指示を与えるのではなく、傾聴を中心にしてクライエントに「自己への気づき」を促している。そのためセラピストは権威ある存在になりにくい。あまり指示を与えず、共感的、受容的に対応しているため、クライエントは自分の力で本当の気持ちに気づいている、と感じることができる。それゆえ、自分が本当はどうしたいのか、より納得した上で行動できるのである。

そう考えると、実存主義的セラピーは「自由に生きるための技法」にふさわしいと言えるのだが、自己実現、自己成長を目的化している点に問題がある。セラピーにおいて見出された「本当の自分」を絶対視し、その自己像に従って生きるべきだと感じられれば、自由を感じることが難しくなる。

これに対して、構成主義のナラティヴ・セラピーでは、「本当の自分」など存在しないと考える。自己の物語はセラピストとの関係において構成されるものであり、真実などありはしないし、そもそも不要だと考えている。間主観的アプローチなど、関係性を重視する精神分析も同じで、正しい無意識の解釈を想定していない。

「本当の自分」や無意識の真実を仮定すれば、それを知っている（と想定される）治療者に権威が生じてしまう。すると、患者は治療者の言葉に従うようになり、自由を手放してしまうだろう。

現在、心理療法の最前線で構成主義が注目されているのは、心理療法がより一層「自由」を重視するようになったことを示しているのである。

構成主義はポストモダン思想のひとつとして位置づけられているが、ポストモダンは社会に潜む無意識的な構造における権力、抑圧を糾弾し、個人の自由を主張する思想でもある。真理を否定しているため、無意識の解釈における真実や「本当の自分」を想定すること自体に批判的だ。その意味で、自由を重視する心理療法が構成主義に可能性を見出したことは、決して偶然ではないだろう。

ただ、人間は自由だけでなく、他者の承認を求める存在である。周囲に認められることで、自分の存在価値を実感し、生きる意味を見出すことができる。だからこそ、古来、心理療法は周囲の承認が得られるような、集団の価値観に準じた解釈を与えてきた。

それは近代以降に生きる私たちにとっても、決して無関係なことではない。むしろ現代人のほうが強い承認の不安を抱えている。なぜなら、現代では価値観が多様化しているため、何をすれば認められるのか、承認の基準が見えにくくなっているからだ。それは自己の存在価値への不安、生きる意味への不安を招かざるを得ない。フランクルは、現代社会では「意味への意志がしばしば欲求不満の形をとっている[2]」と述べているが、これはきわめて妥当な指摘と言えるだろう。

この点について、現在ある心理療法の諸理論は原理的に整理し切れていない。構成主義のセラピーや関係精神分析など、関係性が重視されるようになったことは、この問題と深く関わっているのだが、その意味について十分な説明がされていないからだ。治療関係の重要性は承認欲求と深く関わっており、人間が自由と承認の葛藤を抱えた存在である以上、それは自由に生きることと無関係ではあり得ない。したがって、私たちは自由への欲望と承認への欲望の関係について、その本質から問い直してみる必要がある。

近代社会に生じた「自由と承認の葛藤」

もう一度、問題を簡単に整理すると、近代とは、個人の自由、人権が大幅に認められるようになり、自由に生きる可能性が拡がっていった時代であり、そこで生じる心の病と心理療法も、当然、時代に応じた変化があったと考えられる。

近代以前の社会では共有された価値観に従って生きざるを得ず、生まれたときから地位も役割も決まっており、仕事も結婚も自由には選べなかった。ただ、その社会規範、価値観に従って生きている限り、周囲の人々から認められ、居場所が確保され、自分の立ち位置もはっきりしていたので、アイデンティティの不安、承認の不安は強くはなかっただろう。

したがって、社会の価値規範から逸脱した思考、行動、生活によって、孤立し、承認が得られなくなった人々は、強い不安に襲われることになる。心が病んでしまった人の場合もそれは同じであり、彼らは自分の意

2 V・E・フランクル『精神医学的人間像』宮本忠雄・小田晋訳、みすず書房、二〇〇二年、40-41頁

志で社会規範から逸脱したわけではない。自分でも理解できない不安や恐怖、息苦しさ、幻覚、妄想、無意識の行動に苦しみ、社会規範に沿った生活ができなくなっているのである。

そこで、近代以前の心理療法では、そうした患者の言動を社会の価値観に沿って意味づけ、再び社会の中に取り込もうとしたのだ。治療者の解釈を患者と周囲の人々が共有すること、治療者の指示に従って行動すること、それによって患者は周囲に認められ、アイデンティティを安定させる道が開かれていたのである。

しかし近代になると、古い価値規範は揺らぎ、徐々に自由に生きるための条件が整い始め、一般の人々の間にも自由の意識がめばえてきた。自分のしたいことを大事にしたい、自分の意志に従って生きたい、そうした欲望が生まれたのである。すると、周囲の人々や社会規範との間で葛藤が生まれるようになる。好きな仕事をしたくても、親に反対され、奔放に生きたくとも、世間の価値観に反すれば周囲の批判に苦しめられる。個人の自由と他者や社会の承認が対立し、激しい葛藤が生じるようになったのだ。

フロイトはこうした近代における欲望の葛藤を鋭く見抜いていた。性愛願望と道徳心の葛藤、エスと超自我の葛藤など、彼はつねに欲望の葛藤に焦点を当てていたのだが、その本質が自由と承認の葛藤であることを理解していたのである。次の文章はそのことを端的に示している。

「人類は、おそらく永遠に、集団の意志にたいし自分の個人的な自由への要求を主張しつづけることだろう。人類の悪戦苦闘の相当部分は、この種の個人的要求と文化の側からの集団的要求のあいだの合理的な――というのはつまり、人類を幸福にしてくれるような――和解点の発見という課題をめぐるものである」[3]

このように、フロイトは個人の自由と集団の承認が対立しやすいこと、それが欲望の葛藤、抑圧をもたらし、心の病を生み出すことを理解していた。そして、無意識における欲望の葛藤への「気づき」が治癒をもたらすことを発見した。一九世紀はまだ前近代的な心理療法のほうが主流で、社会秩序に沿って患者の行動を修正していたため、治療者の権威が強く、個人の自由は重視されていなかったが、精神分析は「自己への気づき」を中核に据え、自分を理解し、納得した上で行動する自由をもたらしたのだ。

そう考えると、一九世紀におけるヒステリーの流行と精神分析の登場は、まさに時代を象徴する出来事だったと言える。

もっとも、フロイトは自由を治療の目的にしていたわけではなかった。抑圧された欲望を解放し、満たしたほうが自由になるように思えるが、フロイトは、文化が成り立つためにはある程度のがまん、抑圧は不可欠だと述べている。[4] かといって、近代以前の心理療法のように、抑圧を肯定し、社会規範に従うことを求めたわけでもない。彼はただ、患者が無意識の事実を自覚すれば症状が消え、苦しみが緩和されるため、後は患者自身が決めればよい、

■自由と承認の葛藤

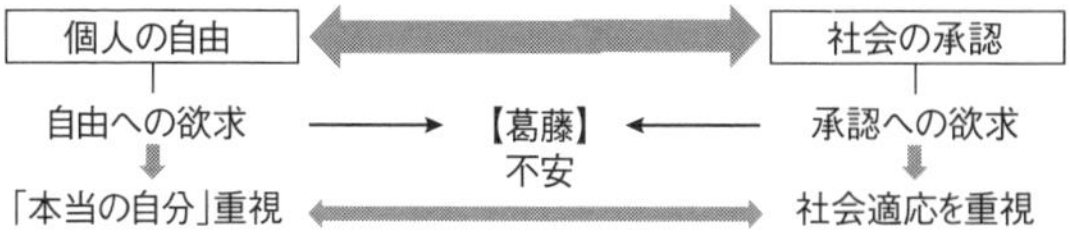

3 S・フロイト「文化への不満」（S・フロイト『フロイト著作集3』高橋義孝他訳、人文書院、一九六九年、457頁）
4 同前、458頁

と考えたに違いない。そしてこのフロイトのやり方は、結果的に、患者自身が納得して行動を選ぶ、という自由への可能性を開いたのである。

無論、初期の精神分析家の多くは自由の問題に無自覚であり、権威ある専門家として、独断的な無意識の解釈を行うことも少なくなかっただろう。そのため、患者は過去の解釈に執着し、自由を感じられない場合もあったかもしれない。

しかし、第二次世界大戦後、カウンターカルチャーのように社会への順応を拒絶し、自由を求める人々が増えていく社会的風潮を背景に、「真の自己」を重視する実存主義のセラピーが続々と登場し、「本当の自分」の発見、自己実現を強調するようになった。過去にこだわる過去決定論を否定し、「今、ここ」で感じることから未来の可能性を考える目的論の観点を導入し、自由を自覚的に目指すようになったのだ。

一九八〇年代には、高度消費社会における価値観の多様化、相対主義の思想的流行にともない、構成主義のセラピーが現れた。無意識の真実や「本当の自分」に囚われると、過去への執着やセラピストの権威化が生じやすくなる。構成主義のセラピーではこれを批判することで、患者の自由をあらゆる制約から解き放とうとしたのである。

自由とは何か?――ヘーゲルの自由論

しかし、何度も言うように、人間は自由を欲する一方で、他者の承認を欲しているため、自分の本当の欲望に気づけば自由に生きられる、と単純には言えない。自分勝手に行動すれば、周囲に非難されるため、かえって苦しみは深くなる。そのため、多くの人は自由をがまんして周囲に同調し、「本当の自分」を抑圧してしまう。抑圧された欲望を解放すれば、今度は社会規範に反する不適応者と見なされるかもしれない。社会の中で自分の存在価値を求める以上、他者の承認を無視するわけにはいかないのである。

近代最大の哲学者であるヘーゲルは、こうした近代社会における自由と承認の関係本質にいち早く気づいていた。

ヘーゲルによれば、人間は複数の欲望を抱えているため、そうした欲望に衝《つ》き動かされたり、葛藤が生じるという意味で、思いどおりにならない不自由を抱えている。この欲望を心の中では否定し、頭では無視して自由になることもできるのだが、こうした否定的な自由は抽象的で、空虚な自由にすぎない。そこで、私たちは自らの欲望を否定するのではなく、複数の欲望の中から何が幸福につながるのかを考慮し、自分が納得できる行為を選び取ろうとする。こうした態度の中でこそ本当の意味で自由を感じることができる、とヘーゲルは考えたのである[5]。

複数の欲望から行為を選び取る場合、私たちは自分のあり方に配慮し、より納得のいく選択をしようとする。たとえば、休みたいと感じて

ヘーゲル

5　ヘーゲルによれば、欲望だけでなく、性別や年齢、役割などに規定されているのが人間だが、それを否定して自由になるのではなく、何らかの欲望や役割を納得して選び取ることの中にこそ自由がある（G・W・F・ヘーゲル『法の哲学Ⅰ』藤野歩・赤沢正敏訳、中央公論新社、二〇〇一年、72-82頁）。

いたとしても、周囲の人々に批判されるのが嫌であれば、休まずにがんばり、周囲に認められようとするだろう。それは、周囲に認められるような自分でありたい、という自己の存在価値を優先した結果とも言える。一見、自由であることを放棄し、承認を選んだようにも見えるのだが、自分でよく考えて選んだのであれば、自分の意志で決めたことだと納得ができる。つまり、自由な意識の中で承認される行為を選んだことになる。

私たちは「自由と承認の葛藤」を考えるとき、社会の承認を得るには自由を捨てなければならない、他人に認められるためには、自由をがまんしなければならない、という型にはまった思考に囚われてしまいやすい。「自由と承認は対立し、相容れないものだ」という先入観があるため、自由を得るためには、社会の承認にこだわるべきではない、自己を制限するものが少ないほどよい、と考えてしまうのだ。

「本当の自分」の発見を重視する心理療法も、社会に合わせるよりも「本当の自分」の気持ちを大事にせよ、という考え方なので、承認より自由を優先すべきだ、という主張になりやすい。構成主義の心理療法の場合も、治療者の権威や無意識の真実という物語に縛られない自由を重視しているが、承認への欲望については考慮されていない。

心理療法の対象となる人々は、周囲の人間関係や歪んだ思考によって、身動きが取れなくなっている場合が多いため、解放としての自由を強調する実存主義、構成主義のセラピーに一定の有効性があることは否めない。しかし、これらのセラピーは自由の本質を十分に捉えていないため、自由と承認の葛藤を乗り越える原理としては不十分である。

これに対して、ヘーゲルは自由の本質を深く掘り下げて分析しており、自由と承認、個人と社会を対立的には捉えていない。それどころか、多くの人は社会から解放されるよりも、社会の中に身を投げ入れ、そこで価値あるものをつかもうとする存在だと考えていた。他者に認められるような行動の中に価値を見出し、自分の存在価値を確認しようとする。そうした行為を選択する意志の中に、ヘーゲルは自由の意識を見ているのである。

もちろん、社会の中で価値あることをして認められたいとは思わない、自分の好きなことをして生きられればそれで幸せ、と感じる人もいるだろう。特に心の病を抱えるような人々には、自分はただ周囲のしがらみから解放され、自由に生きたいだけだ、と考える人も多いはずだ。しかし、そのような人であっても、自分を受け容れてくれる人、認めてくれる人が身近に誰もいなければ、やはり苦しいに違いない。だとすれば、承認を放棄して自由になれ、と単純には言えないはずである。

したがって、心理療法は承認を放棄するのではなく、承認を得た上で自由に生きる道を探す必要がある。あるいは、自由に生きる中に承認を見出す道。自由と承認の葛藤を超えて、どちらも手放すことなく生きる道。現代の心理療法はそうした道を模索すべきではないだろうか？

よい「治療関係」とは何か？

近年、多くの心理療法で治療者と患者の関係性が重視されるようになったのは、人間が自己の存在価値に対する承認を求めていることと無関係ではない。治療者の共感、受容的態度は、患者にとっては「承認」として感じられる。ありのままの自分が受け容れられ、認められている、という安心感が、自由に生きようとする心を勇気づける。自分の感じていること、したいことを大事にしてよいのだと、そう感じることができるのだ。

近代以前の心理療法においては、所属集団に共通する価値観に基づく解釈によって、患者の症状、行動の意味を共有し、不安を払拭することができた。所属集団の成員と自らの症状・行為の意味を共有することで、所属集団の承認を得たことを実感し、安心感を得ることができたのである。この場合、治療者には権威があるほうが都合よく、より確かなお墨付きを得たことになる。治療者を崇拝したり、集団の価値観、治療者に従って行動するようになれば、自由に生きている実感は得られないのだが、そもそも自由に生きる余地などなかったのだ。

これに対して、現代の心理的治療者における共感、受容的な態度は、特定の価値観に基づく行為への承認ではなく、存在そのものへの無条件の承認である。この違いは、他者の要求に従うことでほめられる場合と、他者に従わなくとも、あるがままの存在が受け容れられる場合を考えればわかるだろう。後者の場合には、無理をしなくともよい（あるがままの存在でいられる）自由がある。それは行為への評価という条件つきの承認ではなく、無条件の「存在の承認」だからである。[6]

患者の気持ちに共感し、受け容れることで、患者も「あるがままの自分」を受け容れ、考え方を見つめ直すことができる。そして「自己への気づき」を得て、より納得のいく思考や行動を心がけるようになる。つまり、自由に生きることができるようになるのだ。

自由な社会とは、価値観の多様性が認められた社会である。まだまだ偏見も多いとはいえ、欧米諸国や日本をはじめ、多くの国に民主主義が広まり、多様性を認める社会になっている。だがそれは、絶対的な価値観が存在しないため、どうすれば周囲に認められるのかがわからない、承認の基準が見えにくい社会、ということでもある。そのため親や身近な人間の承認を得るために、彼らの価値観を過大視したり、過度に同調や忖度を繰り返し、期待、要求に応えようとする人も少なくない。それは「本当の自分」を押し殺し、偽りの自分を演じ続けるということでもある。

自由に生きるためには、あるがままの存在への承認が必要になる。それは普通、親を中心とする身近な人々との関係性に大きく左右されるだろう。

幼い頃、過度の期待や要求を受けた子供は、期待に沿って行動しなければ認められない、という不安を抱えやすい。その結果、自分を抑え、周囲に同調するようになるかもしれない。勉強や運動ができなければ親が認めてくれない、という子供は、自分のやりたいことをがまんして、親の要求に服従したり、期待をかなえようと必死になるだろう。すると社会に出てからも、あるがままの自分を肯定できなくなり、他者の求める自分を演じるようになりやすい。

逆に、親がある程度の自由を許容し、ありのままの自分を受け容れ、共感的な態度を取ってくれれば、あまり承認の不安は強くならず、自分の気持ちを表現したり、思うように行動するなど、自由に生きても大丈夫、という感度が養われる。自分の行為への評価ではなく、自分の存在そのものへの無条件の承認が、あるがままの自分を肯定し、自分のやりたいことをやっても大丈夫、と感じさせてくれるのだ。共感的な関係性によって、

6　この違いを筆者（山竹）は「行為の承認」と「存在の承認」に区分し、現象学の視点から詳細に論じている。詳しくは拙著（山竹伸二『ひとはなぜ「認められたい」のか』筑摩書房、二〇一一年）を参照して頂きたい。

■自由と承認をもたらす共感の効果

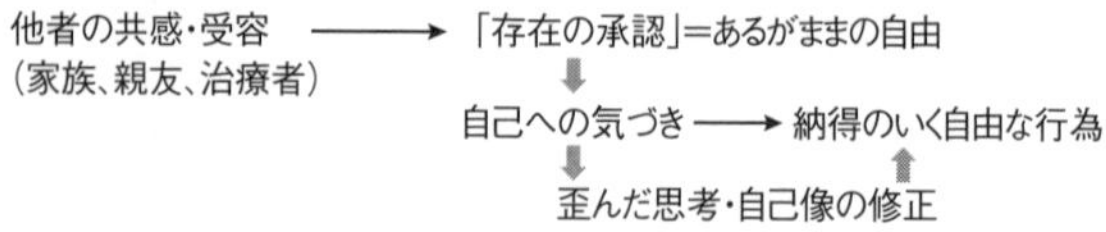

自由に生きる基盤が築かれる、と言ってもよい。

したがって、自由をもたらすための心理療法は、治療者との関係性が重要になる。治療者の共感、受容的態度によって、患者は自らの存在そのものへの承認を感じ、あるがままの自分を認められるようになる。自分の問題点を見つめ、自分を変える勇気を抱くようになる。自分が本当に望んでいること、進むべき道を見つめるようになり、自由に生きる可能性が開かれるのである。

これは自由と承認が葛藤せず、どちらも満たされた状態、自由と承認が調和した状態だと言える。「存在の承認」はそれ自体が「あるがままでいられる」という受動的な自由の実感をもたらしてくれるからだ。関係性、共感を重視した心理療法の多くはこのような原理を持っている。

家族やセラピストによる「存在の承認」があれば、不安によって自由な行動を抑圧することはない。親しい人以外の承認は必要とせず、自分の好きなことを楽しむ人もいるだろう。そのような人は、社会的に価値のあることでなくとも、自分のやりたい仕事や趣味を中心に生活し、それが身近な親しい人々に受け容れられ、つながりを感じられさえすれば、それで幸せを感じることができるのだ。

あるいは、自分がやりたいことで周囲にも認められたい、社会で評価されたいと思い、努力する人も大勢いる。あるがままの「存在の承認」を土台にして、行為したことへの評価（「行為の承認」）を求め、その中で価値のあるものをつかもうとするのである。そして、自分のやりたいことをして、それが認められれば、自由な生き方の中に承認を得たことになる。

無論、社会的な評価や周囲の称賛を求めても、それが認められる保証はないし、批判される場合もあるだろう。そのため再び「自由と承認の葛藤」が生じ、悩むこともあるかもしれない。しかし、評価されない自分でも受け容れてくれる人がいれば、それは病的な悩みとはならず、セラピーなしでも乗り越えることができる。他者の批判や評価（承認）を介して自己を見直し続ければ、自分の行為に価値を見出せる可能性が開けてくるはずである。

自由と承認の得られるセラピーへ

太古より、人間は共感と承認を介して、お互いを助け合い、協力し合う関係性を築き、それが社会の形成を促してきた。それは人間が生き延びるために、不可欠な戦略だったのかもしれない。やがて社会は「互いに助け合うことで生き延びる」という原初の目的を超えて、「自己の存在価値を確認し、生きる意味を満たす」という場所になったに違いない。そのため、所属集団の価値観、秩序から逸脱した言動は強い不安を生むようになったのであろう。古代の呪術的な心理療法は、こうした逸脱した言動や症状に意味を与え、再び社会の承認を与える役割を担っていたと言える。

今日の心理療法においても、逸脱した言動や症状に意味を与え、不安の緩和をもたらすという役割はある。歪んだ思考や行動、身体反応に対して、条件づけで歪みを修正したり、無意識の解釈を介して歪みを自覚させれば、社会からの承認と適応への道が開け、不安は緩和されるからだ。

歴史的な流れで言えば、一九世紀から二〇世紀前半までは、近代の心理療法も社会への復帰、社会適応を重視するものが多かった。近代以前の心理療法のように、神話や宗教的価値観から解釈することはなくなり、不合理なものは排除されるようになったが、科学的な合理性の許す範囲で、一般的な社会の価値観、人間観から解釈されてきたのである。

しかし、やがて心理療法の役割にも変化が見られるようになった。それは、社会の価値観が多様化し、自由に生きる可能性が拡がるにつれて、自由に生きたい、自分の力を発揮したい、自分の感性や個性を大事にして生きたい、自分らしくありたい、という欲望が人々の中にめばえてきたからだ。

自由に生きたい、行動したいと思っても、親の承認や身近な人々の承認を得るためには、自分の気持ちや考えをがまんし、抑制せざるを得ないこともある。自由と承認が葛藤し、本当の自分の気持ちを抑圧してしまうのであり、そこに現代的な心の病が生まれてくる。そこで、自分が本当に望んでいること、本当の気持ちに気づくことが必要になる。無意識の解釈、「真の自己」の発見を重視する現代心理療法は、「自己への気づき」を通して、患者が自分の本心に納得して行動できるよう手助けをする。つまり、自由に生きることができるように援助するのである。

このように、心理療法は他者の承認を介して不安を緩和するだけでなく、自由に生きる可能性を開くことに重点が置かれるようになった。この傾向はフロイトの精神分析に始まったのだが、当初は自覚的なものではなかった。

しかし二〇世紀の半ばには「真の自己」を重視するセラピストが現れ、少しずつ自由の重要性は意識されるようになった。精神分析では新フロイト派が早くから「真の自己」の自由を重視していたし、実存主義的セラピーでは、共感的な関係性を重視し、あるがままのクライエントを受容することで「存在の承認」を感じさせ、「本当の自分」として自由に生きることを促すようになった。セラピストが強引に解釈したり、指示を与えたりしないのも、クライエントの自由を重視するからである。

■人間の欲望と心理療法の関係

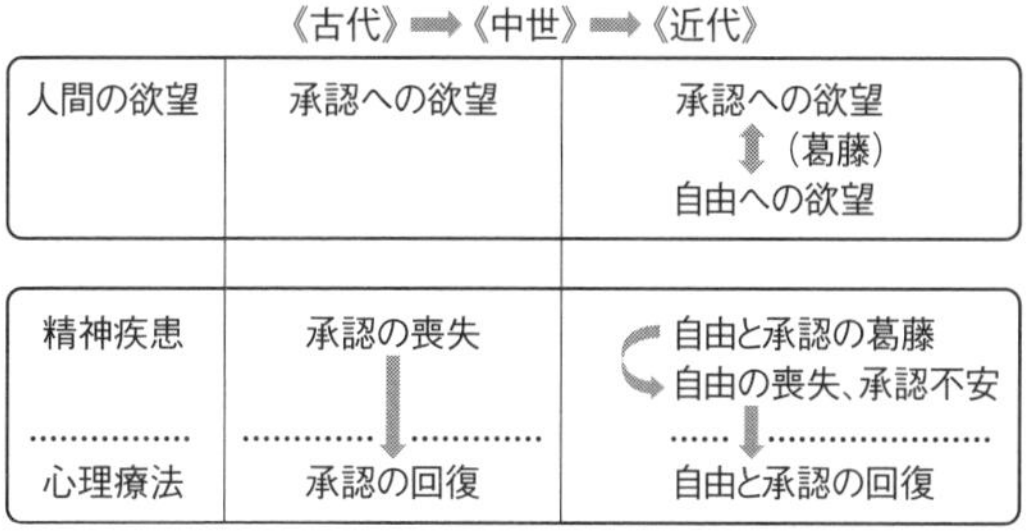

一方、最初は社会適応に軸足を置いていた認知行動療法は、認知、「今、ここ」での気づき、治療関係を重視するようになり、自由に生きる可能性を持った技法が増えつつある。精神分析においても、近年は共感性や関係性を重視する技法が多くなっており、自由に生きるための技法という性格を鮮明にしつつある。構成主義の心理療法が現れたのも、セラピストの権威、特定の解釈に縛られない「自由」を重視するセラピストが増えてきた証と言えるだろう。

このように、現代の心理療法は徐々に自由に重点を置き始めている。ただ、社会や権威、特定の価値観からの解放という「拘束からの自由」に重点を置いているため、承認への欲望に関する考慮が理論的に不明確なものが多い。実際には、治療関係や共感を重視している以上、治療者による「存在の承認」が生じているはずだが、そのことを原理として明確にしているセラピーはほとんどない。

現代の心理療法において重要なのは、「自由と承認の葛藤」を自覚し、納得して行為を選べる道を切り開くことである。単なる抑圧された自由の解放ではなく、承認の欲求を満たしつつ自由の可能性を開かなければならない。だからこそ、治療者による共感、承認を含んだ信頼関係が重要になるのである。

心理療法の未来

私たちは心理療法の壮大な歴史を見てきたが、それは同時に、自由と承認を求める人間の精神の歩みを反映したものであった。では、これからの心理療法は一体どこへ向かうのだろうか？

心理療法の効果に関するエヴィデンスが重視されつつあること、理論対立を超えた統合への動きが加速していること、神経科学を中心に学際的な研究が進んでいることなど、客観的に見れば期待できる方向に向かっているようにも見える。ただ、心理療法の統合にあたっては、「効果のエヴィデンス」のみに基づいた折衷的な統合ではなく、人間性の本質に基づいた統合を考えていく必要がある。人間理解の根本的な部分に共通了解が成り立てば、それは「理論のエヴィデンス」となり、各心理療法の本質を考える上でも役立つに違いない。

そのような共通の人間理解は不可能であり、文化によって人間理解や心理療法のやり方が異なってくるのは当然ではないか、という批判があるかもしれない。確かに、現代のようなグローバル社会において、文化の違いを考慮しないわけにはいかないし、人間の考え方、生活習慣、価値観は、文化の影響を大きく受けているはずであり、それを無視することはできない。

しかし、それでも同じ人間である以上、文化を超えた共通点は少なくないし、共通了解が可能な人間像を考えることは決して不可能なことではない。たとえば、ハイデガーが主張したような「気分を了解しつつ可能性をめがける」という人間のあり方は、文化を超えて人間の存在本質を捉えている。フロイトが重視した欲望の葛藤や不安への防衛も、ヘーゲルの主張した承認欲求と自由の問題も、本質的な人間理解として大変優れており、個別性を超えた普遍性を含んでいる。

人間は他者の承認を介して自己の存在価値を感じ、生きる意味を見出そうとする存在だ。しかしその一方で、自分の個性や力を発揮したり、自分の気持ちを素直に表現できたり、そうした自由に生きられることが、現代社会に生きる私たちにとって重要なものになっている。そのため、自分が何をしたいのか、どうすれば後悔せず、納得した生き方ができるのか、絶えず気にかけながら生きている。自分の気持ちに対するその都度の気づきを介して、自分の進んでいる道を確かめながら歩いている。

だが、自分の望みを満たそうとすれば、他人を傷つけたり、批判されることもある。周囲に認められず、不安になることもある。そのため、自分の望みを抑圧し、過剰なまでに周囲の人々へ同調したり、認められたいがゆえに、歪んだ思考と行動を身につけてしまうのだ。現代の心の病の多くは、こうした自由と承認の葛藤に起因する場合が少なくない。それは、自分のことがわからなくなり、自由への道を見失っている状態と考えることもできる。

本書ではこうした人間理解に基づいて、心理療法の原理とその歴史の本質を考えてきた。まだ未解明な部分もあるのだが、多くの人が納得できる人間理解、共有できる人間像を土台に据えれば、心理療法の実践にあたって、文化的な差異、社会状況、時代背景を考慮して考えることにも役立つし、心理療法は多くの人が共有できる、より適用範囲の広いものになるだろう。

現在、特に思考や行動に問題はなく、身体に異常な徴候がないとしても、葛藤やストレスに悩み、苦しんでいる人々はたくさんいる。「本当の自分」を見出せず、偽りの生き方をしているように感じている人、周囲に同調し、自己不全感、承認不安を抱いている人、対人関係がうまくいかず、自分の本心を見失っている人。そうした人たちの数は、精神科を受診したり、セラピーを受けている人々よりもはるかに多いはずだ。

しかし、セラピストの数はあまりにも少なく、心理療法の原理も不確かなまま、社会的な制度も十分ではない。そのため、心理療法が広く活《い》かされるためには、多様な専門家、機関が連携できるような仕組みが必要である。心理療法に共通する原理、人間性の本質を解明し、多くの人が共有できるようにしなければならないし、それでこそ、理論の対立、専門家の対立を超えて、広い意味での協力が可能になる。

それは決して不可能な望みではないと思う。私たちは「自由と承認の葛藤」を超えて、より自己の存在価値を感じられる社会、自由に生きている実感のある社会を求めている。そして心理療法は、私たちが承認不安を緩和し、自由に生きるための技法として、大いに役立つ可能性を持っている。その意味をしっかりと理解し、自由の本質、自由と承認の関係本質を自覚することができれば、心理療法はより豊かな未来の可能性を示してくれるだろう。

おわりに

多様な心理療法の理論を歴史に沿って丹念に調べていくと、その背景にある社会の特質、人間の精神のかたちが見えてくる。それは、私たちが何を怖れ、何を求めて生きているのか、そうした人間性の本質とも言うべきものを示している。

心理療法の歴史は人間がどのような存在であるのかを映し出した、壮大な精神の歴史に他ならない。本書を書き終えたいま、私はそんな感慨に浸っている。

長年にわたって心の病とその治癒の原理を考えてきた私にとって、これは思いもよらない発見だった。フロイト、ユング、ウィニコット、ロジャーズ、サリヴァンなど、多くの精神分析、心理療法関係の書物を読み漁ってきたが、個々の心理療法を理解するだけでは見えてこないものがある。長い時の流れの中で、その時代や文化の中で重宝された心理的治療法の変遷を俯瞰した時、また各々の心理療法の関係を公平に比較し、その理論の意味を歴史に沿って吟味してみた時、初めてその本質的なつながりを知ることができるのだ。

人間は自らの生に意味を求め、自分の人生に価値を見出そうとする存在だ。それは古代から変わらない普遍的な人間の欲望であり、そのため私たちは自分の価値を認めてくれる他者を必要とし、自分の属する社会の規範、文化、価値観を無視することはできない。社会規範からの逸脱は周囲の人間との間に亀裂を生み、自己の役割、存在価値、アイデンティティに重大な不安を惹き起こし、時として歪んだ言動、身体的な症状に転化する。

古来、心理的な治療者たちはこの不安や症状を解消するために、患者の属する集団の社会規範、価値観に準じた解釈、儀礼によって治療を行ってきた。解釈された物語が関係者や周囲の人々の間で共有されると、集団における患者の立ち位置が明確になり、承認不安は緩和されることになる。それが多様な症状の解消につながってきたのだろう。

しかし、近代になって自由に生きられる可能性が拡がると、私たちは社会規範や他者の承認に強い重圧を感じるようになった。いざ自由に行動したいと思っても、その行為が周囲の期待や要求と反する場合も少なくないし、責められ、嫌われることを怖れて、無理をして相手に同調してしまうこともある。自由に生きたいと感じながらも、社会の価値観、他者の要求、期待があるために、自由に行動できないのである。

こうして多くの人が自由と承認の葛藤を抱えるようになり、強い承認不安と自由への欲求不満に苦しむようになった。他者の承認を求めるがゆえに、なかなか自由に行動することができず、そうして自分を抑えているうちに、本当の自分を見失い、自分がどうしたいのか、どうすべきなのかがわからなくなってしまうのだ。

二〇世紀に入り、自由の回復を目的とする心理療法が続々と現れたのは、決して偶然ではないだろう。フロイトの精神分析が登場して以来、無意識を介した自己理解が重視されるようになり、その後、「本当の自分」

の発見、自己実現を目的とするセラピーが次々に生まれてきた。近年、治療関係の対等性を主張するセラピーが増えているのも、患者が誰からの支配も受けないように、自由を感じられるようにするためだ。

このような心理療法の展開は、社会的な抑圧や他者の重圧から解放され、自分が本当に望む生き方をしたい、という現代人の苦悩と欲望を示している。私たちは自由に生きることのできる時代に生まれたが、一方で承認欲求もあるために、自由と承認の葛藤を抱えるようになり、この新たな苦しみに対して、新しい心理療法が必要とされるようになったのだ。

現代の心理療法が徐々に治療関係、共感を重視するようになったのも、そこに治療者の承認を介して自己理解を深め、自由への道を切り開く原理があるからだ。信頼できる人に承認されてこそ自由に行動する勇気を持つことができる。心理療法は長い歴史の中で、自由と承認の葛藤を解消し、自由への道を切り開く技法を生み出したのである。

ただ、このような原理があることは、いまはまだ十分に理解されていない気がする。おそらく、多様な人間観の対立や本質主義への批判によって覆い隠され、有耶無耶《うやむや》になっているからだ。私たちは先入観に囚われることなく、人間性の本質を見つめ直してみる必要がある。そうすれば、心理療法の歴史が物語っている本当の意味が見えてくるはずだ。それは心の治療だけでなく、看護や介護、保育なども含め、現代社会における心のケアの進むべき道を示してくれるに違いない。

本書執筆のきっかけは、創元社の坂上祐介さんから、心理学の歴史に関する出版を勧められたことにある。

当初は、多様な心理療法の理論を歴史に沿って解説することで、心理療法入門の役割も果たせるような本を作る方向で出版の話はまとまっていた。しかし、実際に執筆を始めてみると、意外なほど多くの気づきを得ることができ、私は知らず知らずのうちに夢中になっていた。バラバラな点に見えていた個々の心理療法が線で結ばれ、ひとつの形になっていくような気がしたからだ。

書き上げた原稿を坂上さんに見せると、「これは「精神史」ですね、という感想をいただいた。その言葉にハッとさせられ、再度、原稿を読み直してみると、確かに多様な心理療法の営みが示しているのは、自由と承認を求めてもがき、苦しみながらも、必死で生きようとする人間の姿に他ならなかった。

精神史という観点からさらに思考を重ね、原稿を修正していくことになったため、思いのほか時間がかかってしまった。絶えず丁寧な対応で編集作業を遂行し、貴重な意見を下さった坂上さんには大変お世話になった。この場を借りて、心より感謝申し上げたい。

二〇二三年三月

山竹伸二

【や行】

【ら行】

【わ行】

【ま行】

【た行】

【な行】

【は行】

【か行】

【さ行】

■人名索引

《凡例》

一、はじめに及びおわりにと註、出典は対象から除外した。図表内は対象とした。

二、○○（人名）派・学派は対象から除外した。

三、漢字表記の人名は全て日本語読みで並べた。

四、人名表記（セカンドネームの有無や省略）に関しては、著作や公的サイトの表記等も参照の上、なるべく馴染みのある名称を採用し、画一的な統一は行っていない。

【あ行】

著者略歴

山竹伸二（やまたけ・しんじ）

1965 年、広島県生まれ。学術系出版社の編集者を経て、心理学、哲学の分野で批評活動を展開。評論家。同志社大学赤ちゃん学研究センター嘱託研究員、桜美林大学非常勤講師。現代社会における心の病と、心理療法の原理、および看護や保育、介護などのケアの原理について、現象学的な視点から捉え直す作業を続けている。おもな著書に『「認められたい」の正体』（講談社現代新書）、『「本当の自分」の現象学』（NHK ブックス）、『不安時代を生きる哲学』（朝日新聞出版）、『本当にわかる哲学』（日本実業出版社）、『子育ての哲学』（ちくま新書）、『心理療法という謎』（河出ブックス）、『こころの病に挑んだ知の巨人』（ちくま新書）、『ひとはなぜ「認められたい」のか』（ちくま新書）、『共感の正体』（河出書房新社）など。

装丁・ブックデザイン　森裕昌

叢書パルマコン・ミクロス m 04

心《しん》理《り》療《りょう》法《ほう》の精《せい》神《しん》史《し》

2023 年 5 月 10 日　第 1 版第 1 刷発行

著　者　山竹伸二
発行者　矢部敬一
発行所　株式会社創元社
https://www.sogensha.co.jp/
〔本　　社〕〒 541-0047 大阪市中央区淡路町 4-3-6
Tel. 06-6231-9010 Fax. 06-6233-3111
〔東京支店〕〒 101-0051 東京都千代田区神田神保町 1-2 田辺ビル
Tel. 03-6811-0662
印刷所　株式会社太洋社

ISBN978-4-422-70128-8 C0022

pharmakon micros m

叢書パルマコン・ミクロス
—叢書パルマコンの四六判姉妹シリーズ

---

01 偏愛的ポピュラー音楽の知識社会学

愉しい音楽の語り方

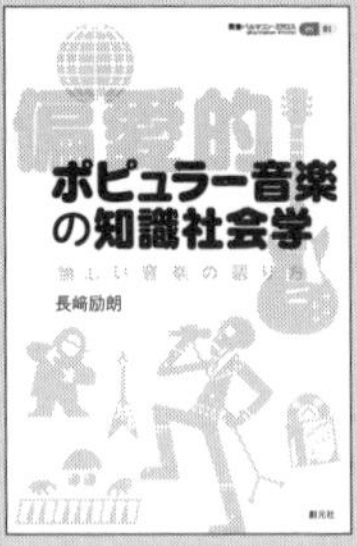

長崎励朗［著］

216頁・定価（本体1,700円＋税）

誰もが親しんでいるポピュラー音楽を素材に、現代社会を鮮やかに読み解く社会学的読み物が登場。批評することの真の面白さを伝える社会学的音楽論。聞いていない音楽を堂々と語るための手助けにもなる「主な登場人物相関図」付き。

---

02 近代日本の競馬

大衆娯楽への道

杉本竜［著］

344頁・定価（本体2,500円＋税）

明治日本の欧化政策とも深く結びついていたその歴史は忘れられ、主に軍馬育成の観点からあわせて論じられることの多かった昭和前期までの競馬史を刷新する画期的な論考。賭博に関わる様々な逸話を追体験できる書斎の競馬本。

---

03 コンスピリチュアリティ入門

スピリチュアルな人は陰謀論を信じやすいか

横山茂雄、竹下節子、清義明、堀江宗正、栗田英彦、辻隆太朗、雨宮純［著］

296頁・定価（本体2,200円＋税）

「Qアノン」、新型コロナ生物兵器説、自然食、イルミナティ、そして爬虫類系宇宙人。陰謀論とスピリチュアルな世界観をともに論じることを可能にする注目の視座「コンスピリチュアリティ」を日本で初めて紹介した論集。